꽃가루받이 경제학

꽃가루받이 경제학

얀 물리에 부탕 지음 | 서희정 옮김 | 전병권 해제

2021년 4월 12일 초판 1쇄 발행

펴낸이 한철희 | 펴낸곳 돌베개
등록 1979년 8월 25일 제406-2003-000018호
주소 (10881) 경기도 파주시 회동길 77-20 (문발동)
전화 (031) 955-5020 | 팩스 (031) 955-5050
홈페이지 www.dolbegae.co.kr | 전자우편 book@dolbegae.co.kr
블로그 blog.naver.com/imdol79 | 트위터 @dolbegae79 | 페이스북 /dolbegae

주간 송승호 | 편집 김진구·김미량
표지디자인 민진기 | 본문디자인 민진기·이은정·이연경
마케팅 심찬식·고운성·한광재 | 제작·관리 윤국중·이수민·한누리 | 인쇄·제본 영신사

ISBN 979-11-91438-01-7 (03300)

책값은 뒤표지에 있습니다.

꽃가루받이 경제학

얀 물리에 부탕 지음
서희정 옮김 · 전병권 해제

L'abeille et l'économiste

돌베개

대한민국이 가야 할 길을 둘러싸고 두 가지 견해가 싸우고 있다. 하나는 시장자본주의라는 대세에 몸을 맡기고 '기업하기' 좋은 경쟁력 있는 국가를 만들자는 것이고, 다른 하나는 시장보다는 국가나 사회가 적극적인 역할을 해야 한다는 생각이다. 하지만 두 가지 모두 어쩌면 현재를 바로 보기에는 너무 낡은 과거의 틀일지 모른다. 고도화된 시장금융으로 야기된 잇따른 위기와 인간의 인지활동을 기반으로 급성장한 디지털 플랫폼의 등장은 산업자본주의의 인식틀로 미래를 설계하는 것이 이제 한계가 있음을 보여주고 있다.

그런 점에서 얀 물리에 부탕이 제시하는 '꽃가루받이'는 우리 곁에 도래했지만 아직 인식하지 못한 질서를 통찰하는 절묘한 은유다. 국가냐 시장이냐 하는 낡은 선택지를 넘어 생태사회와 보편적 기본소득으로 향하는 자유로운 꿀벌들의 네트워크를 꿈꾸는 사람들이 있다. 한국에 처음 소개되는 이 프랑스 경제사상가의 사유가 이들에게는 잊고 지낸 오랜 친구를 다시 만난 듯 반가울 것이라 믿는다. 어려운 시대에 많은 깨우침을 주는 책이다.

— 용혜인 (기본소득당 국회의원)

우리 경제는 어디로 가고 있을까? 코로나 이후 이 질문은 더욱 묵직하게 우리 앞에 던져졌다. 상상조차 하지 못하던 영업 제한(자영업)과 국가배급제(마스크)를 전 국민이 묵묵히 받아들였다. 전 국민 재난지원금을 통해 보편적 기본소득을 잠시나마 경험했다. 중소기업과 자영업과 문화예술인들의 경제는 속수무책으로 무너지는데, 배달을 중개하는 인터넷 및 소셜네트워크 기업은 나날이 성장해 전 세계로 뻗어나갔다. 여기에 세계는 기후 위기를 막아 보겠다며 연달아 탄소 중립과 그린뉴딜을 선언하고 있다. 우리는 코로나 이전에 상상하지 못하던 경제를 경험하고 있다. 이 끝에 무엇이 있을지는 짐작하기 어렵지만, 이제 예전으로 되돌아갈 방법은 없다.

인지자본주의를 선구적으로 연구한 프랑스 경제학자 얀 물리에 부탕은

『꽃가루받이 경제학』에서 이 질문에 대한 대답을 일찍 준비했다. 2007년 미국발 글로벌 금융 위기와 2010년 유럽 각국의 재정 위기를 목격하면서 내놓은 해답이다. 코로나가 우리 경제를 덮치기 전에 나온 이 책에서, 놀랍게도 얀 물리에 부탕은 금융거래세, 기본소득제 그리고 그린뉴딜을 제안한다. 국가의 관료적 지배를 줄이고 사회적 기업과 협동조합 같은 자치적 경제 조직을 키워야 한다는 제언도 잊지 않는다. 모두 코로나 이후 사회개혁 과제로 가장 많이 거론되는 열쇳말이다. 그의 제안대로 발걸음을 내딛지 못했다는 생각에 과거를 후회하며 좌절하고 있다면, 미래를 살아갈 날들을 기약하며 오늘부터라도 한 걸음을 내디뎌야 할 테다.

— 이원재 (LAB2050 대표)

이 책은 실업과 기후 위기로 대표되는 당대 자본주의의 절망적 현실에 실질적으로 대응한다. 저자가 제기하는 인지자본주의는 기존 물질 중심의 자본의 운동뿐 아니라 인간의 의식과 정서, 환경이 결합된 자본주의에 대한 재해석이자 새로운 지향이다. 이 책은 '꿀'을 유통 중심의 개별 상품이 아니라 '꿀벌이 꽃가루받이를 할 수 있는 건강한 환경의 조건'을 중심으로 사유한다. 인간의 경제활동은 꽃가루받이를 중심으로 재정의되고, 다양한 방식으로 이 과정에 개입할 수 있어야 한다.

이 책을 읽으면 기본소득제뿐만 아니라 돌봄경제와 녹색경제가 다가올 현실임을 깨달을 수 있다. 하트와 네그리의 『제국』 이후 논란이 된, 글로벌 자본주의 시대 국가의 역할과 시민사회의 힘을 새롭게 정의했다는 점에서도 의미가 있다. 금융자본주의에 대한 비판적 관점에서 깔끔하게 서술된 경제 및 금융, 자본주의 역사와 근현대 인류사는 책 읽기를 즐겁게 하는 덤이다. 마르크스주의, 생태주의, 페미니즘, 탈식민주의를 기존의 경제학과 융합시킨 글쓰기 모델로도 손색이 없다.

— 정희진 (여성학 박사, 『페미니즘의 도전』 저자)

이 책이 세상에 나오도록 도와준

형 피에르 앙드레 부탕Pierre-André Boutang을 추억하며

이 책을 집필하도록 도와준

프레데리크 로랑Frédéric Laurent에게 감사의 말을 전한다.

차례

한국어판 서문

보이는 것이 전부는 아니다
— 꽃가루받이 경제와 사회로의 전환

나는 『인지자본주의 또는 새로운 대전환』Le Capitalisme cognitif ou la nouvelle grande transformation과 이 책 『꽃가루받이 경제학』을 통해 노동, 가치, 디지털 분야의 기술적 혁명으로부터 자본을 축적하기 위한 전략적 부문에서 자본주의의 근본적인 변화를 이해하기 위해 애썼다. 이를 통해 산업자본주의가 상업자본주의를 제패했듯 다시 산업자본주의를 제패할 새로운 자본주의, "축적 대상이 가치의 주 창출원이자 가치 평가 절차의 중심에 있는 지식으로 대부분 구성된 축적 방식"으로서 자본주의의 새로운 유형을 정의했다. "지식재산권 문제, 네트워크상 위치, 프로젝트 간 결합과 운영 등은 굵직한 제도적·조직적 요소이다. (…) 에너지와 노동력을 이중으로 사용하며 원재료를 기계적으로 변화시키는 일은 디지털, 컴퓨터, 인터넷으로 상징되는 새로운 정보통신기술을 통해 살아 있는 것으로서 살아 있는 것을 생산하는 인지적 협력에 밀려 그 중추적인 역할을 잃고 있다."

소위 '플랫폼 자본주의'의 발전이 입증하듯, 현재의 자본주의는 디지털 기술을 통해 네트워크에 연결된 인간의 인지활동을 일하게, 그러니까 아무런 소득이 되지 않고 노동계약의 대상도 아닌 활동을 비롯해 모든 형태의 인간 행동을 노동이 되게 할 수 있다. 전임 마이크로소프트 최고경영자 스티브 발머Steve Ballmer는 처음부터 구글이 무엇을 판매하는지 도무지 모르겠다고 했다. 구글의 모기업 알파벳은 사실상 인간의 상호관계와 그 상호관계를 디지털 기술로 추적한 정보를 판매했다. 빅데이터 활용, 노동의 우버화, 번역기, 사회관계망서비스 등 새로운 기술은 일반적인 경제 생태계를 자본주의적으로 식민지화하는 분야가 어디까지일 수 있는지 확연히 보여줬다. 무상성이 확대하고 접속을 대가로 개인 정보를 확보해 빅데이터로 취합하면서 굳이 모든 것을 직접 상품화하지 않아도 필요한 것을 얻을 수 있게 됐다. 캘리포니아에 있는 자본주의의 본산 구글이 발휘하는 미혹의 힘에서 인터넷 사용자에게 제공하는 무료 서비스는 아무것도 아닌 것이 아니다.

플랫폼 자본주의는 디지털 추적 덕분에 시야에 등장한 긍정적 외부효과를 천연 금괴로 전환하는 왕도를 발견했다. 동시에 시장이 그간 알지 못했거나 알지 못한 척했던 부정적 외부효과는 산업자본의 채굴주의가 환경에 미치는 영향을 드러냈다. 1997년 임금노동제와 자유로운 노동시장의 구성에 관한 박사논문을 발표한 이래로 나는 보이지 않는 것과 앨버트 허시먼A. O. Hirschman이 제시한 '항의 또는 저항'voice(목소리 내기, 표현되는 것이자 소란을 일으키는 것)이 실패하고 마는 것에 골몰했다. 인지자본주의를 분석하는 데 길잡이가 되어준 외부효과 문제에는 진정으로 새롭고 혁명적인 무언가가 내포되어 있다. 더불어 나는 외부효과에 관심을 기울이는 만큼 경제의 보이지 않는 거대한 부분을 드러내려고 애썼다.

한국 독자들이 손에 든 이 책은 새로운 가치 패러다임이 정치경제에 미치는 영향을 살피고 있다. 실물경제의 실체 중 75퍼센트가 경제학의 레이더에 잡히지 않았다고 한다면, 비물질성이 중요해지고 네트워크에 연결된 인지활동의 상호작용이 주가 되는 경제에서 인간이 갖은 형태로 실행한 '꽃가루받이'는 경제가 포착하고 감안한 가치에 비해 550배 아니 5000배는 더 클 것이다. 나의 연구는 경제 위기(더 구체적으로 말하자면, 1975년부터 우리가 겪고 있는 갖가지 위기, 즉 에너지, 고용, 통화, 금융, 환경은 물론 인간과 생태계, 지구의 안위를 위협하는 연쇄적 위기)를 분석하면서 몇 가지 중요한 결과를 낳았다. 대의민주주의의 대표성 위기와 정치경제, 짧게 말해 정치의 위기는 사회가 작동하기 위해 고려된 보이는 부분과, 긍정적 외부효과(돌봄 및 지식 경제)와 부정적 외부효과(치명적인 환경 위기)의 보이지 않는 부분 사이의 놀랄 만한 간극에서 비롯됐다. 지식 사회이자 인지자본주의 시대에 접어든 이래 우리의 사고와 행동 방식은 둔해지고 더뎌졌다. 이 사실은 좋지 못한 소식이다.

소위 붕괴론자들처럼 재앙에서 생존할 방법을 강구해야 할까? 내 소견으로 이는 부정적 외부효과만을 주목하고 세상(분모)에 대한 행동(분자)의 효율성 차원에서 경제 위기가 한없이 쪼그라드는 분모에만 타격을 입힌다고 여기는 태도다. 그러나 긍정적 외부효과의 엄청난 잠재력을 분모로 고려할 때 경제 위기는 오히려 분자에 영향을 미칠 수 있다.

약 50여 년 전부터 자본주의와 시장경제(중국 포함)의 변화를 분석해봤을 때, 경제 위기는 전 방위에 걸친 금융화와 과도한 금융화의 폐해에서 비롯되었다. 독자들은 이 책을 통해 세계 경제가 '규모의 위기'를 겪는 상황에서 꽃가루받이 경제학의 관점이 어떻게 금융의 우위를 설명하는지 살피게 될 것이다. 기업 회계 장부에 기재되지 않은 자산의 가치를 재평가하는 '영업권'goodwill 개념이 주식시장에 등장하면서 기본적으로 시장금융이 외부효과를 관리한다는 것을 확인했다.

신종 코로나 바이러스(코로나19) 감염 확산과 '유보된 경제'로 인한 보건 위기는 공공경제의 전통적인 주요 요소를 재조정하는 과정을 보여줬다. 세계 경제의 진정한 분모(꽃가루받이와 긍정적 외부효과)를 생각해보면, 붕괴가 우리의 숙명은 아니다. 중앙은행가들은 예산 적자 제한 의무를 저버리며 신자유주의의 원리와 통화량 안정이라는 통화주의 원칙을 모두 포기했고, 조 바이든 미국 대통령은 대규모 경제부흥책에서 현대 화폐이론을 중요한 축으로 삼았다는 점에서 금융이 실질경제에서 제거해야 할 암세포가 아니라, 공동체의 안녕과 지구의 미래를 위해 활용될 최적의 가능성임을 보여준다. 『꽃가루받이 경제학』은 현재 집필 중인 나의 책, '꽃가루받이 사회'로 변화하는 사회 정책을 짚어보는 『꽃가루 사회』La société pollen로 이어질 것이다.

2021년 3월 16일, 파리에서

얀 물리에 부탕

일러두기

1. 본문에 숫자로 표시된 미주는 저자가 단 것이고, 약물로 표시된 각주는 옮긴이가 단 것이다.
2. 원서에 이탤릭체로 표기한 부분은 한국어판에서 고딕체로 바꿔 표기했다.

꿀벌과 경제학자의 우화

프랑스 노르망디 지방에서 한 농부가 아이들과 함께 행복하게 살고 있었습니다. 과수원을 하고 소를 키워 먹고살며 소박하고 평화로운 나날을 보냈지요.

농부의 밭 한가운데 작은 언덕에 이웃 소유의 벌통이 있었습니다. 이웃집과 벌통이 멀리 떨어져 있어서 다소 이상하기는 해도 문제 될 일은 별반 없었습니다. 벌통 마흔 개에서 벌떼가 나와 잠두콩과 사과나무, 해바라기 사이를 날아다녔고, 벌통을 도둑맞는 일은 없었습니다. 9월이면 벌통 주인이 어김없이 찾아와 농부에게 벌집꿀과 로열젤리 한 통을 선물했습니다. 농부도 떡갈나무통에 숙성한 칼바도스 사과주와 라즈베리 바구니로 답례했지요. 그러고는 함께 저녁식사를 하며 그해 수확량에 별점을 매겼습니다.

농부는 지나치게 일찍 세상을 떴습니다. 으레 하는 말이 아닙니다. 은퇴 준비를 못한 채 죽었으니까요. 뒤를 이을 사람을 정해야 했지요. 아내가 도맡아 하기엔 무리였습니다. 둘째아들과 딸은 별로 관심이 없었어요. 경제학 학위를 받은 첫째아들이 시골살이를 꺼리지 않았던 게 생각났습니다. 곧바로 그가 '후계자'가 됐습니다. '후계자'를 힘줘 발음하셔야 합니다. 이곳은 새로운 낙원에 걸맞은 위엄을 갖춰야 하니까요. 갓 도시에서 환향한 후계자, 젊은 경영인이 농사법과 운영방식에 혁명을 일으킬 것입니다.

그는 곧바로 돌아가신 아버지의 허술한 회계 장부를 살폈습니다. 항목을 복잡하게 늘리더니 납품업자들을 만나기 시작하더군요. 돈을 빌려준 이들을 닦달했고, 빌린 돈은 무턱대고 깎으려 들었습니다. 어머니와 누이는 그가 부끄러웠습니다. 하지만 밭을 한 뙈기씩 확인하고 전래동화를 비웃는 회계사에게 반기를 들 수 없었습니다.

농장에 코빼기만 겨우 비치는 아들은 마침내 벌통 항목을 발견했습니다.

"누나, 여기는 언제부터 이렇게 있었어? 왜 그냥 내버려뒀어? 돈이 안 되는데 없애야지. 적자 장부 어디에 넣을지 한번 볼까?"

가족들은 그에게 이웃 양봉업자가 한결같이 성실하고 신용을 지킨다는 점을 환기시켰습니다. 아무 소용없었습니다. 아버지와 양봉업자의 관계도 그에게는 무의미했지요.

아들은 생산요소표를 들이밀었습니다. 자기 논리에 흡족해하면서요.

"종자, 비료, 소에게 주는 옥수수나 사료처럼 생산에 필요한 모든 것에 돈을 내게 하고 밭에서 난 모든 것에서 수익을 낼 거야. 꿀벌이 만든 꿀이 어디서 생겼는지 알아? 벌통에서 나왔겠어? 저 좁다란 굴에서 나는 게 아니라 내 밭에 핀 꽃에서 난 거야. 꽃꿀을 모았으니 소작료를 내야지. 3분의 1이 싫다면 반타작으로 해야지."

부모님의 의사마저 무시한 셈 밝은 아들은 충격적인 소식을 전하기 위해 양봉업자를 불렀습니다.

둘이 처음 만나는 자리는 그래도 유쾌하게 시작했지요. 양봉업자는 아들이 무슨 이야기를 하는지 금방 이해했습니다.

아들은 준비한 문서를 내밀며 한마디 덧붙였습니다.

"친구 간에도 계산은 정확하게 하라더군요. 나중에 얼굴 붉히는 일이 없도록 우리 두 사람이 정식으로 서명한 계약서를 만듭시다. 당신 꿀벌은 자유롭게 그리고 독점적으로 제 밭에서 꿀을 따가도 됩니다. 번복할 일은 없습니다. 당신은 양봉으로 번 수익의 일부를 매년 제게 지불하시면 됩니다. 서로 장부를 쓰기에도 좋고 당신 벌통도 자리를 확보할 수 있으니 일석이조입니다."

양봉업자는 불편한 기색을 내비치지 않도록 주의했고, 표정은 거의 변하지 않았습니다. 그저 자세히 살펴볼 수 있게 계약서를 한 부 달라고 청했습니다.

두 사람은 다음날 다시 만나기로 하고 헤어졌지요.

영리한 아들은 벌써 거의 확실한 수입을 생각하며 두 손을 비볐습니다.

"아버지는 시대에 너무 뒤처진 사람이셨어. 경제 규칙은 잘 모르셨지!"

그는 자축하느라 이웃 양봉업자의 미소는 보지 못했습니다.

밤은 조언을 해준다고 하지요. 양봉업자에게 묘책이 떠올랐습니다. 그는 계약서에 동의한다고 했습니다.

"그런데 당신과 제가 모두 만족하려면 빠짐없이 측량하는 게 좋지 않겠습니까?"

"좋습니다." 아들은 짐짓 놀랐습니다. 토지 측량에 관한 논쟁이 생길 거로 추측했지요.

“나무와 꽃, 풀밭, 줄기에 있는 꽃꿀까지 제 꿀벌의 먹이는 꼼꼼히 셈하셨더군요. 당신이 계산한 내용에 가타부타하지 않고 정확한 순금액을 내겠습니다. 그런데 계산을 정확히 하려면 쉴 새 없이 꽃가루받이를 하는 제 꿀벌의 노동도 포함시켜야 하겠더라고요. 이 작은 곤충이 없다면 잠두콩도, 자주개자리도, 해바라기도, 사과나무도, 배나무도, 유럽피나무도 다른 수많은 식물들도 없겠지요. 젖소와 우유, 버터 등도 목록에 넣어야겠습니다. 그것들도 당신 소득에 포함되지 않나요? 제 꿀벌이 돌아다니며 일하는 값은 빼도록 하지요. 그러나 지난한 언쟁을 바라지 않습니다. 당신 총소득의 3분의 1이면 충분하리라 생각합니다. 야생 수종의 꽃가루받이는 당신께 기부하지요. 새로운 계약서에 서명하시겠습니까? 전 준비됐습니다. 현금으로 바로 드릴 수 있습니다. 당신이 주셔야 할 몫은, 어려워 마시지요. 농지 저당으로 처리하셔도 괜찮습니다. 자, 우리 거래를 위해 축배를 듭시다.”

서재에서 어떤 계약이 체결되었을까요?

생각이 짧고 어리석었던 아들은 당황해서 어쩔 줄을 모르면서 “다시 생각해보니 예전처럼 증류주와 꿀을 나누며 작은 파티를 여는 것이 좋을 것 같습니다”라고 답했습니다.

“가격을 매길 수 없는 모든 것에 값을 매기려고 하지 마십시오.” 양봉업자는 재치있게 상황을 정리했습니다.

그 이후로 두 집은 평화롭게 잘 어울렸습니다.

인간 사회에서도 개미와 매미는 꿀벌과 그 작은 손을 불안하게 바라봅니다. 경제학 우화에서는 오직 개미만이 일을 합니다. 매미는 배고픔의 여왕으로 그려지며, 허풍스럽고 을러대기 좋아하는 허수아비면서 우리가 부러워하는 사장의 모습입니다. 그들은 소비하려면 미리 저축해야 한다는 교훈을 주지요. 꿀벌은 밀랍과 꿀로만 평가를 받습니다. 꿀벌이 먹고 흩뿌리는 꽃가루는 그저 자연의 사소한 부산물이고 꿀벌은 아무것도 생산하지 못한다고 여기지요. 앞서 봤듯, 농부 아들이 깨달은 바를 배워야 합니다. 유식하다는 꾀를 써서 자유로운 유랑자 꿀벌을 배척하면서 생명의 꿀을 얼마나 망가뜨렸는지 생각해봅시다. 맨더빌의 『꿀벌의 우화』는 꿀벌에 관한 오해를 전혀 해소해주지 못했습니다. 꽃가루를 흩뿌리는 일을 보이지 않는 손으로 착각한 거지요. 소문난 잔치에 먹을 게 없는 셈입니다. 개미와 매미가 꿀벌에게서 빼앗아간 것을 다시 돌려 줍시다. 그러면 세상의 경이로운 비밀과 그 섬세한 움직임을 재발견할 수 있을 겁니다.

프롤로그

고정관념을 깨는 일곱 가지 생각

역사는 되풀이되지 않는다. 경제학자들이 달리 말하는 이유는 인간의 행동 법칙을 완벽히 예상할 수 있는 모델이 있다고 가정해서다.[1] 2007년부터 세계 경제를 뒤흔든 충격의 결과는 중대하고 심각하다.[2] 파장으로 보면 1930년대와 비슷하다. 하지만 이제 역사가 반복된다고 기대하기보다 현재의 특수성을 살펴야 한다. 서브프라임 위기가 닥치자 금융체제가 위태로워질지 모른다고 생각했다. 통화 당국은 은행의 붕괴를 막기 위해 세계 경제에 엄청난 자금을 투입하거나 투입하기로 약속하고 2년 동안에 대공황(1929~1939)과 이어진 마셜 계획•의 10년보다 더 많은 돈을 쏟아부었다. 68년 전에 겪은 대규모 경제 붕괴를 반복하지 않으려는 노력이었다. 그렇게 해서 이후 사태를 통제했느냐고 묻는다면, 답은 군색하다. 예상한 시나리오가 모두 빗나갔다. 지나가는 성장통도 아니었고, 자본주의가 세계적으로 무너지지도 않았으며, 근본적인 구조 개혁도 이뤄지지 않았고, BRIC(신흥경제국 브라질, 러시아, 인도, 중국)의 경제는 침체했다. 폴 크루그먼Paul Krugman[3]은 현 상황을 20세기 대공황[그리고 세계 경제의 10년 장기불황(1887~1899)]에 빗대어 대침체

• 정식 명칭은 '유럽부흥계획'European Recovery Program이나 제안자 이름을 따, 마셜 계획이라 불렀다. 1947년부터 4년간 서유럽 16개국을 지원했다. 마셜 계획을 계기로 서유럽 국가 간 경제 교류가 활성화돼 유럽경제협력기구OEEC 결성으로 이어졌다.

Great Recession라고 설명했다. 1990년대 일본 경제의 거품(부동산과 은행)이 터진 뒤에 이어진 '잃어버린 10년'과 유사하게 경기 침체가 지속해서 확대되리라 점쳐볼 수도 있다.

과거와 현재의 비교론을 꺼내기 쉽다. 급작스럽게 터진 사건, 금융이 경제 전반에 미친 악영향, '카산드라의 경고'[4]처럼 시선을 거의 끌지 못한 신호의 누적 등 형식적 유사점이 꺼림칙하게 많은 데다가 '역사적' 광기라는 단어로 잘못 설명되었기 때문이다. (대공황 때) 브라질에서 남아도는 커피를 화물열차 연료로 사용한 모습을 본 사람이 오늘날 콧대 높은 두바이의 세계 최대 건축 현장이 사막의 신기루로 사라진다고 놀라지는 않을 것이다. 같은 병에 같은 약을 쓰면 될 테니 이번에는 금융체제가 무너지지 않게 막고 침체의 나락에서 벗어날 태세가 갖춰진 게 그나마 다행일까? 과거를 안다고 문제를 파악해 대처할 수 있는 것은 아니다. 역사처럼 생명체와 연관된 분야에서 똑같이 반복되는 일도, 사전에 준비 가능한 현명한 대처법도 절대로 없다. 게다가 과거와 비교는 매우 잘못된 선택으로 밝혀질 수 있다. 최악의 사태에는 트로이 목마를 들인 형국이 될 수도 있다. 프랑스 참모부처럼 전쟁 준비에 늘 뒤처지지도 말고• 확률 기반의 모델이 정밀하다는 듯이 행동하지 말아야 한다.

1930년대 미국 정부의 뉴딜 정책을 오늘날로 그대로 가져와 세계 규모에서 국가 간 협력을 강화하는 조치만을 추가해 당시 벌어진 각개전투를 피한다면, 대출과 주식 투기를 억제하고 케인스

• 제1차 세계대전 당시 독일군의 화력에 놀란 프랑스 국민이 군 기술 개발에 태만한 자국군을 비난한 문구.

식으로 경제를 부양하고 누진세를 다시 도입할 수 있을지 생각해보자. 계량경제학자들과 통계학자들이 선호하는 가정을 사용해 다른 조건이 모두 같다고 '전제'하고 생각해볼 수 있다. 역사에 이런 순진한 가정은 의미가 없다. 21세기 초반의 자본주의가 정보화 시대에 억겁과도 같은 70년이라는 시간 전 상황과 크게 다르다면 어떤 일이 벌어질지 한번 상상해보자. 아마도 이렇게 전개될 것 같다. 상황이 유사하다는 명목으로 1929년 대공황 타개 조치를 단순히 모방해 실행한다면, 마치 믿고자 하는 자를 더 쉽게 속이는 신탁의 예언처럼 당장 재난이 일어날 것이다. 그렇다면 새 시대의 루스벨트, 오바마 미국 대통령이 당선됐다고 안심하며 '1932년처럼' 대처하려고 할수록 우리는 더 무지를 드러내는 셈이다. "저 모퉁이에 와 있"는 것은 "번영"(31대 미국 대통령 허버트 후버가 한 말로, 현실은 전혀 달랐다)이 아니라 매일 신문에 등장하는 "회복"이다. '행복한 세계화'[5]의 상징이었던 두바이의 추락은 심각한 국가 부채 위기의 서막을 알렸고, 미국 달러화 단일 기축통화체제가 순진하고 이해타산이 얽힌 미봉책[6]이라는 주장에 힘을 실었다. 셜록 홈즈가 말하듯 '이건 기본이라네, 친애하는 왓슨!' 지금 생각하면 두바이는 카지노 경제의 원형이었다. 새로운 거품이 부푸는 동안에 굳은 믿음을 보였던 애널리스트들은 지금도 두바이 이후에 다시 거품이 생길 일은 없다고 확언했다.

아직 그 단계는 아니라고 부인할 것이다. 1930년대 '해법'을 기계적으로 적용하자는 원칙주의는 정부는 물론, 경제의 금융화로 규제 모델을 바꿀 이유를 파악하지 못하는 수구주의자를 불안하게 한다. 서아시아 지역과 파키스탄이 세계 경제를 불안정하게 한다 해도 세계 주요 경제대국 정부의 심중을 전전戰前 상황과 비교하는 것은 어리석다. 지금 우리가 직면한 위기는 전례 없이 심각하다. 금융체제 위기를 막기 위해 취한 강력한 조치가 긴급한 시기를 지나면 근본적인 구조 개선의 길이 열릴 것이라고 기대했을 수 있다. 그러나 개혁은커녕 아조르나멘토•가 일어나는 중이다.

왜 시장금융••은 사라지지 않고, 새로운 징세청부인•••의 앞날은 창창한가

전 세계 거버넌스의 변화(G8이 G20으로 확대)[7]와 금융 규제화(조세천국 제재 강화, 은행의 자기자본 비율 상향 조정)에도 불구하고 바뀐 것은 거의 없다. 『파이낸셜타임스』 경제논설위원 마틴 울프는 '늘 하던 대로'business as usual 하면 어떤 위험이 있는지 다뤘고, 이 칼럼은 『르몽드』에도 실렸다. 그렇지만 어떤 조치도 취해지지 않았다. 인간의 망각 능력은 한계가 없나 보다. 기어코 다음 위기가 찾아오게 둔다. 이제 경제가 다시 추락한다면 더는 정부가 전처럼 금융체제를 지원할 수 없을 것이라고 국제통화기금IMF 총재가 경고

• aggiornamento. 이탈리어로 가톨릭의 현대화를 뜻한다. 근본적 가치는 부정하지 않고 변천하는 현대 사회에 맞게 교회의 입장을 재정립한다는 의미다.

•• 금융시장의 기능과 거래를 연구하는 분야로 수익 창출을 목적으로 유가증권을 발행해 거래하는 전 과정을 포괄한다. 각종 금융시장과 금융시장을 구성하는 금융기관, 금융시장에서 거래되는 금융상품 간 관계에 주목한다.

••• fermiers généraux. 앙시앵레짐에서 징세청부업자들은 프랑스 금융을 장악하고 있었다.

하는 지경에 이르렀다. 게다가 시장금융 규제는 가장 신랄한 비판가들이 바라는 것과 반대로 시장금융의 해체를 의미하지 않는다.

시장금융이 합리화를 거쳐 사라질 것이라고 믿었던 사람들은 실망했다. 물론 고든 브라운 영국 총리에 이어 니콜라 사르코지 프랑스 대통령까지 연소득 27만 유로 이상인 증권 트레이더들의 보너스에 50퍼센트 과세하겠다고 발표하자 초반에 큰 호응을 얻었고, 이 발표는 흥분한 여론을 진정시켰다.• 하지만 얼마 후 이 조치가 생색내기용이라는 점을 알아차린 사람들이 있었다. 이 조치는 1년간 한시 적용되고 트레이더의 보너스에 세금 10퍼센트를 물리는 것은 은행의 수익에 세금 1퍼센트를 물리는 수준이었기 때문이다. 앙겔라 메르켈 독일 총리는 "매력적이고 관대한 조치"라고 견해를 밝혔는데, '관대하다'는 표현은 그녀의 심중을 잘 드러낸다. "세계 지도자들" 사이에서 어떤 의견을 주고받았는지에 대해서도 많은 것을 짐작해볼 수 있는 단어를 독일인 특유의 진지함으로 선택한 셈이다. 증권거래소에서 투기가 다시 시작됐고 트레이더들의 보너스 자금도 다시 축적됐다. 하와이 화산 분화구처럼 거품이 다시 일기 시작했다. 탐욕이라는 '원초적 감정'을 날려줄 '도덕적' 빗자루질로서, 더 냉소적으로는 0부터 세는 불가피한 초기화로서 경제 위기를 바라는 사람들도 있었다. 금융계 엘리트 양성소인 파리 도핀대학교의 니콜 엘 카루이 금융수학과 교수마저 이들에게 합리

• 사르코지 대통령과 브라운 총리는 2009년 12월 『월스트리트저널』의 공동 기고문에서 정부의 공적자금 지원을 받은 은행의 보너스에 대해 특별세금을 부과하는 방안이 우선 검토돼야 한다고 말했다.

적으로 생각하라고 호소했다.[8] 『성경』 구절에 빗대 "경제 위기야, 네 승리는 어디에 갔느냐"라고 비꼬아 묻게 된다.

주요 20개국 정상회담 G20이 펼친, 먹을 건 하나도 없는 소문난 잔치인 이번 경제 위기는 유례없이 막강하다! 이런 모순을 어떻게 설명해야 할까? 언론에 등장하는 뻔하고 진부한 해석으로 빠지지 않고 간명하게 설명할 수 있을까? 선의로 고결한 다짐을 하다가 결국 익숙한 옛 습관으로 되돌아와 거슬린 김에 시장금융의 '악마의 변호인'• 을 자처하려는 마음에 다시 한번 사로잡힌다. 누군가는 진심으로 분개하고, 대다수는 지난날 지속 가능한 개발이나 친환경 계획에서 똑같은 와인을 첨가제를 넣고 새로운 와인병에 담는 짓의 정당성을 찾았듯이 앞다투어 금융을 성토한다.

2007년 11월 일간지 『리베라시옹』 경제면에 서브프라임 위기[9]에 관해 기고한 우리의 글을 보고 비아네 들로름••이 연락을 했길래 만났다. 프레데리크 로랑도 참석한 자리에서 장시간 거침없이 대화를 나눈 뒤 신문의 정형화된 간결한 문체를 포기하고 빽빽하게 적힌 녹취록의 잔가지를 쳐내 이 책을 만들었다. 대화 중에 중요한 네 가지 쟁점이 부각됐고 자연스럽게 이 책의 각 장을 이루게 됐다. 이 쟁점은 전방위적인 규제에도 불구하고 견고한 시장금융이 다시 활동을 시작할 뿐만 아니라 21세기 각국 정부는 공공부채를 해결할 새로운 '징세청부인'들을 고용해 역사의 전철을 밟을 것이

• devil's advocate. 선의의 비판자를 뜻한다.

•• Vianney Delourme. 지역 미디어 『인라지 유어 파리』Enlarge your Paris의 공동 창립자.

라는 현실 인식과 도발적인 확신에서 출발한다. 혜안이 있던 중국 정부는 경제체제 변화가 요구하는 규모의 유동성을 확보할 능력을 갖춘 금융인을 섭외했다. 런던이나 뉴욕에서 실직한 트레이더들을 상하이 증권거래소에 고용해 중앙은행 지급준비금의 고위험 포트폴리오를 관리하게 했다. 놀랍지 않다. 프랑스 단려왕 필리프 4세• 도 피렌체 은행가들을 본떠 동전량을 줄이고 화폐 위조자들을 고용해 위조하기 어려운 지폐를 제작했다. 현대의 중국은 시장금융을 본뜰 뿐이다. 사실 중국은 어마어마한 무역수지 흑자를 관리해야 한다. 연일 국채를 발행하는 공공재무국 전문가들도 증권거래소의 생리에 빠삭할 테다. 장피에르 주예Jean-Pierre Jouyet 신임 프랑스 금융시장감독청장은 투기가 다시 싹트고 있음을 확인했다. 그는 몇 밀리초(1000분의 1초) 안에 이뤄지는 투기 흐름을 막으려면 금융수학공학자와 증권거래전문가를 고용해야 하지만 민간 분야에서 일하는 사람들을 스카우트하기에 자금이 부족하다고 강조했다.[10]

그의 변명은 민간부채든 공공부채든 부채가 증가할수록 날카로워지는 카산드라의 경고에 어긋나는 것이다. 냉소적으로 보일지 모르겠지만, 최근 단행된 은행 구제금융은 기술적으로 가계부채를 공공부채로 이전하는 것이다. 공공부채도 이미 감당하기에 버거운 수준임에도 그렇다.

그렇다면 우리는 파국으로 달려가는 중인가? 미래를 담보로

• 1285~1314년 재위했고, 뛰어난 외모로 단려왕端麗王이라는 별명을 얻었다. 재위 당시 경제적으로도 번영하고 왕권도 강화돼 중앙집권체제의 기틀을 갖췄다. 교황 보니파시오 8세와 빚은 마찰로 유명하다.

어음을 발행한 후 통화의 가치를 급격하게 떨어뜨리거나 다른 수입(석유, 부동산 투자, 북반구 국가의 연기금*) 일부를 떼어 남반구 국가와 청년층에게 지구라는 '연회장'의 이류 지위를 맡아준 대가로 주거나, 두 해법을 요령 있게 종합해서 실행해야 한다면 부채라는 짐은 정치적 위기를 불러올까?

무기력 상태에서 벗어나야 하는 시대에 깨뜨려야 하는 금융 상식

이 책의 색깔은 명확하다. 앞으로 거침없이 의견을 피력하며 아래 주장을 지지할 것이다.

시장금융은 앞길이 창창하다. 예나 지금이나 경제전문가가 아니라면 이해하기 어려운 모순인 금융과 금융기관(민간과 공공 모두)의 본질적 특성을 설명하겠다. 얼핏 현 위기에 책임이 있는 금융은 불손하고 경악스럽게 뻔뻔한 불사조일까? 이번 환생이 처음도 아니다. 전문 투기꾼들, 곡예사 자본가들, 소규모와 대규모 사기꾼들, 번번이 속아 넘어가는 순진한 대중, 사태 파악은 하더라도 무력한 청렴하고 창백한 공무원들이 뒤돌아서면 까먹는 '인간의 본성' 탓을 할 수는 없다. 이 우스꽝스러운 코미디 뒤에 한결 단순하나 잘 알려지지 않은 진실이 숨어 있다. 자본주의가 이탈리아 제노바에

* 年基金. 연금과 기금을 합친 말로, 연금 지급의 원천이 된다.

서 발원한 이후에 영국 리버풀에서 노예제를 지지하며 성장기를, 어제의 런던과 오늘의 홍콩에서 산업적 성숙기를, 뉴욕이나 로스앤젤레스에서 탈산업 장년기를 보내는 동안, 그 중심에는 공장이나 컨테이너 독이 아니라 자본가가 있었다. 그의 승승장구가 잠시 주춤하는 때도 있었지만 그 기간은 절대로 길지 않았다. 거대 공룡 기업 리먼브라더스가 파산하면서 전 세계 경제를 뒤흔든 이후로 금융의 위협은 더 큰 영향력을 발휘하고 있다. 누구나 장기간에 걸친 금융의 움직임을 이해해야 하는 시대가 도래했다!

경제를 백발백중으로 카오스에 몰아넣는 게 금융의 숙명적 역할은 아니다. 금융 붕괴는 물론이고 자본주의의 해체도 일어나지 않았다.[11] 이러한 역사적 사실은 대안을 찾는 모든 이들을 실망시킬지 모르지만, 향후 계획을 수립하려면 반드시 고려해야 할 근거다. 시장의 메커니즘만으로 자동적으로 조정 작업이 일어날 것이라는 신자유주의•(와 신고전주의 경제학••) 이론이 틀렸다고 지적하면서 동시에 금융시장이 (현 상태를 유지하거나 향후 추측 가능할 때) 결국 자본주의의 파국을 불러올 것이라고 주장할 수는 없다. 이렇게 두 가지 주장을 하는 극단주의자들은 세계 경제의 지구화 체제를 분명하게 바

• 국가와 정부의 인위적인 개입을 비판하고 자유로운 시장 경쟁과 개인의 활동을 주장한다. 제1차 세계대전 이후 확산된 케인스 경제학이 1970년대 세계적인 공황에 힘을 잃자 대두되었다. 자유무역과 국제적 분업을 앞세워 '세계화' 흐름을 이끌었다.

•• 개인은 합리성의 원칙에 따라 행동하므로 시장이 오작동할 때를 제외하고는 그대로 두는 편이 좋다고 주장한다. 고전주의 경제학파가 생산에 초점을 맞췄다면, 신고전주의 경제학파는 소비와 교환에 중점을 둔다.

라보지 못하는데, 이 체제가 이분법적이지 않기 때문이다. 그래도 자본주의 체제는 여전히 다른 층위에서 변화하거나 다르게 분기할 수 있는데, 이는 환경보호나 사회적 의무보다 금융으로 확보된 과잉 유동성에서 비롯될 가능성이 크다.

뱀의 탈피일까? 시장금융으로 인한 만성적 위기를 성장통으로 보는 편이 한결 현명하게 미래를 예측하고 사고 범위를 확장할 수 있다.[12] 따라서 아날학파• 와 이매뉴얼 월러스틴의 역사적 자본주의 이론처럼 1971년 금-달러화 태환 정지•• 이후 시장금융이 왜 그리고 어떻게 형성됐는지 장기적으로 설명해야 한다. 금-달러화 태환 정지는 브레턴우즈 세계통화체제•••를 폐지하고 포드주의를 위로부터 끝냈다. 아래로부터 움직임은 이보다 앞선 1960년부터 1975년까지 공장 내 단순기능공 위기로 시작해 반세기가 지난 2009년 봄 디트로이트에 있는 제너럴모터스사의 재정 파탄으로 귀착했다. 자본주의가 탈 없이 활개를 펼치던 '좋은 시절'인 1860년부터 1880년까지 가장 '실체적' 생산관계의 기름때와 지극히 추상적이고 거대한 국제금융의 개입은 현재 상황을 이해하기 위한 필수요건이다. 우리가

• 장기 지속의 시간을 중시하여 장구한 변동의 역사를 밝히는 데 기여한 역사가 분파.

•• 당시 은행권을 가져가면 액면에 표기된 양의 금으로 교환해줬는데, 금의 유출을 막기 위해 금 태환을 일시적으로 중단한 조치다.

••• 1944년 미국 뉴햄프셔주 브레턴우즈에서 44개국이 참가한 연합국 금융회의에서 발족한 통화 체제로 조정 가능한 고정환율제다. 브레턴우즈체제는 달러화를 기축통화로 삼았는데 세계시장에 기축통화인 달러의 공급이 늘어나기 위해서는 미국이 무역적자를 보아야 하나 그러면 달러화에 대한 신뢰가 떨어지게 된다. 1960년대 말 이런 현상이 나타났고 닉슨 미국 대통령이 결국 금 태환을 정지시키면서 브레턴우즈체제는 붕괴했고 1973년부터 세계는 변동환율체제로 전환했다.

사는 세상을 명료하게 이해하려면 로버트 브레너Robert P. Brenner[13] 등 급진적 경제학자처럼 정통적으로, 자크 아탈리Jacques Attali나 알랭 맹Alain Minc같이 우아한 '선동자'답게 마르크스를 소환하는 것만으로 부족하다. 시장금융의 잔학성을 드러내는 새로운 대전환을 겪어야 한다.

유동성이 막대하게 증가했다는 점만으로 파국을 향해 달리는 탈선 정책을 밀어붙였다고 평가할 수는 없다. 공공부채를 담보화하는 대신 파생상품•이라는 환율변동에 따른 위험을 상쇄하는 메커니즘을 통해 최빈층의 가계부채를 담보화하는 금융 혁신을 발판으로 시장금융은 유동성을 확대했다. 통화가 신뢰할 수 있는 목적으로 사용된다면 문제될 게 없다. 개인이 품은 탐욕의 나무가 세계 경제체제의 자금 수요라는 거시경제 숲을 가려서는 안 되며, 특히 『맥베스』의 버넘숲처럼 움직이고 있을 때는 더욱 그렇다. 시장금융이 기발한 마법으로 이미 엄청난 정부 부채를 증가시켰지만, 부채의 감당 여부는 언제나 그 대가에 견줘 가늠된다.

꽃가루받이 경제와 인지자본주의••로 "세계는 근본부터 바뀌고 있다."[14] 현재 전 세계 부채의 대가는 이미 산업자본주의가 아니다. 세

• 派生商品(derivative). 주식, 채권, 외환 등 기초자산의 가치 변동에 따라 가격이 결정되는 금융상품. 손실 위험을 회피하거나 최소화해 수익을 내거나 고수익 추구를 위한 투기적 목적으로 각종 금융상품을 결합해 만든다.

•• Cognitive capitalism. 지식, 정보, 감정, 소통 등 인간의 인지 능력이 자본 축적의 동력이 되는 자본주의를 말한다.

계 경제의 분모가 인지자본주의로 이행하면서 시장가치를 파악하는 체계를 뒤흔들어 시장금융의 일탈이 논리적이고 심지어 온전히 감당할 수 있다고 착각하게 했다. 이 핵심을 앞으로 꽃가루받이 경제로의 이행이라고 부르겠다.

경제 위기가 아니다. 경제체제와 그 구성 요소의 위기다. 우리 사회는 아직 카를 마르크스가 그리는 수준은 아니지만, (전 세계적으로 극심한 빈곤을 비판하고 현대판 '루이 14세'들을 질책하는) 보방• 과 (가치를 중시하는 신세대 '중농주의자'들, 즉 환경사상가들의 역할을 하며 전 지구적 차원의 경제활동 전반을 바람직하게 그려내는) 프랑수아 케네•• 의 사회 사이 정확히 중간 지점에 있다. 맨더빌••• 이 18세기 초 『꿀벌의 우화: 개인의 악덕, 사회의 이익』에 정치경제학을 도입한 바로 그 지점이다. 인풋/아웃풋 모형[15]의 구닥다리 생산 패러다임과 배치되는 꽃가루받이 패러다임을 라퐁텐 식의 우화로 풀어내 머리글로 싣는 도전을 한 것도 그 때문이다. 이 머리글은 중간중간 까다로운 이야기에 좀 더 쉽게 다가가고, 시민의 의무를 회피하고 갑자기 자유를 포기하는 상황으로 나아가는 첫걸음과 다름없는 위협에 굴하지 않도록 도울 것이다.

• Sébastien le Prestre Vauban(1633~1707). 17세기의 군인, 건축기술사, 경제학자로 1698년 루이 14세에게 하층민의 처지를 고려할 것을 탄원했다.

•• François Quesnay(1694~1774). 초기 경제학자로 '농업적 체계'인 중농주의 사상을 주창했다. 국가의 부는 토지와 농업노동의 결합물에서 발생하는 농업 생산의 잉여가치에 있다고 주장했다.

••• Bernard Mandeville(1670~1733). 네덜란드 태생의 영국 의사이자 사상가. 18세기 초 도덕과 경제 이론 논의의 불씨를 제공한 『꿀벌의 우화』로 유명하다.

현 위기의 참모습을 직시하고 세계 체제가 나아갈 새로운 방향을 고민해본다. 이를 논하려면 추측의 영역에 들어서게 된다. 케인스*가 언급했듯 사실상 불확실하지만, 그렇다고 단순한 위험 계산도 아니다. 어떤 수로도 증권거래소의 비밀을 간파할 수 없을 것이다. 금융의 위기가 아니라, 금융을 대가로 한 정치의 위기이자 전 세계 부채라는 분모의 위기다. 제1순위 부채는 생태계를 담보로 발행한 어음이다. 2009년 12월 덴마크 코펜하겐 기후회담 당시 기후정의네트워크Climate Justice Now와 기후정의행동Climate Justice Action 환경운동가들이 주장했듯 "지구는 하나"이기 때문에 회원국 간 협약이라는 요술 방망이로 해결되지 않는 유일한 부채이기도 하다. 케인스의 표현을 또 한 번 빌리자면 "금리생활자들을 안락사"시키는 방법이기도 한 인플레이션**으로 모든 다른 부채(중앙은행의 부채 포함)는 해결할 수 있다.

환경이 최우선이고 인간 사회가 세운 목표는 그다음이다. 경제발전은 중간 목표에 불과하다. 마르크스는 자본주의의 특성이 "축적하라. 축적하라. 그것이 율법이자 계시"라고 했다. 지금 상황이 바로 그렇다. 이제 환경을 담보로 한 어음을 결제할 수 있느냐 여부로 수익 축적의 의미와 정당성을 얻는 시대가 다가왔다. 새로

* John Maynard Keynes(1883~1946). 영국 출신으로 경제 전체를 하나의 단위로 보고 분석하는 거시경제학을 창시했다. 20세기 중요한 경제학자로 손꼽힌다. '유효 수요'를 강조하며 정부의 적극적인 개입을 주장했다.

** inflation. 화폐가치가 하락해 물가가 전반적이고 지속적으로 상승하는 현상으로 인플레이션이 발생하면 개인의 실질 소득이 감소한다. 총수요가 증가하거나(수요 견인 인플레이션), 총공급이 감소하거나(비용 인상 인플레이션), 화폐 공급량이 증가해서 발생한다.

운 대전환은 새로운 사회적 착근embeddedness• 을 구축하는 데, 다시 말해 환경친화적 시장을 형성하고 새로운 평가를 만드는 데 있다. 물론 사회와 정치에 여전히 시장이라는 섬세한 메커니즘이 필수 요소지만, 시장은 이제 그 자체로 목적이 아니라 수단이다. 14세기부터 전 세계를 정복한 자본주의에서 벗어나 다른 길로 향해야 하는 시기다. 흥미로운 전복이 될 이 변화의 규모는 어렴풋이 가늠해 볼 수 있을 뿐이다. 19세기에는 이 정도의 변화를 혁명이라 불렀다.

• 칼 폴라니는 『거대한 전환』에서 사회 속에서 경제가 차지하는 위치를 주제로 삼고 시장적 교환뿐만 아니라 호혜, 재분배, 역내경제가 존재함을 보여줬다. 또 경제의 실제적 의미와 형식적 의미, 착근된 경제와 이탈된 경제를 구분하고 경제와 사회의 이분법을 깨트리고 시장을 사회 속에 재착근하고자 했다.

금융의 간략한 역사

1

금융에 패한 나폴레옹

자본주의 역사에서 금융은 하루아침에 하늘에서 떨어지지 않았고, 과잉금융화가 자본주의의 최상위 단계도 아니다. 산업자본주의의 여명기부터 금융의 중요성은 감지됐고, 이는 자본주의의 핵심이 축적된 고정자본보다는 금융이라는 프랑스 역사학자 페르낭 브로델의 분석• 에 힘을 실어줬다. 자산으로 편입된 자본이 아니라 움직이는 자본, 사업에 투입되는 자본이 중요한 것이다. 알다시피 현금 운용은 상품의 흐름과 불가분의 관계다. 신용장과 함께 자본주의가 탄생했기 때문이다. 수입과 지출을 다루는 회계(대변貸邊과 차변借邊으로 구성된 재무제표)와 신용장은 14세기 이탈리아의 제노바를 비롯한 도시국가에서 등장한 자본주의의 기틀을 마련한 발명품이다. 당시에도 민간 분야가 더 활발했다.

그러나 18세기 말부터 막강한 금융 기능을 맡은 조직이 등장했고, 이 조직은 곧 공권력과 직접 손을 잡았다. 이 금융 조직은 나폴레옹과 전투를 벌이다가 볼링핀처럼 쓰러진 뒤 토지까지 빼앗긴 유럽 군주들이 재산을 지킬 수 있게 도와줬다. 은행가들도 나타나

• Fernand Braudel(1902~1985). 페르낭 브로델은 금융자본주의가 산업자본주의의 단계 이후의 현상이 아니라, 이탈리아 제노바(14~15세기)와 네덜란드 암스테르담(17세기)에서 상업자본주의가 성장하고 자본 축적이 전개되고 나서 금융자본주의가 전 산업을 장악하는 현상이 나타났다고 분석했다.

자산가치를 높일 수 있는 방법을 제안했다. 또 더 이상 자기 성에 숨어 안심할 수 없게 된 군주들에게 유럽 어디에서나 돈을 찾을 수 있는 서비스를 제공했다. 이런 상황을 기회로 삼은 로스차일드 가문은 큰 재산을 축적했다. 프랑크푸르트 게토(유대인 거주지역)에서 상업에 종사하던 로스차일드 가문은 유럽 전역을 잇는 가족관계망을 바탕으로 성장했는데, 이 관계망은 은행의 기능과 정보전달망을 긴밀하게 엮은 꽤 흥미로운 조직이었다. 로스차일드가 만든 정보망은 영국의 웰링턴 장군이 워털루 전투에서 나폴레옹을 격파했다는 소식을 공문이 도착하기 하루 앞서 전달할 정도였다. 금융 활동에서 정보, 특히 위험을 가늠하고 빌리거나 빌려준 돈의 이율을 정하는 데 필요한 정치적인 정보가 전해져야 돈도 움직인다.

로스차일드 가문은 치밀한 정보망 덕분에 프랑스 화폐 유통 감독을 피하면서 어음을 발행하고 유럽 대륙에서 어음교환이 가능하도록 해 웰링턴 장군에게 군사자금을 댈 수 있었다. 나폴레옹이 중앙은행의 통화안정성 확보 원칙을 제대로 이해하고 있었더라면, 이 같은 자금 이동이 이뤄지거나 민간화폐를 도입한 금융이 탄생하지 않았을 것이다. 그는 민간 은행가들이 대륙을 담보로 대출한 돈으로 영국 국고를 채우는 방식으로 자신이 15년 동안 적국인 영국에 간접적으로 자금을 지원했다는 것을 전혀 알지 못했다. 나폴레옹은 금융 시스템을 잘못 운용한 탓에 정치적 몰락을 자초한 셈이다.

19세기 상업자본주의의 발달

일반적으로 산업자본주의 체제에서 국제무역(노예제를 이용한 플랜테이션 경영이 시작점)에서 발생한 수익이 이동하고, 투자은행이 혁신을 거듭하고, 유례없는 수준으로 전쟁자금을 지원하면서 대규모 공장이 등장했다. 그 외 모습은 발자크가 작품에 기록한 19세기 중반 프랑스 사회의 단면에 드러난다. 『인간희극』* 에서 기업가는 일개 상인으로 나오고 은행가가 더 비중 있게 그려지는 점이 꽤 인상적이다.

누군가는 프랑스가 영국보다 한참 뒤처져 있었다고 여기지만, 깊이 들여다보면 프랑스도 자본 축적이라는 퍼즐의 두 조각이 있었음을 알 수 있다. 마르크스가 말하는 프롤레타리아와 자본가의 만남은 물론 자본가와 그의 자본을 굴리는 사람 사이의 만남이 이뤄졌다. 다시 말하자면 기술자들과 산업의 생산적인 노동을 강조하는 생시몽의 제자들** 과 은행가들이 만났다. 대외적으로 대규모 사업(식민지 무역은 물론 1830년부터 1860년까지 극에 달한 쿠바 내 철도망 건설 등)을 계획하고 태동하는 세계화가 제공하는 모든 기회를 활용해 자산의 가치를 높인 게 바로 이 은행가들이었다.

제2제정 아래에서 체결된 프랑스와 영국 간 자유무역협정으로 이미 유럽의 식민지 영토를 활용해 교역의 무대가 확장하고 있

* 오노레 드 발자크Honoré de Balzac는 자신의 소설 90여 편에 『인간희극』La Comédie humaine이란 제목을 붙여 프랑스 사회 전체를 담아내는 총서로 삼으려고 했다.

** 생시몽Saint-Simon(1760~1825)은 공상적 사회주의자로 전 세계적으로 산업화가 일어날 것을 예상하고 과학과 기술이 인간 사회에서 발생하는 문제 대부분을 해결할 수 있으리라 믿었다. 한 세기 후 미국에서 유행한 '기술주의'의 시초로도 여겨진다.

었다. 그런 중에 정보를 바탕으로 회계와 가치를 실체 없이 이동시키는 금융은 산업이 발전하는 증폭기이자 트램펄린으로 기능했다.

은행학파 대 통화학파

어디에서나 생산성 급등, 자산가치 상승, 대출은 함께 나타났다. 하지만 자본주의 초창기에 심각한 금융 위기는 꽤 흥미롭다. 18세기와 19세기 초 통화 위기는 인플레이션을 수반했기 때문이다. 이는 폭력적 중상주의라는 데이비드 흄David Hume의 비판으로 설명할 수 있다. 흄은 "이마누엘 칸트Immanuel Kant를 교조적 선잠에서 깨운" 철학자면서 현명한 경제학자인데, 무역 흑자로 금이 밀려들어와서 인플레이션(동일한 재화를 더 많은 금을 받고 판매)을 발생시킨다고 설명했다. 이런 형태의 위기는 은행학파와 통화학파 사이의 유명한 이론 논쟁•을 일으켰다. 어떻게 영국은 프랑스혁명 전쟁에 이어 나폴레옹 전쟁에 자금을 댈 수 있었을까? 중상주의 이론이 고집스럽게 주장하듯 국제무역의 흑자로 늘어난 금 보유량에만 비례해서 화폐를 발행해야 했을까? 중앙은행은 나폴레옹이 주도한 유럽 대륙의 질서가 무너지리라 기대하면서 인플레이션 리스크를 안고 은행권(더 이상 금속화폐가 아닌 신용화폐)을 대량으로 발행해서 유동성을 확대해 이득을 볼 수 있었을까? 중앙은행이 보유한 금괴의 수

• 은행학파banking school는 통화 공급량이 실물 거래에 연결돼 증가하는 한 인플레이션을 초래하지 않으니 은행권 발행에 제한을 두지 않아야 한다고 봤다. 반면 통화학파currency school는 통화 공급량 팽창이 인플레이션과 경기변동을 일으키니 은행권 발행에 제한을 둬야 한다고 봤다.

량에 정확하게 근거한 통화 발행을 지지하는 이들이 이미 진 게임이었다. 경제를 위해서 금융이 필요하다는 절실함이 금이라는 매우 취약한 기준의 의미를 완전히 무너뜨렸기 때문이다(양차 세계대전 사이 시기와 현재의 유사성이 분명히 드러나는 지점이다). 은행학파가 대세로 자리 잡았다.

영국은 은행권을 바탕으로 한 교환망을 전격 도입하기로 하면서 파운드 스털링•을 기본 통화, 회계 단위, 유통화폐로 삼았다. 이는 곧 영국이 패권을 장악하는 기반이 되는데, 파운드 스털링화가 금세 국가 간 무역 결제수단이던 금을 대체했기 때문이다. 그러나 1857년부터 발생한 통화 위기는 더 이상 단순한 현금화(생산된 상품 판매)의 위기가 아니라 신용의 위기였다. 통화태환성,•• 정부의 잠재적 파산, 일반기업과 크고 작은 제조업의 도산이 걱정되는 위기가 아니었다. 이제 대형은행, 그것도 투자은행[1]의 파산을 지켜보게 됐다. 마치 제2제정 당시 페레르 형제[2]의 몰락•••처럼 말이다. 1857년부터 1873년 사이 유럽 전역에서 갑자기 금융기관이 줄이어 파산했는데, 이 기관이 신용과 화폐 발행만으로 운영됐기 때문이다. 위기의 성격이 변한 이유는 미래를 담보로 한 도박인 신용을 바탕으로 새로운 화폐를 발행해 거래 수단을 늘렸고, 그 결과 금융 거래가

• 영국 공식 통화의 정식 명칭이다.

•• 자국 통화를 가진 사람이 어떤 목적으로든 그 통화를 일정한 교환 비율로 타국 통화와 교환할 수 있는 권리를 의미한다.

••• Pereire brothers. 19세기 프랑스의 유명한 금융가인 에밀 페레르와 이사크 페레르는 은행업의 혁신을 일으키며 크레디 모빌리에를 설립했는데, 이 은행이 1867년에 투기로 인해 파산했다.

활발하게 일어나면서 혼란을 부채질해서다. 마르크스가 과잉 생산으로 인한 일시적 위기, 더 나아가 구조적 위기라고 부른 금융 거래의 증식력은 금융이 아직 전체 흐름을 조절하고 역할을 분리하는 방법을 익히지 못한 탓에 기하급수적으로 커졌다. 당시 경제 공간은 자유무역주의 규칙으로 전환하지 못한 채 중상주의 규칙으로 움직이는 불안정한 상황이었지만, 금융은 국경을 뛰어넘었다.

자본주의에 나타나는 금융 위기는 융자 능력이 더는 경제 주체(정부)의 신뢰를 받지 못하는 상황이다. 요컨대 경제에서 융자의 반대편 항목이 위기다. 경기 확장과 순환(확장, 활황, 경제활동 재활성화) 국면에서 융자는 부동산과 설비 확장 등 전 분야에서 투기로 이어진다. 반대로 경기가 하락세를 보이면 금융의 증폭 구조가 역방향으로 작동해서 위기를 악화시킨다. 마르크스가 『자본론』을 발표하기 앞서 1857년부터 1858년까지 금융 위기•를 지켜보며 그 유명한 '초고' 『정치경제학 비판 요강』Grundrisse을 집필했다는 점을 잊어서는 안 된다. 제2제정 말기 전쟁이 이어졌듯(크림전쟁, 이탈리아 통일전쟁, 멕시코 원정, 보불전쟁) 이제 경제적으로는 물론 정치적으로도 불안정한 일련의 상황을 겪게 됐다. 투자은행에서 시작한 근대 금융은 이렇게 불안정한 상황을 통제하는 방법을 무척 더디게 습득했고, 정부는 1929년 대공황 이후에야 경기대응적(경기후퇴기에 적자예산을 편성해 경제활동을 지원함)으로 개입하게 됐다.

• 1857년 미국에서 일어난 금융 사고로 미국 주가가 폭락했고, 이 금융 위기는 유럽에까지 경제 위기로 확대됐다.

어떻게 금융을 경기대응적으로 활용할 수 있을까? 재무 레버리지•를 발견하다

예금은행에 모인 개인의 저축을 활용하면 금융은 경기대응적인 도구가 된다. 다시 말해 예금 총액을 늘려 금융의 전망 기능을 안정시키는 것인데, 이때 시민들이 불안해하지 않아야 한다는 점이 전제조건이다. 투자은행과 달리 예금은행은 쉽게 비합리적인 공포의 대상이 되기 때문이다. 이와 달리 전문투자자들은 일반적으로 냉정을 잃지 않고, 가령 주식시장이 하락하더라도 관리할 수 있다면 재앙이 일어난 것이 아니며 보유한 주식을 팔지 않아도 된다는 점을 안다.

1857년부터 1914년까지 민간 분야에서 금융자본주의가 식민지 확장이라는 부분적인 세계화를 기반으로 해서 경기대응적으로 움직이는 법을 점차 학습하면서 모든 상황이 흘러갔다. 제국주의 강대국들은 세계의 영토 분할을 확장해 유럽 대륙보다 더 방대한 차원의 판로를 구축했다. 프랑스에서 명백했고 영국은 더 분명했으나, 독일은 덜해서 독일의 협소한 식민지령이 제1차 세계대전의 발발 원인이 됐다. 전쟁으로도 문제는 해결되지 않았고, 이 점을 정확하게 간파한 장 모네•• 덕분에 독일은 유럽연합EU이라는 권역을 확보해 안정될 수 있었다. 이 기간에 금융은 경기 조정 기능을 하는

• 타인의 돈(부채)을 보유, (지렛대처럼) 활용해 금융 비용(이자 부담)을 감수하면서 자기 돈(자기자본)의 수익률을 높이는 일. 기업이 타인 자본으로 기업 이익의 변동성을 확대하는 것이다.

•• Jean Monnet(1888~1979). 프랑스 경제학자로 양차 세계대전 이후 프랑스 재건에 힘쓰며 유럽공동체를 설계했다.

방법을 익혔다. 1907년 뉴욕 주식시장 대폭락 위기에 북미 은행가들이 당혹해할 때, 존 피어폰트 모건•은 루스벨트 미국 대통령의 요청에 따라 금융의 이 기능을 활용해 위기를 막았다. 반면 정부가 경기 변동을 조절하는 방식을 배운 시점은 1929년 대공황이 닥치고 신용 거래 발달로 가능해진 대량 소비가 미국에서 등장하고 나서였다. 1918년부터 1929년 사이에 미국은 눈부신 호황기를 누렸고, 유럽 전역은 전후 재건 노력을 기울였다. 하지만 이런 성장세는 1930년대 처참하게 추락한다. 미국은 안정을 이뤘지만, 유럽은 제1차 세계대전의 폐해를 수습하려고 고전하면서 정치적으로 불안정했기 때문이다. 케인스는 이를 간파하고 1922년부터 『평화의 경제적 결과』The Economic Consequences of the Peace에서 이런 미래가 오리라고 전망했다. 제1차 세계대전 직후부터 금융은 신용을 바탕으로 한 터무니없는 소비에 다시 힘쓰기 시작했다.

포드, 거대기업

테일러식 노동분업으로 운영되는 거대기업에 기반을 둔 산업자본주의가 득세하는 가운데 경제체제가 작동했다. 이 경제 모델은 대형 자동차공장을 중심으로 한 경영 모델에 크게 영향을 받았기 때문에 '포드주의' 모델이라고도 불린다. 대규모 공장이 사람들을 매우 신속하고 대대적으로 급여생활자로 전환시키는 원칙을 동

• John Pierpont Morgan(1837~1913). 미국의 자본가이자 은행가. 19세기 후반부터 20세기 초반에 미국 철도, 전기, 철강산업 성장의 자금을 조달했다.

일하게 저변에 깔고 사회가 조직됐다. 이런 맥락에서 금융은 전방위적으로 신용 거래를 시작했다. 포드는 자사 공장노동자들이 곧 소비자이며 직원들에게도 자동차를 팔 수 있다는 점을 깨닫고 급여를 대폭 인상(일당 5달러)했다. 더불어 자동차 생산량도 크게 늘었다.

그러나 대량 소비재도 신용 거래로 구매하게 되니 가계 구매력을 확충해 경기를 활성화시키자 소비도 덩달아 증가했다. 그런데 이런 상황에서 정부는 대출(특히 변동금리에 만기일시상환형 대출) 조건에 간섭하지 않는 것 말고는 개입하지 않았다. 정부가 여전히 자유방임주의적인 입장을 취하던 시기였기 때문이다. 당시 정부는 통화 관리에만 적극적으로 나섰다(1925년 처칠은 금본위제*로 복귀했고, 1927년 프랑스는 푸앵카레 프랑**을 확정했다).

증권시장이 발달하고 대중화되면서 금융은 예금은행에서 구하던 유동성을 확보하게 됐다. 1925년부터 1929년 사이 증권시장의 성장세와 활황 국면은 금융이 1890년에서 1914년까지 여러 예금은행을 전전하며 찾아 헤매던 자금을 공급했다. 그 대가로 증권시장은 경기순환 주기에 민감했다. 증권시장도 과잉 공급을 야기하고, 서로 밀접한 관계에 있는 신용 거래와 상품의 수요를 늘렸다. 하지만 1929년 대공황은 대량생산과 부동산 공급 과잉으로 초래된 1857년 대불황과 달리 과도한 생산으로 인한 것이 아니었다. 투자

* 金本位制(gold standard). 각국의 통화가치가 일정량의 순금으로 정해지고 각국 중앙은행이 통화와 금의 교환을 보증하는 고정환율제도다.

** 레몽 푸앵카레Raymond Poincaré는 1913~1920년 프랑스 대통령을 역임했고 금태환을 위해 프랑을 평가절하한 푸앵카레 프랑을 정해 통화를 안정시켰다.

처를 찾지 못한 자금이 유입되던 증권시장의 거품이 꺼지며 대공황이 발생해 자본주의 체제의 돈줄을 말려버리자 투자은행이 줄줄이 파산했다.

1929년

1929년 금융 구조 자체와 신용에 위기가 닥쳤고, 정부와 국가가 금융의 기본 역할과 금융체제를 제대로 이해하지 못한 채 경기순행적 관점에서 금본위를 기본 원칙으로 한 통화정책만 계속 관리하고 있던 탓에 그 파장은 더욱 커졌다. 그때까지 정부는 경기 확장 국면에는 고삐를 풀고, 수축 국면에는 죄기(개인과 기업의 신용대출 승인 요건, 통화 발행의 긴축)를 했다. 게다가 금융의 본질적인 역할도 이해 못하고 있었다. 정부 당국이 1930년대 금융이 붕괴되어도 손을 쓰지 않았던 이유도 신용대출과 금융자산의 가치에 비금융 경제가 얼마나 의존하고 있는지 파악하지 못해서다. 뒤이어 국제무역이 전반적으로 위축되었다.

1930년대 대공황 초기에 전 세계의 상황은 들쑥날쑥했다. 포드주의적인 시대정신이 등장하면서 대량소비 붐이 일다가 미국식 경제 모델이 세계적으로 일반화되지 못하면서 곧 주춤했다. 그리고 유럽은 식민지와 마찰이 시작되며 정치적으로 혼란스럽고(식민지가 없거나 적었던 독일과 이탈리아에서는 파시즘이 득세했다) 크게 불안했다. 신용 거래가 축소하면서 산업 활동도 위축했고 디플레이션[3]이 닥치고 국제무역이 줄어들면서 10여 년간 성장이 거의 멈췄다. 금융이 어떻게 이런 현상을 관리할 것인지 의문이 싹텄다. 생산 체제의 중심에 있는 금융이 먼저 위기를 맞은 뒤에 그 위기를 악화시킨 상황에서 다시 위기 이후를 수습할 조절 능력을 어떻게 발휘할 것인지가 관건이었다. 1930년대 내내 금융은 자체적인 조절 능력, 그러니까 위기를 미연에 방지하는 관리 능력을 보이지 못했기 때문이다.

1929년 대공황 이후 각국 정부는 경기대응적인 정책을 마련해 경기후퇴기에는 재정지출을 확대하고 경기활황기에는 열기가 가라앉도록 얼마간 긴축재정 정책을 실시해야 한다는 점을 깨달았다. 그런 정책을 펴려면(1923년 독일처럼 화폐 대량 발행으로 통화가치를 폭락시키지 않으면서) 금융에 새로운 기능을 맡겨야 했다. 정부는 금융을 통해야 장기로 필요한 자금을 운용할 수 있기 때문이다. 그리고 정부가 어려울 때 아직 거두지 못한 세금을 앞당겨 쓰고, 조세 징수력을 행사하고, 유동성을 확보하고, 지불 능력을 갖추려면 금융이 필요했다. 금융의 중추적 역할을 파악한 정부라면 분명 "금융 시스템이 현금자산을 확보해줄 것이기 때문에 금융 시스템을 구제한다"라고 말할 것이다. 게다가 1929년 대공황으로 경제 위기가 금융 자체의 확대를 증명하는 사회화로 발생한다는 점을 똑똑히 지켜봤다. 여기서 사회화란 모든 경제 현상(경기 성장, 확대, 수축, 인플레이션)이 한층 증폭되고 그 결과를 반드시 제어하지는 못하는 상황을 가리킨다.

제2차 세계대전, 케인스식 경기부양과 복지국가

사실 최근 뉴딜 정책에 관한 연구에서 드러나듯 1929년 대공황을 수습하기란 쉽지 않았다. 제1차 뉴딜 정책은 성공하지 못했다. 루스벨트 대통령이 영국 경제학자 케인스의 사상에서 착안한 정책적 특징이 두드러진 것은 1936년 재선 이후 제2차 뉴딜 정책 때부터였다. 제1차 뉴딜 정책은 제도적 접근과 통화 안정에 초점을 맞추면서 금본위제를 폐지하고 사실상 달러화와 파운드 스털링화 사이의 연동을 끊었다. 경기부양계획을 실행할 연방긴급구호청 등 기관을 설립해 경제를 수렁에서 구출할 수단으로 삼았다. 노조에는 준準헌법적 지위를 부여했다. 이는 고용 확대를 통한 경기부양책의 기본이다. 그러나 경제는 여전히 회복세로 돌아서지 않았는데, 미국 경제가 시동을 건 반면 국가 간 무역은 거의 사라졌기 때문이다. 각국 경제가 1985년이 되어서야 1928년도 수준의 대외 무역개방도를 회복한다는 점으로 미뤄볼 때 당시 국제 무역량이 얼마나 급락했는지 알 수 있다. 미국 경제는 루스벨트 대통령이 대규모 토목공사, 댐 건설 등을 발주한 1937년부터 실질적인 회복세를 보이기 시작한다.

하지만 미국 경제를 수렁에서 꺼내 부활시키고 경기 확장을 일으키는 엄청난 기계로 만들어서 전 세계 경제를 부양하며 성장을 견인시킨 것은 누가 뭐라 해도 제2차 세계대전이다. 전쟁으로 인해, 또 전쟁을 위해 미국이라는 산업용 기계가 재편되었다. 미국 기업 경영진들이 고임금을 지급하게 이끈 것도 전쟁이다. 생산량은 증대했고 정부가 천문학적인 적자를 내면서 상품 생산을 지원했기 때문이다(오늘날에도 반복되는 현상이다). 1941~1942년부터 미국에서 매달 항공모함 1척과 장갑함 2척이 건조됐고, 그 뒤 4년 동안 비행기와 장갑차 수만 대, 대포 수십만 문이 미국 공장에서 쏟아져 나왔다. 산업용 기계가 100퍼센트 작동한 셈인데, 정상적인 상황이라면 절대로 일어나지 않을 일이다.

루스벨트의 케인스주의•는 사회적 합의기도 하다. 뉴딜 정책이 무엇이었는지 찬찬히 살펴보면 결국 핵심은 포드주의-케인스주의의 이중주를 따라 정부가 경기후퇴기에는 재정 적자를 발생시켜야 하는 것인데, 이는 노동자 계층과 타협한 대가였다. 정부가 경기대응적으로 반응해야 한다는 의미다. 그러나 완전고용이 이뤄지면서 정부는 일자리 보전을 조건으로 한 임금 동결이라는 자유주의의 무기를 포기한 꼴이 됐다.

이때 루스벨트가 직접적인 케인스주의 정책을 추진하면서도 포드주의를 바탕으로 대량생산 체계를 마련했다고 정리할 수 있다. 하지만 미국에는 1940년대 위대한 혁신의 산물인 복지국가가 정착하지 못했다. 영국 경제학자 윌리엄 베버리지William Beveridge가 창안한 사회복지제도는 질병과 연금 등의 어려움으로부터 노동자나 급여생활자 당사자만이 아니라 배우자와 자식들 등 부양가족도 함께 보호하자는 원칙을 기반으로 한다. 그러니까 가족 전체를 보호 대상으로 삼는다. 사실 전쟁으로 미국 경제는 일시적으로 호전됐지만, 영국 경제는 바닥을 쳤다. 당시 영국 경제는 가장 세계화된 상태였기에 날개 없는 추락을 겪은 셈이다. 전쟁 물자의 즉시결제

• Keynesianism. 케인스의 유효수요 원리에 따라 정부가 적극적으로 개입해서 완전 고용을 이루고 경기순환을 유도해야 한다고 주장한다.

를 명문화한 '현금자국선운반원칙'cash and carry이 1939년 11월 미국 의회에서 채택되면서, 당시 영국 정부 경제고문이던 케인스는 전쟁 자금을 위해 공채를 발행하지 않기로 결정했다. 그 결과 영국은 배급제를 운용했고 미국 국민들과 달리 영국인들은 허리띠를 바싹 졸라맸다.

한편, 미국은 정부의 경기부양책과 전쟁에 힘입어 공황에서 벗어났고 보편적 복지제도를 갖출 경제적 여건이 조성됐다. 그런데 완전고용이 달성되면서 민간 분야가 원활하게 작동하고 있다 보니 전 국민을 대상으로 삼는 종합적 복지제도가 필요하지 않았다. 그래서 국민건강보험제도가 마련되지 않았고 이는 결국 미국의 고질적 문제로 남아 버락 오바마 대통령은 복지제도 도입을 정책 공약의 최우선 과제로 삼았다. 석유파동과 스태그네이션• 으로 이 문제를 이미 발견하긴 했지만 빌 클린턴 대통령 집권 8년간 경제가 반짝 호황세를 보이자 이 문제는 다시 뒷전으로 밀렸기 때문이다. 오바마 행정부가 사회보장의 일환으로 프랑스 보편의료보장제CMU에 해당하는 국민건강보험제도를 도입하는 데 성공한다면, 이 행정부를 루스벨트 뉴딜 정책의 계승자로 여기는 것은 단순히 수사학적 표현이 아닌 적절한 평가가 될 것이다.••

• stagnation. 장기적인 경제 침체로, 보통 1년간 경제성장률이 2~3퍼센트 이하로 떨어졌을 때를 말한다.

•• 오바마 전 대통령은 전 국민 건강보험 가입을 의무화하는 내용의 미국 의료보험 시스템 개혁 법안을 도입했다. 트럼프 행정부는 이 오바마케어를 폐지하려 했으나 민주당의 반대로 축소 정책을 내놓는 데 그쳤다. 2021년 취임한 바이든 대통령은 오바마케어의 확대와 강화를 약속했다.

유럽, 포드주의와 케인스주의

복지가 비전쟁 상태(비전시 상황)와 그 대가를 의미한다면, 제2차 세계대전 후 서유럽 국민들은 자연스럽게 복지를 요구하게 됐다. 복지는 케인스주의의 한 축이었다. 종전 후 프랑스는 레지스탕스국민위원회CNR에서 채택한 레지스탕스행동강령•을 추진했다. 독일은 비스마르크 재상 때 마련된 사회보험분담금제를 재개했다. 이렇게 전후 서유럽 전역에 사회적 국가가 자리 잡으면서 이 지역이 빠르게 재건하는 기틀이 됐다.

그러나 새로운 포드주의 산업 모델이 도입된 점도 유럽 경제 부활에 한몫했다. 이 모델은 여전히 대량소비의 확산과 가장 생산적인 기업에서 지급하는 명목임금의 대폭 상승에 기반했다. 미국을 필두로 유럽과 일본의 다국적기업을 포괄하는 이들 기업은 생산성을 획기적으로 향상시켰고, 이렇게 생산된 대량소비재는 대규모로 교역되었으며 공동시장에 이어 유럽연합까지 형성되면서 교역량은 유럽 국가들 사이에서 급증했다. 프랑스에서는 경제학자 장 푸라스티에Jean Fourastié의 표현을 빌려 프랑스의 경제번영기를 상징하는 '영광의 30년'(1946~1976) 모델로 불렸다. 당시 경제는 완전고용을 달성했고 복지국가는 강력한 조절장치이며 자동안정장치로 작동했다.

1945년부터 약 1965년까지 유럽 경제체제가 상당히 원만하게 기능한 이유는 국가 재건기여서다. 프랑스에서는 농민들이 대거

• 프랑스 내 레지스탕스를 지원하기 위한 각종 활동과 조치를 정리한 계획으로 '해방 후 도입정책' 부분에 사회보장제도 등 사회경제 개혁조치가 포함되어 있다.

도시로 이동했다. 1945년까지 프랑스 농민의 수는 약 천만 명으로 경제활동인구의 40퍼센트에 달했다. 이제는 4퍼센트에 불과하다! 전 세계적으로 이주가 이뤄지기 시작하면서 이주자들이 새로운 노동력으로 유입됐다. 프랑스는 1950년대와 1960년대에 뒤처졌던 산업 부문을 크게 따라잡았다. 그래도 1960년대에 이미 노동자가 경제활동인구의 44퍼센트를 차지했던 영국 수준에는 못 미쳤다. 독일도 영국과 비슷한 수준이었던 반면에 프랑스 노동자 수는 경제활동인구의 3분의 1을 넘지 않았다.

경제는 국내총생산GDP 연간 성장률이 5퍼센트를 기록했다! 한 번도 경험하지 못한 수치였다. 데이비드 리카도•의 정치경제 원칙, 그러니까 1900년까지 산업혁명 원칙 아래에서 움직이던 19세기 경제의 성장률은 연평균 0.5~1.5퍼센트였다. 더딘 성장세였다. 영광의 30년 시기에 가속화된 성장률은 자본주의 역사에서 새로운 사건이었다. 덕분에 프랑스 국내총생산은 15년 만에 두 배로, 30년 사이에 네 배로 증가했다.

국가와 자본의 결합

대공황을 겪으면서 산업자본주의 내부에서 다른 무언가가 싹텄다. 조절학파 이론가들[4]이 설명했듯, 엄밀히 보자면 더는 자유경

• David Ricardo(1772~1823). 영국의 경제학자로 자유방임을 강조하는 애덤 스미스의 고전주의 경제학파 이론을 계승해 발전시켰다. 비교우위론을 주장하며 자유무역을 강화했다.

쟁이 이뤄지지 않는 자본주의가 1930년대부터 등장했다. 조절학파[•]에 따르면 양차 세계대전의 폐허와 수차례의 경제 위기(19세기 말 대불황과 1930년대 대공황)에서 발생한 자본주의에서는 정부가 직접적이고 중추적인 역할을 담당한다.

정부와 자본주의는 연합에 성공했다. 좌파 중에서 이 연합을 다행스럽게 여기는 이들도 있다. 그들은 경제학자 칼 폴라니[5]의 주장을 앞세워 자본주의가 무질서와 사회적 혼돈을 야기하는 파괴적인 작은 경제 엔진이라고 보고, 이 연합이 경제를 정치와 사회 안에 '착근한다'고 생각했다. 이 이론은 표면적으로 마르크스와 연관성을 내세우지만 사실상 꽤 거리가 있다. 마르크스가 주식회사를 비롯해 자본주의가 가장 발달된 형태는 물론 정부의 역할에도 주의를 기울였다는 점을 간과한 탓이다. 다시 말해 마르크스는 순수시장을 믿지 않았다. 정부는 물론 이른바 '시민' 사회에도 뼛속 깊이 자본주의가 침투했기 때문에 노동시장이든 금융시장이든 언제나 속임수가 숨어 있다고 여겼다.

1930년대 대공황 이후 정부는 형식상 집합자본주의, 내 생각에는 체제자본주의의 이익을 추구하는 대리인이 됐고 집합자본주의를 공고히 함으로써 조절학파가 말하는 '작은 위기'를 극복할 수

• 경제 성장이 외부의 충격 없이도 위기로 전환되는 과정을 설명하려는 경제이론 학파로 미셸 아글리에타와 로베르 부아예를 필두로 1970년대 중반에 등장했다. 신자유주의가 금융 위기를 불러왔다고 비판하며 시장에 대한 새로운 차원의 조절, 다시 말해 복잡한 시스템을 균형 잡힌 상태로 유지하는 방식에 관심을 가졌다.

있었다. 이는 조지프 알로이스 슘페터*의 사상과도 일맥상통하는데, 슘페터는 정부가 지속성을 보장하면 경제 성장과 후퇴의 반복을 통제 가능한 범위에서 관리할 수 있다고 봤다. 정부가 자본주의 체제의 주축이 되는 셈이다. 그런 점에서 케인스주의자들이 자본주의자라는 점을 잊어서는 안 된다. 케인스는 러시아 볼셰비키 혁명을 지켜본 당대 수많은 정치인과 경제학자와 마찬가지로 자본주의를 공산주의 모델로부터 구해야 한다고 생각했고, 거의 집착했다. 그리고 그는 성공했다. 어떻게 했을까? 정부의 '공산화'를 통해 체제로서 자본주의의 보편적 이익을 우선시하고, 자본주의의 균형과 재생산을 지속적으로 위협할지 모르는 이익집단과 자본주의 분파의 무질서한 행위는 경시하는 방법을 썼다.

그렇게 1930년대 말부터 맨체스터학파**가 주장하는 자유경쟁 산업자본주의에서 점차 벗어나 개발을 상당 부분 사회화하고 빈곤층 이외의 사회 계층도 포함하는 복지제도를 만드는 경제체제로 전환되었다. 이렇게 구성된 베버리지식 복지국가에서 공공지출과 재분배는 체제를 안정화하는 요소였다.

게다가 제2차 세계대전에 참전하는 1941년부터 미국은 단순히 자유주의 국제질서를 수호하고 보장하는 역할에 그치지 않고

* Joseph Alois Schumpeter(1883~1950). 오스트리아 출신 경제학자로 자본주의 사회에서 경제 발전의 원동력을 생산요소를 새로운 방법으로 결합하는 기업가의 혁신으로 보았다.

** 영국 산업혁명의 중심지인 맨체스터 중심으로 경제적인 자유방임주의를 주장한 고전주의 경제학의 한 분파다. 보다 평등한 사회를 위해 자유무역이 필요하다고 설명하며 19세기 곡물법 폐지에 앞장섰다.

생산체제를 가동해야 했다. 정부가 국방과 교육 등 민간 자본이 적극적으로 투자하기 어려운 모든 분야를 책임지는 동시에 산업 계획도 맡게 된 것이다. 2차 뉴딜 정책 기간에 대규모 국책 공사가 진행되며 이런 변화가 일어났다. 연방정부가 그때 처음으로 미국 전체에 권력을 행사할 수 있었다는 점을 주지하자. 대공황기에 민주당 정부는 근본적인 단절을 이뤄냈다. 그때까지 주정부가 주도하던 조세제도를 연방정부가 적극적으로 이끌고(루스벨트 대통령은 최상위 소득층에 90퍼센트에 달하는 소득세를 부과하기에 이른다) 기간산업(특히 댐) 육성 정책을 직접 추진했다. 정부는 더 이상 산업 주체가 아니었고, 전쟁이 끝나갈 즈음에 국가 노동력의 15퍼센트를 직접 채용한 고용주가 됐다. 주로 선박 건조와 항공 분야였다. 전후에 이 분야는 표면적으로 민영화됐지만, 여전히 공공 발주에 전적으로 의존하고 있었다. 이렇게 정부는 자유주의라는 외피를 쓴 채, 국방부와 더불어 그리고 미국항공우주국NASA 등 주요 기관을 통해 사실상 산업 계획을 주도했다.

드골주의* 는 여기서 한발 더 나아가 공개적으로 전시 자본주의(1917년에서 1923년 사이에 전시 공산주의를 빗댄 표현) 경험을 되살리겠다고 천명했다. 루스벨트식보다는 '소비에트'식 포장을 입고 사상적으로 계획경제를 설파했다. 사회적 시장경제를 표방한 독일은 주로 공동경영 형태로 노조를 직접 조직 운영에 참여시키는 사회

* 위대한 프랑스에 대한 애정, 인간에 대한 신뢰, 사회경제적 실용주의, 공익 정신, 소속과 성향을 뛰어넘는 프랑스 국민의 결집 등을 신조로 하는 정치 사상으로 샤를 드골 대통령의 사상과 활동에서 시작됐다.

적 합의를 통해 산업 정책을 운용했다. 반면 프랑스는 노조를 직접 산업 정책에 참여시키지 않았는데, 독립 즈음에 맺은 역사적 합의에 따라 노조는 무력화되어 힘이 없었기 때문이다. 공산당과 직접 역사적 합의를 맺어 노조가 드골주의에 대해 '선의의 무관심'을 보이도록 한 것이다. 다시 말해 드골주의자들이 1966년 북대서양조약기구NATO 내 군사조직에서 탈퇴하고 미국과 소비에트연방 사이에서 중립적인 입장을 견지하고 기술자와 엔지니어들의 고용을 촉진하는 한, 노조는 정책 결정에 반대하지 않기로 했다. (그렇지만 쿠바 미사일 사태처럼 전 세계적 위기 상황이 닥쳤을 때 프랑스는 서방 국가 편에 섰다.)

기독교 민주적 전통에서 완벽하게 벗어난 두 정파, 즉 자코뱅당•의 계보를 잇는 공산주의자들과 드골주의자들은 자본주의적 경제 현실과 암묵적인 친소주의를 조합한 국가 주도 계획경제를 이끌어야 했다. 정부는 개발을 추진하는 계획자로서 시장경제의 개별적 목표를 세우거나 이윤 최대화를 실현하기 위한 높은 자본 축적률(연간 5퍼센트)을 달성할 수 있는 산업 정책을 펼쳤다. 그러나 프랑스가 예외적인 사례는 아니다. 미국의 경우, 동서 냉전으로 인해 민간 투자로 수익성을 따질 수 없는 사업을 미국항공우주국이 진행했다. 지극히 사회적 성격을 띤 자본주의 시대였다. 더불어 중공업 부문 사업은 대형 국영 기업의 형태로 이뤄졌다. 단시간에는 별반 이익이 없지만 대대적인 연구와 막대한 서비스를 들이면 장

• 프랑스혁명 당시 극단적 평등주의를 주장하며 공포정치를 폈던 급진적인 정치 분파.

기적으로 경제 발전에 기여하는 투자를 성공적으로 운용해 미래를 향한 산업을 개발했다. 프랑스에서는 원자력 부문이 이와 유사하게 발전했다. 로널드 레이건 정부에서 마련한 정보 고속도로 설비로 인터넷 확산이 가능했던 사례도 마찬가지다.

영광의 30년에서 침체의 30년으로: 68혁명이라는 균열

'거대 공장'에서 일하는 노동자들, 특히 이탈리아에서 '노동자 대중'으로 불리는 단순노무종사자들은 세가 커지자 1960년대부터 점차 적극적으로 움직이기 시작했다. 그들은 작업 속도와 소모적인 노동분업을 더는 용납하지 않았다. 숙련노동자들보다 노조에 가입한 비율이 현격히 낮았기 때문에 그들은 노조와 무관하게 살쾡이파업•을 벌이며 대규모로 결근했다. 이런 문제는 관련 대형 공장의 규모가 워낙 컸던 만큼 노동사회학계에서 큰 반향을 불러일으켰다. 노동자가 15만 명이나 일하는 공장도 있었는데, 이탈리아 토리노의 피아트 공장, 프랑스 불로뉴 비양쿠르의 르노 공장, 독일 쾰른과 영국 대거넘의 포드 공장 등이었다. 비양쿠르 르노 공장••을 빗댄 사르트르Jean Paul Sartre의 표현대로 1960년대 중반에는 이들 거대 공장이 기침하면 사회 전체가 감기에 드는 지경에 이르렀다.

• 노동조합의 지도부가 주관하지 않고 현장 노동자들이 자발적으로 벌이는 비공인 파업.

•• 1898년 파리 교외의 비양쿠르에서 설립한 르노는 프랑스 자본주의 발전에서 중요한 위치를 차지한다. 르노 공장은 프랑스 노동운동, 특히 생디칼리즘Syndicalisme(노동조합주의)적 노동운동의 역사적 현장이다.

노동자들의 반발은 만성화됐다. 포드주의가 위기에 처한 것이다.

또 다른 변화의 조짐도 싹텄다. 산업화되면서 지방에서 도시로 노동력이 대거 유입됐는데, 인력 수요가 정체되기 시작한 것이다. 당시 도시로 편입된 사람들은 집단거주 단지에 머물렀다. 이 집단거주 단지는 교외 주택으로 이사하기 전에 잠시 지내는 임시 거처 용도였지만, 점차 새로운 도시민들의 주거지로 자리 잡았다. 그러다가 이민 2세를 중심으로 사회적 지위 상승이 어려워진 사람들이 사는 교외 빈민가로 전락했다.

여기에 더해 제3세계가 현실에 눈을 뜨기 시작했다. 포드주의 경영 모델은 낮은 원자재 가격과 더 낮은 에너지 비용을 기반으로 한다. 다시 말해 영광의 30년 동안 제3세계 입장에서는 교역 조건이 악화되었다는 의미다. 선진국의 공산품을 동일한 양으로 구매하려면 공산품 가격의 변화에 따라 상대적으로 점점 제값을 못 받게 되는 원자재를 그만큼 더 많이 생산해야 했다. 그 결과, 제3세계는 빚더미에 앉았고 탈식민지 국가들은 더디지만 확실하게 미개발이나 난개발, 저개발 상황으로 내몰렸다. 적도 근처와 남반구에 있는 저개발 국가들이 주로 식민 지배에서 벗어나기 시작하자마자 이런 문제에 부딪혔고, 아메드 벤 벨라Ahmed Ben Bella 초대 대통령 집권 이후의 알제리와 라틴아메리카의 쿠바처럼 여기저기에서 급진화 물결이 거세게 확산했다. 전 세계적으로 쌓였던 문제들이 하나둘 폭발했다. 1960년 시작된 중소 이념분쟁도 제3세계의 급진화에 한몫했다.

그때까지 좌파와 우파 사이에 산업을 중시하고 생산성 향상을 목표로 하며 소비를 장려하자는 역사적 합의가 있었다. 사회적 이동성이 크게 상승하는 시대라는 합의가 있어서 가능한 일이었다. 영국과 달리 노동자의 지위를 전혀 높이지 않은 프랑스와 같은 나라에서 이 점은 꽤 중요했다. 사실상 포드주의는 공장 노동자들에게 아이들은 노동자가 아니라 사무직으로 일할 거라고 약속했다. 농민들에게는 '공장'을 거치지 않고 바로 사무직, 화이트칼라가 될 거라고 했다. 포드주의의 이런 거래(약속의 의미에서)는 이민자들을 대규모로 공장에 고용하고 나서야 지켜졌다.

더불어 1965년부터 1968년까지 학교 교육이 보편화했다. 단순히 베이비붐 세대들이 대학에 진학했다는 사실보다 다수가 교육을 받으려 하고 고등교육의 문턱도 낮아졌다는 점이 중요하다. 고등교육의 성격도 크게 바뀌어서 학생들이 사회 문제를 토론하느라 강의실이 시끄러워지기 시작했다. 대학생들의 분노가 그때까지 곪았던 단순노동자들의 위기와 만나 폭발해 68혁명이 일어났다. 전후 재건기 모델이 최후를 맞은 것이다. 그전에는 사람들이 질문을 많이 하지 않았고 뼈빠지게 일했고 일자리 문제도 없었다. 그렇지만 이제 위기가 닥쳤다. 단순노동자들은 물론 교육과 부르주아적 가치의 위기였다. 1968년 5월, 혁명은 그렇게 시작했다.

그렇지만 68혁명은 단순히 프랑스만의 현상은 아니었다. 멕시코대학의 학생 폭동, 독일의 사회주의학생연합SDS 학생운동, 6개월간 이어진 이탈리아판 '68혁명'이라고 할 수 있는 1969년 '뜨거운 가을'(금속노동자들을 중심으로 시작된 노동 쟁의와 파업 사태) 등이 있었다. 1968년을 기점으로 사회운동이 끊임없이 일어났고 이로 인해 물가가 지속해서 상승하고 임금도 전반적으로 올랐다. 기업 발행 보고서에서 1970년대부터 두 자릿수 물가 상승이 심각한 문제인 이유가 노동자들이 생산성 상승률보다 더 많은 임금을 받아가서라고 지적하는 경우를 심심치 않게 볼 수 있다. 당시 노조와 진행한 임금협상이 구매력 회복에 초점을 맞추고 있긴 했지만, 생산성 상승이 이뤄지고 6개월 뒤 임금을 인상하기로 협상했다. 드골 대통령은 그르넬 협약(68혁명 당시 정부가 주도한 노사정협상)에서 정해진 임금 10퍼센트 인상안을 두고 "어쨌든 올해 안에 이 정도는 올라갔을 거잖아!"라고 중얼거렸다고 한다(실제로 이 말은 가장 발전한 산업 분야에나 적용될 수 있었지만).[6] 그런데 이 메커니즘은 제대로 작동하지 않았고, 이는 프랑스뿐만 아니라 경제협력개발기구OECD 회원국 대부분에서 마찬가지였다. 임금은 그저 빠르게 오르는 데서 그치지 않고 생산성 증가 6개월 후 임금 인상이라는 기능적인 지연 기준을 무색하게 하는 속도로 내달렸다. 자본주의의 통제에서 벗어난 인플레이션 시대가 도래한 것이다. 임금 인상으로 인한 명목 인플레이션과 실질 인플레이션을 줄이는 것이 경제협력개발기구와 모든 공공 정책의 과제가 됐다.

석유파동으로 악화된 포드주의 위기

1974년 1차 석유파동이 일어났다. 또 독일을 필두로 서유럽 각지에서 이주를 막은 해이기도 하다. 독일이 '초청 노동자'Gastarbeiter로 받아들인 이주노동자들은 인건비가 저렴했고, 자국 노동자들을 고용하면 드는 사회지출로 경제를 키운지라 그들은 오랫동안 외국에서 온 노동력으로만 여겨졌다. 그러던 그들이 독일에 터를 잡기 시작했다. 양차 세계대전 사이 독일인들은 그들을 '지나가는 손님'이나 '제비'로 생각했는데 이는 착각이었다. 그런데 그들이 정착하면서 노동력 단가도 걱정스러울 정도로 올랐다. 노동시장 유연성이 높은 호시절이 끝난 것이다. 경제활황기에 이주노동자들은 고용회전율이 높았다. 기업은 정착 인구를 위해 해야 하는 투자를 하지 않아도 그들을 고용할 수 있었다. 그러나 1974년 석유파동으로 이주자 유출입이 동시에 줄었는데, 이주자들이 고향에 갔다가 되돌아올 수 없을지도 모른다고 출국을 두려워했기 때문이다.

독일보다 프랑스가 먼저 국제 '순환' 이주(경제협력개발기구 정의에 따르면 '기간과 목적이 정해진 이주')를 통한 노동력 조달을 중단했다. 프랑스보다 임금이 높았던 독일은 (공식적으로는) 엄격하게 한시적 체류를 전제로 이주자를 수용한 터라 크게 문제가 될 게 없었다. 하지만 독일, 벨기에, 네덜란드, 에스파냐와 경쟁 관계에 있던 프랑스는 매력적인 임금을 제시할 여력이 없었다. 그래서 한층 유연한 귀화제도와 가족의 재결합 규정(장기체류 허가를 받은 이주자가 본국의 가족을 데려올 수 있는 규정)을 운영했다.

독일은 1974년 이주자 수용을 중단했다. 프랑스도 곧바로 따랐다. 다른 유럽 국가도 차례로 이주자를 받지 않았다. 이 결정은 수용국보다(비록 얼마간 영향을 받긴 했지만) 송출국에 큰 파장을 일으켰다. 유고슬라비아는 이민자 유출이 막히자 내부 분열을 일으키기 시작했다. 만성적인 어려움에 시달리던 그리스와 터키는 그때까지 숨통을 틔워주던 인구 유출이 중단되자 키프로스섬 분쟁• 이 일어났고 섬은 분단되었다.

포드주의 위기에 케인스주의와 복지제도에 대한 회의가 맞물린 상황에서 첫 번째 석유파동이 일어난 셈이다. 석유파동으로 저렴한 원자재 가격의 혜택을 누리던 시대가 끝났을 뿐만 아니라 원자재 가격이 상승세로 돌아섰다. 그렇지만 자본주의적 해법이 곧 등장했다. 석유파동은 포드주의가 낡았음을 깨닫는 동시에 그 성공 비법(저렴한 원자재와 인건비와 운송비)이 사라지고 있음을 재확인하는 계기로 인식됐다. 그렇지만 로마 클럽 보고서에서는 은연중에 성장의 한계가 드러나고 있었다. 세계화가 포드주의의 쇠퇴에 대한 해법이 되었다.

자본가들은 처음에 대규모 공장을 나눠 매각했다. 경영자들은 분할매각을 발표하면서 노동자가 5천 명이 넘는 공장은 관리가 불가능하다고 설명했다. 사실 맞는 말이기도 한데, 거대 공장은 정치적으로 통제가 불가능하다. 게다가 더는 노동자들의 요새를 유지하려 하지 않았다. 피아트사의 토리노 공장의 경우, 말하자면 도심 샹젤리제에서 반경 1킬로미터 이내에 해당하는 지역에 12만 명이 몰려 일했다.

단순노동자가 장시간 생산 라인에서 무한 착취를 당하다가 반발하기 시작한 상황에서 자동화도 해답이 되었다. 자동화 덕분에 단순노동자가 더는 필요하지 않았다. 노동자 임금이 전반적으로

• 키프로스섬은 지중해 북동부에 위치한 나라로 남쪽의 그리스계 주민, 북쪽의 터키계 주민 지역으로 나뉘어 대립하고 있다.

높았고 무엇보다 공장을 마비시키는 파업은 비용이 많이 들었기 때문이다. 이제 르노사의 비양쿠르 공장처럼 막강한 자동차 조립 라인에서 각종 파업을 주도하는 고정농양•이 생겼는데, 이곳의 작업환경이 점차 악화되었기 때문이다. 차체 도장 공정을 하는 작업공이 일례다. 우선 모든 자동차가 제작되면 반드시 거쳐야 하는 곳이 도장실이기 때문에 작업이 몰릴 수밖에 없다. 또한 도장 작업은 고되고 위험하다(폐암 발생률이 높다는 게 반증이다). 그래서 이곳의 이직률은 매우 높다.

자동화는 자동차 업계부터 시작했다. 스웨덴 말뫼••에서처럼 작업이 정체되는 구간이나 조립 라인의 연속성을 저해하는 방해물을 최소화하는 방향으로 생산 라인이 재편됐다. 적시생산방식just in time이 완충 재고를 비치한 유연생산방식으로 바뀌었다.

또 다른 대처법은 바로 생산 품질 개선(무결점)이었다. 소비자들이 상품의 낮은 품질을 두고 이러쿵저러쿵 불만이 많아서였을까? 사보타주 행위가 증가해 불량품이 늘었기 때문이다. 르노 비양쿠르 공장이 있던 시절, 출고 후 곧바로 뫼동 공장에서 수리를 받아야 하는 자동차의 비율로 노사 분위기를 점쳐볼 수 있었다. 그래서 품질 기준을 도입했다. 일본 자동차 산업이 경이로운 성공을 거둔 시기인 만큼 일본식 품질 개선 방안을 살피기 시작했다. 일본인들은 포드주의 모델이 아니라 오노 다이치 부사장이 고안한 도요타

• 회사가 이곳의 막강한 노조를 고정농양으로 방치한 측면이 있는데, 고정농양의 치료법을 사용한다는 것은 집단에 만연한 폭력을 희생양에 집중, 전이하여 집단으로 하여금 다시 평화와 안정을 되찾게 한다는 뜻이다.

•• 스웨덴 말뫼시는 유럽 최대 코쿰스Kokums 조선소가 있던 지역이다.

식 모델로 경영하고 있었다. 오노는 테일러만큼 실력 있는 엔지니어였지만, 생산하고 재고를 쌓아 판매하는 대신 선매된 주문만 생산하는 방식으로 재고 관리 시스템을 개혁했다. 이 방식은 정보의 피드백이 전제된다. 또 실시간으로 매우 세분화된 주문에 대응해야 하므로 고품질도 필요조건이다. 주문받은 색상과 품질 요구에 맞게 자동차를 한정 생산한다. 이것이 유연생산체제다.[7] 이 체제로 기업 규모를 축소할 수 있게 되면서 서구에서 대규모 공장을 두셋으로 분할하기 시작했다. 또 소량 생산도 가능해 재고를 남기지 않게 됐다. 마지막으로 품질 추적 관리를 통해 불량이 발생한 원인을 찾을 수 있도록 생산 업무가 조직되면서 사보타주를 방지할 수 있었다. 이 체제는 자동차 제조뿐만 아니라 텔레비전을 비롯한 가전제품 생산 라인으로도 확대, 적용되었다.

고품질 생산 방식으로 포드주의식 단순노동자가 더는 필요하지 않게 되자 기업에서는 노동자 수를 줄였다. 더디지만 돌이킬 수 없는 변화였다. 상품을 협력업체에서 외주 생산하기 시작했고, 원자재와 주로 멀리 떨어진 협력업체에서 제작한 부품을 필요할 때마다 조달할 수 있게 물류를 개발해 생산유연성을 확보했다. 정리하자면 집단적 노동과 생산장비의 밀도를 원자화해 공장을 흩어지게 했다.

더불어 완전고용의 호시절도 끝났다. 만성적 실업의 시대가 막을 올렸다. 고용의 형태가 바뀌면서 불안정성도 확대됐다. 노조는 세가 기울다가 곧 무력해졌다. 이념분쟁 탓이 아니라 기반을 이루는 노동자들이 사라졌기 때문이었다. 노동자들은 순식간에 자취를 감췄다. 공장의 해외이전도 하나의 이유였다. 공장을 분할해 남유럽과 아시아, 뒤이어 동유럽으로 이전시켰다.

경제개발 모델이 대규모 해외이전을 통해 상호의존적인 세계화 경제로 전환됐다. 남반구 국가에서 취업률이 급상승하기 시작하면서 북반구 국가에서는 더 이상 완전고용을 보장하지 못하는 상황이 됐다. 전 세계적 차원에서 생각해보면 케인스주의 완전고용은 북반구 국가, '소규모 사교 클럽'에 국한된 현상이었다. 다른 국가들은 만성적인 실업이 나타났다. 그러다가 소위 신흥산업국이 부상했고 이들 국가에서 급여생활자 고용이 수직상승한 반면, 서구에서는 고용률이 정체되다가 하락세로 돌아섰다. 수치상으로는 4~5퍼센트 낮아졌지만, 경제활동인구의 85퍼센트까지 고용했던 점을 고려하면 80퍼센트만 고용되는 상황인 것이다.

사람들도 에너지와 원자재 비용이 상승하는 경제체제에 적응하기 시작했다. 에너지와 원자재 가격은 아직 비싸지는 않았지만 급격하게 올랐다. 관세와 무역에 관한 일반협정GATT이 체결되었다가 세계무역기구WTO(1995년 창설)로 전환해 국제 무역에 시장을 개방하는 국가가 늘어나면서 완전고용의 시대는 완전히 저물고 공장의 해외이전이 가능해졌다. 그러나 국가 경제가 세계 경쟁에 본격적으로 노출되기 시작한 것은 1979년 마거릿 대처와 로널드 레이건의 집권 때부터다. 신자유주의 혁명, 아니 반혁명이 시동을 걸었다. 서브프라임 위기를 가져오는 핵심 요소가 마련되기 시작한 셈이다.

만인을 위한 만인이 투자하는 증권시장

영국 베버리지 모델•을 바탕으로 한 전후의 모든 경제체제는 케인스의 완전고용 가설과 급여생활자가 연금제도의 전체 균형(재정 총수지)에 기여한다는 점에 기반을 두고 있다. 국민 상당수가 소수의 기업에서 평생 급여를 받으며 지속적으로 연금을 납부할 때는 부과식 연금제가 원활하게 운영됐다. 그런데 임시직이 확산하고 대량 실업이 구조적 문제로 자리 잡는 등 노동시장에 균열이 생기자 이런 연금제는 차츰 흔들렸다. 연금제도의 문제점이 슬며시 표면으로 드러나기 시작했다(1988~1995).

그런데 사회 문제가 폭발하지는 않았다. 왜일까? 문제가 터질 요건은 모두 갖춰진 상태였다. 더 이상 케인스주의의 협의를 보장할 수 없었고, 실업과 불안정성은 내부승진과 다음 세대의 사회적 신분상승을 약속한 사회적 합의에 종지부를 찍었다. (이제 대중화된) 교육을 받아도 안정적인 평생직장을 구할 수 없었다. 교육이 취업의 필수조건이 되고 있었음에도 그렇다.

마지막으로 구매력(임금의 소폭 상승과 높은 인플레이션률로 인한 가계부채 감소)도 '영광의 30년'이 맺은 사회적 합의의 하나인데, 레이몽 바르Raymond Barre 총리 시절에 부동산 대출을 고정가치(금)에 연동시키고 뒤이어 변동형 대출 금리가 도입되면서 이 역시 무색

• 유럽의 연금제도는 공적연금 의존도가 높은 비스마르크형과 사적연금제도가 발달한 베버리지형 등이 있다. 비스마르크형은 독일 수상 비스마르크에 의해 1889년 처음 도입되었고 공적연금제도에 주로 의존한다. 베버리지형은 영국 경제학자 베버리지의 제안을 토대로 영국이 1908년 도입한 이후 영미권에서 채택했다. 공적연금제도 보완을 위해 사적연금제도인 기업연금 가입을 의무화한다.

해졌다. 그러니까 포드주의식 합의를 구성하는 모든 조각이 돌이킬 수 없이 와해된 셈이다. 그렇지만 다른 사회적 합의가 없는 상태에서 기존의 것을 파기할 수는 없다. 새로운 합의는 어떤 성격을 띨까? "저축을 증권시장에 넣고 부자되세요!" "인생의, 아니 자산의 주인이 되세요"라는 말이 들려왔다. 바르 총리는 실업자들에게 "자영업자"가 되라고 하면서 물의를 일으켰다. 블레어주의•가 팽배한 15년이 지나자 상황이 바뀌었다. 국민 대다수는 힘겹게 이 말을 인정하게 됐다.

저축을 금융상품에 투자하라는 말은 주식과 보험제도를 전방위적으로 홍보하는 현상과 완벽히 맥을 같이한다. 급여생활자가 일시적으로 일자리를 잃는 일이 빈번히 일어날 수 있으니 반드시 대비 자금이 필요하고 또 개별적으로 사회보험(상호공제조합 부금이 점점 늘긴 하지만)을 마련해둬야 한다는 인식이 퍼졌다. 주식과 채권 포트폴리오를 가져야 한다. 그러면 돈이 더 생긴다. 급여가 아니라 포트폴리오 덕분에 돈이 더 들어온다.

물론 18세기 존 로 파산,•• 19세기 말의 파나마운하 정경유착 비리,••• 1917년 이후 러시아 공채 지급 중단 사건•••• 등은 프랑스

• 1997~2007년 영국 총리를 지낸 토니 블레어와 그 지지자들의 정치 이념을 가리킨다. 신 노동당New Labour은 사회민주주의 복지국가와 신자유주의 시장경제의 단점을 배제하고 장점만을 융화시킨 '제3의 길'을 정치노선으로 선택했다. 그러나 대처주의와 큰 차이가 없는 신자유주의의 연장선이라는 비판을 받았다.

•• John Law(1671~1729). 스코틀랜드 출신 경제이론가. 중앙은행을 출범하여 엄청난 양의 은행권을 발행하고 해외식민지 무역을 독점하는 회사의 주식을 발행했는데 주가 폭등으로 유럽이 거품에 휩싸였다. 경기 과열이 급격히 식으면서 회사는 파산했고 프랑스는 엄청난 인플레이션을 겪었다.

인들에게 좋지 않은 기억을 남겼다. 프랑스인들은 전통적으로 부동산 투자를 선호하고 주식이나 증권시장은 거의 관심이 없었고 20세기 말에는 주식을 보유한 비율이 인구의 9퍼센트였던 것에 비해, 이제 상황은 빠르게 달라졌다. 유가증권(주식, 채권)을 보유한 프랑스인이 1978년에 100만 명, 2007년에는 1200만 명으로 늘었다.[8] 같은 기간에 프랑스 주식시장 시가총액도 늘어서 국내총생산과 같은 규모가 됐는데, 15년 전만 해도 상황은 전혀 달랐다(40퍼센트). 주식의 중요성이 특히 커졌다.

예전에 증권이 있다는 건 엄청난 부호거나 나이가 많다는 말이었다. 이제는 고위직 임원과 중상류층도 증권을 갖고 있다. 가계의 57퍼센트가 증권시장과 직접 연관(특히 신용 능력)된 미국에 비하면 적은 수치지만, 이런 변화는 의미심장하다.

어떻게 복지국가의 재원을 마련할까?

사회적 합의를 지키고 실업자 300만 명을 지원하게 한 또 다른 요인이 있다. 1973년 석유파동 초기, 노동자 가계의 가처분소득 중 3분의 1 이상이 이전소득transfer income(세금 면제, 다양한 형태의 사회보조금)이었다. 그런데 위기에서 벗어날 무렵, 그러니까 1975년부

••• 프랑스 제3공화국 당시 하원의원과 기업가들이 얽힌 부패 스캔들로 수십만 가구가 저축을 잃었다.

•••• 1917년 러시아혁명으로 집권한 공산당 정권이 제정 러시아 공채를 지급 중단한다고 일방적으로 발표하면서 전 세계 금융시장에 충격을 줬다. 이로 인해 영국과 프랑스가 큰 투자금을 잃었다.

터 2005년까지 니콜라 바브레•가 '침체된 30년'이라고 부른 시기에서 벗어날 때쯤에는 모든 프랑스인이 가처분소득의 30퍼센트를 재분배에 의존하고 있었다. 그러니까 불황기에 신자유주의자들이 비난한 복지국가는 이념적으로 오해됐음에도 불구하고, 또 정치적 지향과도 무관하게 프랑수아 미테랑과 자크 시라크, 니콜라 사르코지 대통령이 집권하는 내내 세금에 대한 국민부담률이 오를 수밖에 없었다는 의미다. 국민부담률은 상징적인 마지노선인 국내총생산의 50퍼센트에 가까워졌다(당시 스웨덴은 55퍼센트, 핀란드는 57퍼센트였다). 물론 얼마 지나지 않아 43~46퍼센트대로 내려오긴 했지만, 더 내려가기는 힘들어 보였고 금융 위기의 여파로 언제라도 오를 수 있었다.

신자유주의가 팽배한 미국(레이건 행정부)과 영국(대처 내각)에서 국민부담률은 30퍼센트 미만에서 35퍼센트까지 상승했고, 최근 금융 위기에도 사회복지를 통한 재분배에 의존하는 가계의 비중이 급증했다는 점에 주목해야 한다. 그리고 오바마 행정부에서 미국의 국민부담률은 유럽 수준에 가까워질 것이다. 경제 위기 국면에서 으레 벌어지는 사회주의화의 은밀한 세 확장을 보여주는 현실로, 정부는 혁명이 일어나길 바라지 않는다면 돈을 풀어야 한다. 당연히 다른 이들보다 더 큰 피해를 보는 이들이 있을 것이다. 그렇지만 제도란 늘 변화하기 마련이다. 또 정부는 돈을 나눠줄수록 전체 지출에서 막대한 비율을 차지하는 그 돈이 '소기의 성과'를 내길 바

• Nicolas Baverez(1961~). 정치학과 역사학을 전공한 변호사로, 1998년 『침체된 30년』Les trente piteuses을 출간했다.

랄 테다. 하지만 현실은 다르다. 2007년 사회보장기금의 예산은 기초의무체제를 모두 합쳐 4020억 유로가 넘었지만, 정부 지출액은 2260억 유로였다.

국가부채 폭등 그리고 금융업과의 상부상조

프랑스는 여러 분야에서 저소득층을 적극적으로 지원하고 있고, 특히 적정임대료주택HLM이나 일반주택수당APL을 통해 주거 문제를 해결하려고 노력 중이다. 영국을 비롯한 유럽 각지에서 유사한 제도가 운용된다. 미국은 민간 부문 활성화를 독려하는데("국가에 의지하지 말고 스스로 준비하세요, 당신이 더 효율적으로 움직일걸요") 이런 태도는 부동산임대업자 계층을 형성하면서 정책 기획이나 선거 전략으로 활용되기도 했다(보통 집주인이 임차인보다 보수적이다).

세수는 감소했고 낮은 금리에 대출을 받을 수 있었던 5~6퍼센트의 고도성장기는 지나갔다. 화폐를 추가로 발행할 수도 없었는데, 금융시장의 경계가 허물어지고 금리가 세계 금융시장에서 결정되고 국제 환율이 생겼기 때문이다(유럽인들은 한 걸음 더 나아가 유로를 도입해 통화주권을 포기한다). 국가 재정 균형을 유지하기는 더 어려워졌다. 세수는 줄었지만 공공사회지출은 전혀, 아니 충분히 감소하지 않았다. 실업률이 높고 사회보장분담금 결손분도 막대한 데다가 어찌 되었든 사회가 진보해 새로운 장비, 특히 디지털 장비가 필요했고 경제학자들이 말하는 '국민 삶의 질'(보건과 교육 분야 지출로 향상된 삶의 질) 개선에 나가는 지출도 점점 늘었기 때문이다.

해결 방법이 마땅치 않자 빚을 내 충당했다. 국가는 국채를 발행했고 국제 민간금융업계에서 사갔다. 각국은 국제자본시장에서 국제 금리에 따라 자금을 빌렸고 국가별로 등급을 매기는 전문기관의 평가를 받았다. 국제신용평가기관의 신용등급이 낮다는 건 추가 위험 부담이 있다는 의미였다(2009년 가을 이후 그리스의 상황이 일례다). 2007년 무렵에는 전 세계 국가가 매년 시장에서 29조 달러에 달하는 천문학적 액수를 조달해야 했다.

달러가치 변동, 금융화와 세계화

현대 금융은 경제에서 비물질적인 것들이 힘을 가지면서 형성되었다. 이 점을 설명하려면 잠시 시간을 거슬러 올라가야 한다(경제의 금융화 및 불안정성 확대와 직접 관련이 있기 때문에 중요한 문제다).

1971년 유럽은 어려움을 딛고 일어나 연합하면서 강력해졌고 일본도 세력을 크게 키운 반면, 미국은 정치적(베트남 전쟁)으로나 경제적으로 패권을 상실했다. 그때 미국은 케인스식 혹은 루스벨트식 사고를 바탕으로 결단을 내린다. 미국이 전 세계 금 보유량 비중의 75퍼센트를 차지하고 있지만 더 이상 생산할 수 없는 금에 달러화를 연동시킨다면 달러의 힘이 미국의 패권으로 이어질 수 없다고 판단한 것이다. 사실 미국은 전 세계, 특히 유럽을 안정시키려고 해외에 자본을 대규모로 투입했고 당연히 국제수지는 크게 적자가 났다. 그래서 달러화의 금 태환을 중단하기로 결정했다. 그러자 다른 화폐에 비해 달러화의 가치가 조금 하락했는데 원자재 결제대금으로 국제통화로서 달러가 계속 사용되자 산유국의 실질소득이 하락하게 됐고, 그 결과 1차 석유파동이 일어났다.

달러화의 금 태환 중지로 경제가 금융화되었다. 특히 환율과 금리 변동 리스크를 헤지•하는 금융상품이 등장했다.

세계화는 그 주역들이 어쩔 수 없이 동참해 이뤄졌다는 사실을 이해해야 한다. 미국의 경우, 국제수지 적자로 인해 국제자본시장에서 돈을 빌려야 했다(얼마 전에 달러화-금 태환을 중지했는데 말이다). 민간 금융회사는 기회를 놓치지 않고 돈이 밤낮없이 언제라도 자유롭게 이동할 수 있는 세계 시장을 위한 규제 완화와 국내 시장의 개방을 지지했다(정보통신의 발달로 곧 가능해졌다). 돈이 자유롭게 이동하려면 표준화된 상품의 형태를 갖춰야 했다. 이율이 더 이상 중앙은행이 결정한 요율이 아니라 단기와 장기 자본의 수요와 공급에 따라 정해져야 한다는 의미다. 이 생각은 점차 현실이 되었고, 단기 금융시장은 여느 상품의 시장과 마찬가지로 수요와 공급에 따라 조절되었다. 수요가 크면 이율이 높아지고, 수요가 적으면 돈의 가치도 떨어졌다.

은행 중심에서 금융 중심의 경제로

이 체제를 도입하는 국가가 늘어나면서 은행 중심의 경제에서 금융 중심의 경제로 전환되었다. 가장 주목해야 하는 결과는 기업

• hedge. 현재 보유하고 있거나 향후 보유하려는 자산의 가격 변동으로 발생 가능한 손실 위험을 최소화하려는 행위다.

이 국내 기준의 금리로 규제되는 은행뿐만 아니라 먼저 증권시장에서, 다음으로 국제금융시장에서 자금을 구하게 되었다는 점이다. 자금이 필요한 기업이 주로 다국적기업이라는 점에서 일리 있는 선택이다. 사실 1960년대부터 상품 생산은 세계화되었다. 다국적기업multinational corporation(MNC)이 늘어났고 그 기업은 점차 국제금융시장이라는 공통 대상에서 자금을 융통하려고 했다. 왜 기업과 정부는 필요한 자원을 구하기 위해 국제시장으로 향했을까? 그곳에 유동자산, 산유국의 잉여자금이 넘쳐흘렀기 때문이다.

1974년 석유파동 시기에 어떤 일이 있었는지 살펴보자. 석유 가격이 폭등하자 선진국의 에너지 비용이 갑자기 늘어났고 페르시아만 연안 군주제 산유국으로 달러화가 대거 유입, 축적되었다. 그러나 이들 국가는 늘어난 달러를 소화할 능력이 부족했다(그래서 경제학자들은 달러 수입으로 수입품을 구매해 선진국에 달러로 대금을 지불하자고 제안하기도 했다). 이들 국가는 인구 수도 적었고 내수도 제한적인 데다가 기간시설도 아직 크게 미흡했다. 어마어마한 석유 달러가 축적되면 종국에 체제가 무너질 위험이 있었다. 미국은 이 사태를 막기 위해 달러를 회수해야 했는데, 적자를 해소할 필요도 있던 참이라 대대적인 달러 유동화에 나섰다. 달러 유동화를 위해 규제를 완화하고 자산을 금융화하고 통화시장을 조성해 전 세계에서 각국이 정한 환율이 아니라 자금 수요에 따라 석유 달러가 투자되고 유통되고 교환되도록 했다.

이 계획은 성공했다. 석유 달러가 활발히 유통되었다. 석유 달러가 중심지로 몰려와 재투자되어 생산구조 개편, 그러니까 3차 산업으로의 전환을 이끌어내면서 서구권 경제는 1930년대 대공황과 같은 침체를 경험하지 않을 수 있었다. 석유 달러가 넘쳐나던 페르시아만 연안 국가가 해로즈 명품 백화점, 초호화 호텔 체인, 최고급 서비스업 등을 매입한 것만 봐도 알 수 있다. 또 항공업계로도 진출하기 시작했다. 석유파동으로 경제가 서비스업화되었고, 낮은 원자재 가격과 저렴한 에너지 가격에 기반한 산업의 해외 이전이 가속화되었다. 기업은 해외 이전을 통해 비용 절감을 꾀했다. 더불어 이주노동자 수요도 감소했다.

석유 달러가 다시 선진국으로 유입되어 투자가 이루어지자 세습 자산화, 그러니까 부동자산으로 전환되었다. 이런 투기 수요로 인해 선진국 대도시에서 부동산이 급등했다. 마침 여건도 갖춰졌던 것이 새로운 사회적 합의가 기존 노동운동을 수세에 몰아넣고 영국 노동당과 미국 민주당, 사회민주주의의 숨통을 조이고 있던 참이었다. 임대업을 하고 주식과 채권 자산을 형성하고 자신뿐만 아니라 아이들을 위한 부동산과 소득원으로서 투기용 부동산을 보유해서 프랑수아 기조•의 유명한 말대로 '부자가 되'는 게 목표가 됐다. 특히 도심에서 아파트를 사고 임대를 주고 임대료를 정기적으로 인상해서 돈을 벌었다. 퇴직한 임대소득자 수가 점차 늘어나자 "사회보장분담금이 물가 상승과 연동되지 않아서 점점 줄어들 테니 준비하셔야지요. 물가도 통제를 받을 테니까 분담금이 물가

• François Guizot(1787~1874). 19세기 프랑스 자유주의 정치가이자 역사가로 "은행가들의 체제" "납세자 정부"로 낙인이 찍힌 7월왕정의 상징적 인물이다. '부자가 되시오'라는 말을 실제로 했는지, 어떤 상황에서 했는지는 여전히 논란거리다.

상승률과 연동되는 것도 의미가 없어요. 그러니 부동산을 사세요" 라는 소리가 돌았다.

그렇게 해서 전 세계 모든 도시에서 부동산붐이 일었고, 이를 젠트리피케이션이라고 한다. 상당히 넓은 공간을 차지하던 공장과 도크를 없앴다. 무엇이 그 자리에 들어섰는지 자발 강둑길의 발라르 시트로엥 공장 사례만 봐도 알 수 있다. 고층건물, 퐁피두병원, 프랑스텔레비지옹 사무실 등이 들어왔다. 부동산은 탐나는 최고의 투자처로 글로벌 투자자들의 관심을 모았다. 이 체제의 가장 큰 적은 바로 인플레이션이다. 1970년대에 봤듯 인플레이션은 임차인과 급여생활자와 산업기업에 유리하다.

신자유주의 사상가들은 정부의 개입을 최소화하고 감세, 특히 재산세를 낮춰야 한다고 생각했다. 실제로 공장이 사라지고 나타난 3차 산업의 전 업종이 세금제도를 고려해 입지를 선정했고, 한 대도시에서 다른 대도시로 쉽게 이전도 할 수 있었다. 리처드 플로리다Richard Florida가 말한 **창조계급**[연구원(분야 무관), 부동산개발업자, 금융서비스 종사자, 변호사를 아우르는 지식층]이 머물게 하려면 도심에 주거지를 제공하고 과세 기준도 점진적으로 확실하고도 획기적으로 낮춰야 했다. 그 결과 정부의 수입은 감소하고 의무는 늘어났다. 미셸 로카르Michel Rocard는 이 상황을 협상가격(가위) 위기* 라고 날카롭게 지적하며 해결방안으로 근로소득과 직접 투자한 자본소득뿐만 아니라 이자소득에도 부과되는 일반사회보장분담금

* scissors crisis. 애초 트로츠키가 공산품과 농산물의 가격 격차가 가위 모양으로 벌어지는 경제 위기를 지칭하는 용어로 쓰기 시작했다.

CSG[•]을 제시했다. 교육의 질이 떨어지고 사회적 협의가 흔들리는 만큼 상황은 더 심각했다. 석유 달러를 활용하는 최고의 수단인 금융화가 각국의 사회적 풍경을 바꿨다.

완전히 금융화하려면 여전히 국경을 허물고 환율 통제를 중단하고 자본의 입출입을 승인하고 이 자본이 쉽게 투자될 수 있도록 까다롭게 따지지 않아야 한다는 과제가 남아 있었다. 시간이 지날수록 유가증권시장 상장은 기업이 활동에 필요한 새로운 자본을 조달하고 다른 금융상품에 투자할 자금을 마련하는 데 필수조건이 됐다. 금융자산을 보유한 프랑스인의 비율은 상대적으로 낮다고 앞에서 언급했는데, 증권시장의 주요 거래도 소액 투자자나 대부호 등 개인 투자자가 아닌 기관 투자자(보험회사, 은행, 뒤이어 투자신탁과 연기금)에 의해 이뤄졌다. 이로써 완벽하게 일관성 있는 체제가 완성됐다. 가령 연기금이 증권시장에 투자하고 공장도 살 수 있지만 임의로 하는 것은 아니다. 제조업체를 선정해 일정 수준의 수익률을 내도록 강제하고 업장의 작업 여건은 모조리 무시한다. 현금이거나 언제라도 환금 가능한 금융자산의 수익률이 무엇보다 중요하기 때문이다. 문제는 이율이 5~6퍼센트이고 인플레이션이 2.5퍼센트대일 때 일반기업의 평범한 수익률이 6퍼센트라고 한다면, 이 상황에서는 중간 단계에 있는 금융중개기관의 수수료를 제해야 하므로 수익률 15퍼센트를 요구한다는 점이다. 따라서 자본 수익률 15퍼센트가 모두에게 적용된다. 제조업체는 이 새로운 계산 방식에

• 사회복지 재원 조달을 위해 프랑스 거주 납세자의 소득에 의무적으로 부과되는 분담금.

따라야 한다. 그런데 무슨 일이 일어났는지 아는가. 예전에는 수요를 파악해 기술자를 찾아가서 요구사항에 맞는 상품을 제작해 시장에 출시하고 판매해서 비용을 지불하고 수익을 내서 은행가에게 대출금을 상환했다. 요즘에는 금융의 요구사항에서 출발한다.

경영자의 권력을 손에 넣은 금융업자

이제 투자자금을 가진 사람이 사전에 기대수익률을 정하고 금융이나 마케팅업계를 통해 합의된 수익률을 낼 수 있는 상품을 찾는다. 수익률이 맞으면 기술자들에게 “자, 이 수익률을 내는 제품을 만들어보시오”라고 지시한다. 기술자의 역할과 지위를 높이 평가하는 기존 기업문화가 사라졌다는 뜻이다. 공장의 인적자본 관리부에서 기술자는 한때 왕으로 군림했지만, 더는 아니다. 영업부와 홍보부, 직원과 공급업자와 고객사 등 전방위로 계약을 체결하는 법무부가 설욕한 셈이다. 또 품질 개선을 얻어낸 소비자의 설욕이기도 하다. 여기까지는 잘 알려져 있으나 그 이면에서 게임에 직접 참여하는 직원이나 경영자 등 이해관계자와 대척점에 있는 이들, 그러니까 지분을 보유한 주주와 소유주의 설욕이라는 것도 중요하다.

1930년대 대공황이 지나고 자본소유자는 경영자에게 밀려 결정권을 빼앗겼다.[9] 그러니까 능력 있는 사람에게 공장을 운영하라고 하고 자본소유자에게는 “배당금을 받는 것으로 만족하세요. 경영자들을 믿고 공장이 파산하지 않으니 다행이라고 생각하세요.

뭘 아는 사람들이거든요"라고 설명하며 자리에서 밀어냈다. 이게 바로 경영자혁명이다. 1970년대가 되고 석유 달러가 최적의 투자처를 찾아 밀려오면서부터 반전이 일어나 금융업자들이 권력을 손에 넣었다. 그들은 곧 자본소유자는 아니며 대리자와 보험업자, 재보험업자,• 연기금 등이었는데, 지속적으로 보고서를 작성하고 평점을 매기길 바랐다. 기업에서 경영자는 이사회에 권력을 내줬지만, 이사회도 주주들의 압력에 시달렸다.

어느 기업에 자본을 투자하기 전에 자본소유자의 자금관리인이나 주주들은 '이 회사가 괜찮은지 누가 말해주겠는가?' '내 돈을 투자했는데 담보가 무엇인가?'를 궁금해했다. 이때부터 거버넌스라는 용어가 등장했다.

기업 거버넌스는 법적 소유구조가 기업 경영에 실질적으로 어떻게 반영되는지, 그러니까 일반적으로 기관투자자들인 지배 주주가 어떻게 지배권을 행사하는지 확인하는 일이다. 더는 프랑스 유수 가문이 직접 경영하지 않는다. 이따금 에르네스트-앙투안 세이에르••가 이끄는 웬델투자펀드처럼 투자기금을 설립하는 사례도 있지만 말이다. 웬델투자펀드도 레이몽 바르 총리 시절, 정부가 프랑스 산업의 꽃이었던 웬델그룹 철강부문의 대손금貸損金 일체를 종합해 기업회생절차를 거친 뒤에야 설립했다. 국민 세금으로 철강

• 생명 또는 비생명 보험회사의 위험을 일부 또는 전부 인수하여 보험업무를 수행하는 2차 보험업자.

•• Ernest-Antoine Seillière(1937~). 프랑스 웬델투자회사의 후계자이자 이사회 의장이다. 국립행정대학원을 졸업하고 외교관으로 활동했고 현재 유럽경제인연합회 회장을 맡고 있다.

기업의 엄청난 부채를 탕감하고 남은 매매 가능한 부분은 기업주들에게 돌아갔고 그들은 이를 매각해 금융업자가 됐다. 마린 웬델의 금융투자부를 이끌던 세이예르도 그런 차원에서 스위스항공을 청산했다. 현재 진행 중인 은행과 자동차 제조사(철강업과 조선업에 해당하는 요즘 시대의 산업) 등의 구제 절차는 지난 세기부터 시험을 통한 조정작업을 거친 셈이다.

이렇게 새로운 국면에서 경영자들은 오도 가도 못하게 되었다. 그들의 목표는 생산성 향상도 성공적인 임금 협상도 아니었다. '임금 따위는 신경쓰지 않는다'고 하기 시작했는데, 임금은 정해졌으니 인상은 어불성설로 여겼기 때문이다. 심지어 '임금을 깎으면 당신 급여를 올려주겠다'는 말을 들었다. 그렇다면 임금 부담을 어떻게 줄일 수 있을까? 해고하든가 해외로 이전하든가 기계로 대체하든가 임시직을 활용하면, 직원 수를 줄이고도 동일한 아웃풋을 내게 된다. 문제는 '줄어든 직원 수'가 착각에 불과하다는 점이다. 임금으로 계상되던 비용이 이제 임금 압박이 훨씬 적은 협력업체 외주용역비로 이전됐을 뿐이다. 이런 논리가 민간업계의 일이라고, 공공부문은 무관할 거라고들 생각한다. 착각이다! 자크 샤방-델마스Jacques Chaban-Delmas 총리 시절, 시몽 노라Simon Nora와 자크 들로르Jacques Delors가 1969년 제정한 지속 가능한 개발을 위한 사회적 협약인 '발전계약'으로 프랑스 모든 거대 공기업(전력ENF, 철도SNCF 등)은 생산성을 획기적으로 개선하는 제도를 도입해야 했다. 기업의 생산성이 프랑스 경제의 평균 생산성을 웃돌면 추가 이익분을 노동자에게 재분배할 수 있었다.

일례로 1970년 프랑스국영철도공사SNCF는 직원이 45만 명이고 연간 이용자가 6000만 명이었다. 적극적인 민영화(영국 철도 민영화는 참패로 귀결) 지지자들의 공염불과 달리 성공적인 '현대화'를 거쳐 현재 프랑스국영철도공사는 16만 5000명을 직접 고용하고 있다. 효율적인 조직 개편과 노동시간 확보가 획기적인 생산성 향상에 기여한 부분도 당연히 있겠지만, 대부분은 업스트림과 다운스트림 활동* 을 (협력업체에) 외주로 맡기고 수익성이 떨어지는 업무를 철도시설공단RFF으로 이관해서 이룬 성과다. 철도시설공단은 점점 줄어드는 자금으로 철도망을 유지하고 고속철도 전용 신설노선에 투입할 자금을 마련해야 하는 과제를 떠안았다.

생산성 개선을 향한 경쟁은 고용의 질과 성격에 지대한 영향을 미치고 새로 생기는 일자리도 열악한 조건인 경우가 태반이다. 이런 상황에서 노동의 질이 점차 하락해도 놀랍지 않다. 국민 안전을 심각하게 위협할 수 있는 원자력발전소에서도 이런 일이 벌어지고 있다. 악화된 고용 상황이 다시 생산에 영향을 주면서 투자자들이 일반적으로 요구하는 수익률 15퍼센트라는 목표를 지키기 어려워진다. 그러나 자본은 빠르게 발을 뺄 수 있게 되었으며 원하는 다른 투자처로 훌쩍 가버린다.

* 석유화학산업에 빗댄 표현. 업스트림은 원유 탐사와 생산 단계, 다운스트림은 그 이후부터 최종 판매까지를 의미하는 것으로, 산업활동의 전 단계를 포괄하는 말이다.

가치 창출, 기업과 금융업계와 국가의 팽팽한 힘겨루기

결국 가치란 개념은 점차 변했고 점점 복잡해졌다. 이제 경영자들에게 "핵심 사업이 무엇인지 보여주시지요. 우리는 특화전문기업pure player을 원해요, 그러니까 최고로 잘하는 일을 하세요, 나머지는 관심 없습니다"라고 요구한다. 이는 아웃소싱, 그러니까 생산과정 전반을 외주화하거나 포기한다는 의미다. 동시에 다른 현상이 나타났다. 기업이 수익률 17~19퍼센트를 달성하는 것이 존재 이유라고 생각하고, 이를 위해 사업 기반과 업무 영역은 다양하지만 자본이 최대 수익률을 내는 지주회사로 전환한 것이다. 믿기지 않는 규모의 대기업이 등장했다. 이들 기업은 장-마리 메시에Jean-Marie Messier의 비방디Vivendi 그룹이나 루퍼트 머독Rupert Murdoch의 언론 그룹처럼 미디어 기업이 되어 증권시장과 수많은 주주에게 기업 인수와 합병, 분할, 재매각을 통해서도 가치를 창출할 수 있다고 설득했다. 이는 초국적기업이 여전히 앞세우는 표어기도 하다.

게다가 회계사들과 달리 금융업계는 단순히 수익뿐만 아니라 기업의 미래가치를 평가했다. 메시에나 머독이 보여준 미래의 부 창출에 대한 신뢰를 근거로 삼았다. 주주들은 잠재가치와 단순하게 현재화된 수익, 다시 말해 과거의 수익을 현재화해서 미래에 반영한 총액을 비교했다. 그리고 영업권•을 고려했고, 증권시장에서 어떤 기업이 자기자본을 초과하는 금액에 매매되었는지 살폈다. 미래와 가치에 도박을 걸었지만 순수하게 운에 맡긴 건 아니었다.

• goodwill. 법률적 보호는 없으나 경영상의 유리한 관계 등 사회적 실질가치를 갖는 무형의 긍정적 자산.

기업을 분할하고 개별 회사가 가진 전문성을 고려하고 있다는 점을 이해해야 한다. 주주 대부분이 "우린 당신이 특화전문기업이 되기를 원해요"라고 말했다면, 곧 "이 범위를 넘어서서 좋을 게 없을 거요. 신용평가기관과 증권시장에서 벼락 맞을지도 모르거든. 그랬다가는 경영자고 뭐고 쫓아내고 우리 판단대로 전략을 적용할 사람을 구할 거요"라는 경고를 한 셈이다. 바로 사모펀드•가 하는 일이다. 사모펀드는 증권시장에 상장되지 않고 상시 평가받지 않으며 차입매수LBO(Leveraged Buy Out)••가 가능하다. 힘 있는 사모펀드 투자자들은 자금을 대가로 상상을 초월하는 수익 조건을 얻어낼 수 있다. 워런 버핏은 제너럴일렉트릭GE에 수십억 달러를 투자하면서 영업이익과 무관하게 연간 10퍼센트의 순배당을 약속받았다. 제너럴일렉트릭사는 영업이익이 15퍼센트를 넘으면 워런 버핏에게 배당금을 주고도 5퍼센트가 남는다면서 이 부당한 계약을 두둔했다.

엄밀한 의미의 제조업 부문은 예전같이 중요하지 않고, 애플사가 매년 개최하는 세계개발자회의에서 스티브 잡스가 혁신적인 제품을 선보이는 것처럼 미디어를 떠들썩하게 달굴 때나 주목받는다. 제조업은 이제는 생산기술 엔지니어가 아니라 중국이나 인도 협력업체 관리 전문가가 운영하기 때문이다. 협력업체를 선발하기

• 私募- (Private Equity Fund). 소수의 투자자로부터 모은 자금을 운용하는 펀드로 자유로운 운용이 가능하다.

•• 借入買收. 기업을 인수, 합병하려는데 자금이 충분하지 않을 때, 인수 대상 기업의 자산이나 향후 현금 흐름을 담보로 금융기관에서 인수 자금을 빌려 기업을 인수하는 방식을 말한다.

위한 입찰안내서 중 기술시방서에 적용되는 기술적 기준을 정하는 것도, 접수된 제안서를 검토하는 것도 그들이다. 좁은 의미의 생산에는 관여하지 않는다. 반면 특허지식재산권이 기업의 핵심사업으로 부상했고, 이를 둘러싼 치열한 법적 투쟁이 잦아졌다. 그리고 어떤 관점에서는 이제 무형자산이 기업의 핵심이 되었다. 비대해진 물리적 구조나 노동자들의 지식이 아니라 법률서비스와 금융시장에 관한 지식이 중요해졌다. 화룡점정으로 금융시장에서 국경을 넘어 여러 통화로 엄청난 돈이 다뤄지기 때문에 기업의 환율 변동 리스크를 제거하기 위한 금융전문가가 필요해졌다. 수익률 15퍼센트를 눈앞에서 놓칠 수는 없는 일이었다.

그런 연유로 모든 기업은 유동자산으로 투기와 매매가 가능한 영업활동을 개발했다. 은행도 마찬가지였는데, 은행은 수익률 20퍼센트를 내야 했고 일반적인 투자활동을 통해 이 목표를 달성하려고 했기 때문이다. 예금은행도 투자은행처럼 했고, 투자은행은 파생상품에 투자하고 재보험업을 하는 초대형 투자은행에서 자금을 조달했다.

이런 금융 시스템이 작동했던 이유는 세계적 순환 안에서 조절되고, 전체 시스템의 관건이 중국과 독특한 관계를 맺고 있는 미국에 있었기 때문이다. 양국 관계를 경제사학자 니얼 퍼거슨은 차이메리카Chimeric(중국China+미국America)라고 이름 붙였다. 미국은 국제적 준비통화의 발행국이자 보유국이었기 때문에 전체 시스템을 통제할 수 있었다. 자국 통화로 자국 부채를 청산할 수 있는 시뇨리지seigniorage(화폐 주조 차익) 특권이 있다는 뜻이다. 그렇지만 미국의 독점권은 치열한 경쟁에 부딪혔다.

이 그림은 전 세계적인 차원에서 유통되고 역외시장•과 조세피난지에서 유입되는 자본의 역할을 더해야 완성된다. 예금은행이기도 한 대규모 투자은행이 '정상적'으로 작동하는 데에 이런 자본은 전혀 부차적이지 않으며 구조적인 역할을 담당한다.

돈은 머리부터 썩는 생선이 아니다

조세 포탈로 형성된 자금을 '회색돈', 성매매나 마약처럼 범죄행위와 연관된 돈을 '검은돈'이라고 하자. 이 돈은 매년 수백억 달러에 이른다. 매년 성매매 거래액 규모는 50억 달러, 마약은 200~250억 달러다. 연간 검은돈은 총 700억 달러지만, 조세피난지에서 '청정 지역'으로 오가는 '회색' 거래에 비하면 미미한 수준이다. 조세피난지••로 유입되는 돈은 10조 달러로 추산되는데, 이는 미국 연간 국내총생산의 75퍼센트에 육박하고 세계총생산의 5분의 1을 차지한다. 일상적으로 유통되거나 파생상품과 증권거래, 환율 차로 발생한 금액과 무역으로 발생한 50억 달러 등을 합하면 총 3조 6000억 달러다. 역외시장에서 활동하는 헤지펀드•••가 분명 큰 역

• 域外市場(off-shore market). 비거주자의 자금 운용과 조달을 국내 시장과 분리해 조세나 외환 규제를 줄이거나 특전을 제공하며 자유로운 거래를 인정하는 금융시장을 말한다.

•• 법인세나 개인소득세에 대한 과세가 없거나 저율이거나, 세제상 특혜를 제공해 외국 자본을 유치하는 국가나 지역을 말한다. 카리브해 바하마, 케이맨제도가 유명하다.

••• hedge fund. 사모펀드의 일종으로 투자 지역과 대상에 규제를 받지 않고 고수익이 가능하다면 고위험도 마다하지 않는 투기성 투자 자본을 말한다.

할을 하고 있다. 헤지펀드는 자금을 통과시키는 중간자 역할을 한다. 이 펀드는 '회색' 계정에 숨어 있거나 역외시장을 거쳐 빠져나가는데, 본디 이 시장은 검거나 회색인 돈을 하얗게 세탁해 내보내는 관문이기 때문이다. 역외시장은 전기를 생산해 배전하는 발전소가 아니라, 전류를 변성해 공급하는 변전기에 비유할 수 있다. 정치사회적 고압전류를 저압이나 중압전류로 변환하는 것이다.

마치 기생충과 같다. 우리와 공존하고 숙주에게 꼭 필요한 기생충도 많지만, 숙주를 죽게 만드는 종도 있다. 기생충은 숙주가 살아 있어야 자신도 살 수 있음을 아는 교활한 존재다. 사모펀드와 국부펀드•를 비롯한 모든 유형의 헤지펀드는 기생충과 유사한데, 우리가 박테리아와 공존하듯 경제체제가 기생충과 공존한다는 점도 직시해야 한다.

객관적인 관점에서 이런 금융펀드는 국채 투자를 통해 정부에 자금을 지원한다. 냉소적인 금융업자들이 단호하게 주장하는 바대로 이것이 바람직한 상태라는 게 아니라 현재 상황이 그렇다는 걸 인정하자. 정부가 대안은커녕 헤지펀드가 순수하고 단순한 적수라는 입장도 낼 수 없는 이유는 헤지펀드를 격하게 비난하고 기생충이라 말하면서도 끊임없이 헤지펀드의 도움을 받아야 한다는 데 있다. 어려운 상황이다. 은행도 마찬가지다. 많은 사람이 종종 기생충처럼 거래 절차를 복잡하게 만드는 은행에서 벗어나고 싶어 한다. 그러나 동시에 은행이 있어서 거래가 한결 간단해진다. 기생충이

• 國富- (Sovereign Wealth Fund). 정부가 외화 자산을 주식, 채권 등에 출자하는 투자기금이다.

유익한지 아닌지 어떻게 결정할까? 오늘날 기업의 평균 수익은 6퍼센트, 금융자산의 주가수익비율PER은 15퍼센트대이고 은행은 20~23퍼센트를 목표로 한다. 문제는 이 기생충이 보수를 과도하게 챙긴다는 사실이다. 다시 말해 기생충 자체가 아니라 정부가 기생충을 필요로 하고 사회정치적 현안을 미래와 금융에 투사하는 상황에서 그 기생충을 유도하고 통제할 수 있느냐가 문제가 된다.

조세피난지의 자금은 포트녹스 군사기지•에 보관된 금괴가 아니다. 만약 그랬다면 이미 오래전에 각국에서 해병대를 보내 가져왔을 거다! 자금을 찾아냈다고 하더라도 전자코드를 모르니 거래를 하려면 관계자들을 한 명 한 명 고문해야 할 것이다. 조세피난지에서 이 돈은 장부 위에 한 줄일 뿐 실재하지 않는다. 이따금 정장을 차려입은 폭력조직 일원이 돈가방을 들고 오기도 하지만 거의 전 거래가 전자계정에서 오간다. 이는 암호화된 거래여서 파악하기 어려울 뿐만 아니라 변동성도 크다. 대규모 은행은 물론 정부와 산하기관(정보기관 등), 다국적기업, 게릴라, 마피아 등 모두가 조세피난지를 활용한다. 고대 로마의 베스파시아누스 황제가 소변세를 거두면서 말했듯 "돈에서는 냄새가 나지 않는다."

돈은 냄새가 나지 않을뿐더러 실제로나 물리적으로나 조세피난지를 거칠 필요도 없어서 제재하기 까다롭다. 군사적으로 점령한다 해도 회색돈을 검은돈으로 내모는 역효과만 날 뿐이다. 여기까지는 확실하게 말할 수 있다. 우리가 할 수 있는, 아니 시도해볼

• 미국 켄터키주에 있는 육군 기지로 미국 최대 금괴 보관 금고로 유명하다.

수 있는 유일한 일은 어느 정도 수준으로 통제하고 검은돈을 거무스름한 회색으로, 다시 짙은 회색, 밝은 회색으로 끌어내 종국에는 하얗게 만드는 것이다. 이것이 그나마 가장 덜 순진한 전략이다. 프랑스은행이 국채를 발행할 때 누가 매입하는지 개의치 않는다는 점을 잊지 말아야 한다. 누군가 은행에 꽤 큰 금액을 입금한다 해도 은행원이 "이 돈이 검은돈이 아님을 증명해보세요"라고 하지 않는다. 돈은 머리부터 썩는 생선이 아니다.

잠자는 돈의 신화

부정한 돈이나 회색돈은 이런 방식으로 경제를 지탱한다. 우선 높은 법인세율을 피하려다가 결국 조세피난지로 향하는 기업이 있다. 또 불법(마약, 성매매, 도박)으로 돈을 불리는 기업과 상당한 수수료나 뇌물이 오가는 군수업(대만 해군 라파예트급 호위함 스캔들•이 일례다)이 있다. 그리고 (특히) 신흥 시장에서 뇌물 수수가 필수인 수출기업이 있다. 새로운 시장에 진출하려면 비자금이 있어야 한다. 회계 관리를 깐깐하게 하면서 수출 성과를 요구할수록 그 성과를 내기 힘들어진다. 톰슨Thomson사가 그 유명한 '대만 해군 호위함'을 판매하려고 2억 5000만 달러를 줬다고 주주들에게 밝힐 수는 없었을 것이다.

• 톰슨사가 이끄는 프랑스 산업체가 1991년 대만 해군에 프리깃함 6척을 판매하는 계약을 체결했다. 그런데 이 계약을 위해 대만 관계 당국에 거액의 수수료가 지급되었고, 그중 일부가 재수수료조로 프랑스에 유입된 사실이 밝혀지며 큰 파장이 일었다.

따라서 기업은 필요한 유동자금을 마련하기 위해 자회사를 운영하거나 수많은 방화벽을 세우고 생산이나 자본 축적 활동을 벌인다. 따라서 금융이 배제된 실물경제나 부정한 금융경제가 배제된 건전한 금융경제를 신뢰할 수 없다. 부정한 금융경제가 보완 기능을 하고, 경제라는 엔진을 움직이는 데 필요한 연료이기 때문이다. 미국 대통령이 갑자기 차베스 베네수엘라 대통령식으로 그레나딘제도, 케이맨제도, 버뮤다제도의 국민주권을 필요하다며 무력을 동원해 짓밟은 뒤 모든 은행의 문을 닫게 했다고 상상해보자. 전 세계 경제가 심각한 어려움에 빠질 것이고, 자본시장에서 헤지펀드를 완전히 사라지게 한다면 상황은 더욱 심각해질 것이다.

우량담보대출과 불량담보대출(서브프라임)을 구분하겠다는 시도는 헛된 희망에 불과하다. 경제 구조상 불가능한 일이다. 조세피난지를 '비협력경제' G20이라 부르는 것도 흥미롭다. 각국 정부가 조세피난지에서 국정 운영에 필요한 자금을 동원하고 있으니 따로 떼어 생각할 수 없다. 개인이나 폭력단 혹은 해커들과 각국 정부만 조세피난지를 활용하지 않는다. 이곳이 유지되도록 기본틀을 마련하는 사나포선•이 있다. 엄청나게 많은 헤지펀드가 정부를 대신해 척후병 역할을 하고 있다. 이들은 현대식 '징세청부인'이다. 탐탁지 않아도 이들은 앙시앵레짐에서 징세청부인들이 그러했듯 현 체제에 없어서는 안 될 존재가 되었다.

• 私拿捕船. 정부로부터 적국 선박을 공격하고 나포할 권리를 인정받은 민간 소유의 선박.

2

경제 위기의 간략한 역사

모든 일이 1970년대 대처주의와 레이건주의가 임금 인상을 중단하고 인플레이션을 막으려고 시도하면서 시작됐다.

이 계획은 민주주의에서 실현하기보다는 선포하는 편이 쉬웠다. 가계에 급여 인상을 기다리는 대신 저축을 투자해 이자 수익을 늘리라고 제안하는 방법으로 해결했다. 그러니까 "인플레이션으로 상쇄될 2~5퍼센트의 임금 인상을 요구하면서 안간힘을 쓰고 노동조합을 결성하면서 인생을 낭비하지 말고 금융기관에 돈을 맡기세요. 쥐꼬리만 한 임금 인상분보다 훨씬 수익을 많이 내는 금융상품에 투자하세요"라고 꾄 셈이다. 현역에 있든 퇴직을 했든 실질적인 소득을 금융상품에 의존하는 국민의 수가 점차 증가하면서 계급 투쟁은 동력을 잃었다.

미국에서 경제 위기가 터지기 직전에 급여생활자의 절반이 주식 포트폴리오를 보유하고 있었다. 자본주의적 관점에서 이 체제는 매우 효과적이었는데 단결된 급여생활자 계급이 형성되지 못하게 했기 때문이다. 이 과정에서 경제가 세습 재산화 중심으로 전환됐다. 자산을 보유한 사람은 정체된 실질임금을 벌충할 금융소득을 받게 됐다. 이로써 금융기관이 급속도로 성장했다.

모두가 집주인, 그러니까 우파?

2007년 경제 위기는 이런 메커니즘이 보편화해서, 아니 지나치게 확산해서 일어났다. 저소득층에도 이 모델을 적용하려고 재산의 가장 큰 몫을 차지하는 주거의 소유권을 건드린 것이다. 1980년대 미국과 영국의 보수당의 정책은 좌파를 장시간 힘쓰지 못하게 했다. 마거릿 대처는 노동당을 무릎 꿇게 했고, 로널드 레이건은 민주당을 산산조각 냈다. 구체적으로 무슨 개혁이었느냐 하면, '모두가 주인'임을 표어로 소액 자산가들이 주식을 보유하고 대출을 할 수 있는 공화국을 구현하는 것이었다. 이 정책은 증권시장이 상승세일 때면 효과를 볼 수 있다. 그리고 실제로 경제 성장 덕분에 삶의 질이 향상하고 소유권의 취득이 상대적으로 민주화되면서 이런 상황이 펼쳐지기도 했다. 규제를 혁파하고 대출 문턱을 낮춰 경제 성장과 소비 진작에 힘을 실었다. 미국에서 국내총생산의 73퍼센트가 내수 소비로 지출됐다. 이 엄청난 내수 소비는 국제 무역에서 막대한 영향력을 행사했다.

이처럼 미국 경제는 국민의 적극적 소비와 의심할 나위 없이 이에 따른 부의 효과를 바탕으로 작동한다. 그렇다면 무엇이 문제인가? 바로 대출자를 새로 늘려가면서 확대되는 확장세 경제에서만 유지 가능한 신용체제라는 점이다. 그래서 미국인의 80퍼센트를 주택소유자로 만들자는 계획을 세운 것이다. 프랑스에서 자가점유율은 미국의 20년 전 수준인 57퍼센트다. 미국식 부동산붐을 가로막는 가장 큰 장애물이 적정임대료주택과 일반주택수당제도를 운영하는 국가의 임대주택 부문이다. 프랑스 임대주택시장의

55퍼센트는 반관반민의 형태를 띤다.

미국에서는 몇몇 예외를 제외하고 민간이 부동산시장을 주도하고, 꽤 오래전부터 활발한 부동산 저당시장이 존재했다. '엉클 샘'의 나라에서 경제 위기 직전 자가점유율은 (취득 중인 사람들도 포함해) 73퍼센트였다. 그렇지만 법적으로 진정한 부동산 소유주는 대출의 마지막 1원까지 상환하기 전까지는 저당권을 가진 은행이다. 그러니까 어마어마한 부동산 저당시장을 바탕으로 수월하게 자기 명의의 주택을 소유한 것이다. 자기 자금(주택가격의 10~20퍼센트 수준) 항목도 사라졌다. 더불어 대출금의 2분의 1까지는 대부분의 이자와 상당한 원금을 동시에 갚는 원금 이자 동시 상환 의무도 면제했다. 이 단순한 대출 상환 방식은 점차 복잡한 계산식으로 대체되었고, 신규 대출자나 대출이 급하게 필요한 불운한 이들은 선택의 여지가 별로 없었다. 가령 대출 후 이자만 갚다가 만기에 원금을 일시 상환하는 방식이 있다. 또 월 상환액을 정하지 않고 소득에 따라 다르게 내는 방식도 생겼다. 일자리를 잃거나 수입이 줄면 적게 상환하는 것이다. 그렇지만 상환액이 적고 이자는 내지 않을 때 대출 총액은 그만큼 늘어난다는 이야기는 아무도 해주지 않았다. 그래서 이런 대출상품을 이용한 사람들은 어느덧 과도한 채무의 늪에 빠지게 됐다. 이런 상황은 미국의 주택담보대출이 프랑스의 생명보험과 동일한 처지에 놓이면서 악화됐다. 다시 말해 중개인들이 주거지를 구획으로 나눠 사람들에게 대출을 권한 것이다. 매일 성사시킨 대출 거래 건당 수수료를 받는 중개인들이 잠재 고객에게 재산가치나 급여를 부풀리도록 부추겼다. 당연히 변제 능력이 없는 사람에게 대출을 해줘서는 안 된다. 하지만 경제 위기 초기에 앨런 그린스펀•이 지적했듯이 부자들에게만 돈을 빌려주면 신자유주의의 물질적, 재정적 기반이자 시장경제 지지 기반을 확대할 수 없다. 이때 '금융의 램프의 요정'이 등장했다. 부동산 담보 대출자들 전체의 채무를 유가증권으로 만들었다. 대출은 리스크 정도에 따라 구분했다. 우선 눈 감고도 대출을 해준다는 '초우량' senior으로 이들은 변동금리 대출을 기피한다. 다음은 대출 상환 능력이 우수한 사람들이다. 그러나 이 두 유형만으로는 주택 자가보유율 80퍼센트를 달성하기는 부족했다. 그래서 변제 능력이 훨씬 불확실한 사람들에게 대출의 문을 열어줬다. 경제 원리를 따르지 않는 이런 혁신적 상품을 금융체제에 흡수하려고 대출을 한데 묶어 합성채권을 만드는 놀라운 시스템을 개발했다. 대출기관은 채권에 채무 이행 불능 위험계수를 적용했다. 최고신용등급의 초우량의 위험계수는 0이었다. 신용이 떨어지는 이들에게는 리스크가 큰 만큼 고금리로 대출했다. 그리고 위험을 분산시키기 위해 시니어(최고신용등급), 프라임(우량 대출자), 서브프라임(비우량 대출자) 대출을 골고루 포함한 채권을 내놓았다. 이 합성채권은 부동산 저당시장에서 거래됐다. 위험을 안고 대출을 한 은행은 이렇게 안전한 투자로 위태로운 투자를 상쇄시켰다. 금융시장에서 거래되고 돈까지 버는 증권을 만들어냈다. 은행은 두 마리 토끼를 잡은 셈이

• Alan Greenspan(1926~). 미국의 경제학자로 연방준비제도 이사회 회장을 역임했다. 인플레이션과 경기후퇴기에도 통화 정책을 효과적으로 펼치며 실업률을 낮추고 고성장을 이끌어 미국 경제를 성장시켰다는 평가를 받는다.

었는데, 합성채권을 판매해 수수료 수익을 냈을 뿐 아니라 보다 근본적으로 대차대조표에서 불량채권을 줄일 수 있었기 때문이다.

증권화라는 무기

이는 미국 가계의 막대한 (게다가 일부는 비우량 대출인) 부채를 증권화하는 첫 번째 단계일 뿐이다. 새로운 상품이 또 개발된다. 미국 부동산 저당시장 전체를 증권화해서 개별 유가증권의 가치로 수익을 노리는 파생상품을 만든 것이다. 이 유가증권이 주식처럼 시세가 결정되면서 그 가치는 부동산시장의 평가와 미국 가계의 채무 상환 능력에 따라 달라졌다. 이 증권이 증권시장에서 거래되면서 증권가치가 향후 시장에서 상승할지 하락할지를 두고 내기를 걸 수 있게 되었다. 또 '파생상품'이라서 달러 가격이나 환율 변동 리스크를 헤지할 수 있었다. 환율이 유동적인 시기라면 스와프•를 체결, 곧 일정한 환율로 거래하기로 사전에 상호 합의했다. 부동산은 파리 17구 플렌 몽소가••의 땅값을 두고 '발자크식으로' 단순 투기를 하던 수준에서 일자리와 금융소득, 고비용을 발생시키고 정보 유통을 평가하는 기계가 되었다. 그렇다면 이 현상이 어떻게 번

• swap. 거래 쌍방이 미리 정한 계약조건에 따라 현재 시점에서 원금, 이자 등을 서로 교환하기로 하고 일정 기간 주기적으로 원금이나 이자 지급 등 현금 흐름을 서로 교환하는 거래를 말한다. 스와프 거래의 예로는 동일 통화의 일정 원금에 대해 서로 다른 이자(예: 변동금리와 고정금리)를 교환하는 이자율스와프와 서로 다른 통화의 일정 원금과 이에 대한 이자의 지급을 교환하는 통화스와프 등이 있다.

•• 금융가 페레르 형제가 신흥 고급주택지로 개발한 지역.

창하고 미화되었는지 살펴보자. 미국에서 금융회사 패니 메이(연방저당권협회)와 프레디 맥(연방주택금융저당회사)은 프랑스의 예금공탁관리공사CDC와 같은 공공기관이 아니지만 연방 차원의 지원을 받으며 주택담보대출과 주택저당증권을 매입할 수 있는데, 달리 말하자면 이런 대출과 증권을 보증하는 셈이다. 미국 정부의 보증 덕분에 시장은 이 회사들이 매입하는 상품을 '트리플A'로 받아들였다. 그리고 그들은 프라임, 우량대출, '트리플A' 상품만을 매입한다고 알려졌다. 패니 메이와 프레디 맥이 매입하는 모든 증권에 무결점 대출자를 의미하는 그 딱지가 붙어 있었기 때문이다. 그러나 이는 이론에 불과했는데, '트리플A' 상품에 불투명한 증권이 빠르게 섞여 들어갔기 때문이다. 바로 그 유명한 서브프라임 모기지다.

이 시스템의 치명적인 단점은 시장에 상품을 공급하는 신규 대출자가 있어야만 작동한다는 것이다. 그러니까 고수익을 내는 새로운 증권을 만들 수 있어야 한다. 시니어와 프라임으로는 리스크가 적어 수익률이 크게 좋지 않다. 새로운 증권에 힘을 실어주려고 수익률이 훨씬 높은 서브프라임을 더 많은 비율로 섞는다. 문제는 사람들이 더 이상 돈을 갚지 못할 때, 금융기관이 무너진다는 점이다. 채무자가 초기 상환금을 제대로 내지 못하면 증권의 가치는 하락한다. 그런데 비우량 대출자를 우량 및 초우량 대출자와 한꺼번에 묶었다면 어느 한 사람만 변제하지 못해도 전체 시스템이 마비된다. 취약성 문제다. 위험 분산을 하다 손실까지 공동으로 부담했고, 불이행이 발생하자 주식이 폭락했다. 은행은 순식간에 수많은 서브프라임 담보 주택과 지불 능력이 없어진 가구를 떠안았다.

은행의 대차대조표에서 이들 증권은 우량채권으로 분류됐지만, 부동산시장도 덩달아 무너지는 상황에 금융기관은 압류한 담보 주택의 가치 평가가 어려웠다. 그리고 이 주택을 팔려고 내놓으니 부동산시장은 더 폭락할 수밖에 없었다. 끔찍한 상황이었다. 1200만 미국 가계부채의 집합화pooling는 처음에는 무척 균형적으로 보였지만 무너지기 시작하자 '채무 지불 능력이 불확실한' 400만 가계를 불안정하게 만들면서 1500만 명 이상의 사람들에게 영향을 줬다. 그리고 2007년부터 1년 사이에 이 400만 가계 중에서 대략 100만 가계가 살던 집에서 쫓겨났다. 참혹했다. 부동산시장이 가라앉으면서 증권시장도 무너지기 시작했고, 우량 등급 가계는 자신들의 포트폴리오와 자산가치가 증권시장에서 폭락하는 모습을 지켜봐야 했다. 이 가치에 좌우되는 채무 지불 능력도 문제가 발생했다. 다시 말해 은행에서 당좌대월을 거부하기 시작했다. 비우량 등급인 400만 가계가 파산하더니 우량 등급 가계가 비우량 등급으로 전락했다. 그리고 초우량 등급도 마찬가지로 신용 등급이 하락했다. 결과적으로 1200만 미국 가계가 타격을 입었다. 계산을 해보면 5000만 미국인이 거리로 나앉을 위험에 처한 것이다. 그러나 이 지점에서 시스템이 붕괴됐다면 미국 사회도 더불어 산산조각 났을 것이다. 서브프라임 경제 위기가 순식간에 손쓸 수 없는 문제가 되어 미국 전체 은행 체계를 뒤흔들고 뒤이어 전 세계 은행 체계에 영향을 주었다. 금융상품은 두려울 정도의 상호의존성을 내포하기 때문이다. 여기에 다른 요소, 금융화의 세계화가 개입했다. 아이슬란드 과부의 연금이 서브프라임 체제로 지급되는 세상이기 때문이다. 그래서 세계 경제가 휘청했다.

2007년 경제 위기의 뿌리를 찾아서

사실 지폐와 동전이 쌓여 있다고 해도 큰 의미가 없다. 돈의 본질은 신용, 일을 시작하기 위한 신용공여를 '설정'할 수 있느냐 여부다. 그러니까 가상의 돈인 셈이다. '가상'이라는 단어에 주의해야 하는데, 가상은 가능성도, 현재도, 현실도 아니다. 현실과 현재, 가능성과 미래의 구분은 누구나 아는 개념이다. 가상은 전혀 다른 이야기다. 현재에 미래가 존재하는 방식으로 현재에 영향을 미친다. 가능성은 현재에 영향을 주지 못한다.

가상은 현재에 개입한다. 미래가 현재를 수정하는 셈인데, 곰곰이 생각해보면 바로 신용이 하는 일이다. 신용으로 당장 무엇인가를 할 수 있기 때문이다. 은행이 당신에게 2억 유로를 대출해줬다면 당장 그 돈을 쓸 수 있다. 이 대출금은 어디서 왔을까? 예치금을 빌려준 것이 아니고 돈을 만든 것이다. 그러니까 은행이 '2억 유로를 대출해주면 당신이 그 돈을 쓸 것이고, 만약 새로운 사업을 하려고 했다면 건물을 매입하고 제조업체에서 물품을 구입하고 남은 돈은 다시 은행에 보관하겠지'라는 도박을 한 셈이다. 돈을 만드는 것은 전혀 문제가 아니다. 함정은 돈의 순환이다. 은행의 근본적인 문제는 신뢰성 있는 사람에게 신용증권을 발행하는 것이 아니다. 그 사람이 준비 중인 프로젝트가 잘 풀릴 것이거나 그럴 가능성이 농후하다는 점을 알기 때문이다. 진짜 문제는 그 돈이 세탁되거나 경쟁자의 손으로 사라지지 않을까 하는 것이다. 만약 이 은행이 정부라고 가정하면 정부는 원하는 대로 돈을 발행할 수 있다. 그러나 일반은행에서 대출이 지나치게 많고 고객의 수가 다른 은행보다 적다면 은행이 만든 돈은 다른 은행으로 흘러가버릴 가능성이 크다. 후자의 경우, 은행은 스스로 만들었지만 경쟁은행 계좌로 흘러간 돈을 결산해야 한다. 이 은행에 자기자본이 있다면 어음교환을 하면 된다. 반면 자기자본이 없다면 쉽게 생각하듯 파산을 하는 게 아니라 다른 은행에 결제하기 위한 은행 간 통화를 중앙은행에 요청한다. 그러면 중앙은행은 어음을 발행한다. 이렇듯 대출해서 어음을 발행하는 것이지 어음을 발행해서 대출하는 게 아니다. 중앙은행이 먼저 몇십억 유로를 유통시킬지 결정하는 게 아니다.

기업이 일상적으로 현금 흐름상 필요한 금액만큼 중앙은행이 본원통화•를 발행한다. 그리고 본원통화를 요청하는 은행에 나눠준다. 이때 3개월이나 6개월, 1년 환매조건부 매매••로 거래하면서 여기서 수익을 낸다. 즉 중앙은행은 일반은행이 필요로 하는 자금을 대출해주고, 일반은행은 대출금을 회수하는 동안 이 자금을 빌려간 이들이 만든 이윤과 수익을 받는다. 일반은행은 그렇게 중앙은행에 담보로 잡힌 자산을 회복하고 은행 간 어음을 지불할 수단을 확보한다.

• RB(Reserve Base). 통화량의 원천이 되는 통화. 본원통화는 민간보유현금과 금융기관의 지급준비금의 합계인데, 이는 중앙은행 대차대조표상의 화폐발행액과 금융기관의 지급준비예치금의 합계와 같다.

•• 미래의 특정 시점에 특정 가격으로 동일한 증권을 반대방향으로 매수 및 매도할 것을 약정하고 이루어지는 증권의 매매 거래다.

중앙은행이든 일반은행이든 은행이 돈을 발행할 때는 미래를 예측한다는 점이 무엇보다 중요하다. 예측은 말 그대로 예측이라서 가능성이 아니라 가상의 영역에 있고 이 가상은 경제에 즉각적으로 영향을 미친다. 미래를 예측해 승인된 대출이 성장률과 고용률 같은 지금, 이 순간 경제의 활력을 결정한다. 앞날을 예상해서 돈을 만드는 일은 현재와 현실에서 가상으로 미래의 잠재성을 투사하는 것이다. 중앙은행이 통화를 발행하는 순간, 투자은행이나 예금은행이 고객에게 대출을 승인한 순간은 현실적인 경제생활의 순간이라 볼 수 없으며, 이 순간에는 가치가 만들어진다.

융자를 하면 은행은 허약해진다. 대출은 가상의 영역에 속하므로 은행이 비축한 현금을 빌려주는 것과는 다르다. 은행이 무분별하게 돈을 만들지 않도록 현재 대출금과 자기자본, 총자산(즉각 처분 가능한 자산은 물론 우량채권 포함) 간 비율을 준수하도록 요구한다. 은행이 대출한 금액 중 일부를 현금이나 유동자산의 형태로 보유하고 있어야 한다. 그러나 이 상태는 언제라도 변동될 수 있고, 통화유통속도* 등 수많은 요소에 좌우된다. 통화가 빠른 속도로 유통될수록 예금이 빠르게 증가한다. 그러나 예금의 승수乘數는 대출의 제수除數로 작용한다. 실제로 대출이 제공되면, 이 대출을 기준으로 통화유통속도와 중앙은행이 규정한 지급준비율을 적용해서 대출의 일부를 청구 시 지불 가능한 현금으로 보유하고 있으라고 요

* 기본적으로 통화 한 단위가 일정 기간 각종 거래를 매개하기 위해 몇 번 유통되었는지를 나타내는 지표다. 시중에 돈이 얼마나 유통되고 있는지보다는 실물경제 활동에 비해 통화량이 얼마만큼 존재하는지를 나타내는 지표에 가깝다.

구하는 것이 고작이다. 그러나 이 대출은 곧 가치를 가진다. 대출을 이용해 공장을 짓고 기업을 키운다. 대출은 마르크스가 말하는 잉여가치가 아직 발생하지 않았더라도 자본, 구체적으로 투하자본이 된다.

이와 더불어 금융업자들은 통화 간 환율 급변동에서 수익을 내는 기발한 방법을 고안했다. 은행은 고객에게 유리하도록 외화 매입 거래를 해야 하는데, 순전히 환율로 투기를 하면 무척 고단한 방식, 가령 기업 경영 등으로 힘겹게 벌어야 하는 이득을 몇 시간이나 며칠 만에 얻을 수 있음을 깨달았다. 달러화의 가치가 2년 만에 유로나 엔화 대비 40퍼센트 가까이 차이가 났으니 경제에 정통하지 않아도 상당한 자본으로 환율 투기를 한다면 꽤 많은 돈을 벌 수 있으리라는 점을 알 수 있다. 이게 첫 번째 방법이다. 이는 고정환율제* 폐지로 인한 구조적 문제다. 예를 들어 정부가 언제 평가절하를 실시할지 은행은 알지 못한다. 아무도 모르는 상황에서 평가절하를 성공적으로 이뤄내기 위해서 정부가 가장 경계할 인물 혹은 기관이 바로 은행이다. 은행이 자국 통화에 피해를 주면서 돈을 벌지 않도록 감독해야 하기 때문이다. 현재 증권시장에서 일상적으로 일어나는 외환 거래와 환율 투기 금액은 하루 5조 달러에 달한다.

* fixed exchange rate system. 정부가 특정한 외국 통화에 자국 통화의 가치를 고정시키고 이를 유지하기 위해 중앙은행이 외환시장에 개입하는 제도를 말한다.

부채를 금융상품으로 전환하기

더해서 은행은 부채를 증권화하는 법을 개발했다. 보유한 모든 부채를 모으고 뒤섞어서 증권화한다는 의미다. 모든 유형의 부채를 그렇게 했다. 요는 부채를 금융상품으로 전환하는 것이다. 다양한 부채를 섞어 복합 금융상품을 만들고 리스크별로 다른 보장수익률을 매겨서 금융상품의 총 보장수익률을 내고 이 금융상품을 일종의 채권債券(bond)으로 만들었다. 이 상품의 또 다른 장점은 은행이 시장에 팔면 이 증권이 여느 증권처럼 거래된다는 점이다. 그러니까 은행이 이 증권을 팔아서 큰 이익을 낼 수 있을 뿐만 아니라 재무제표에서 받을 돈에 속하는 대출채권(예를 들어 개인 대출)은 자산에서 분리돼 항목이 바뀐다. 결과적으로 은행은 대출채권(불량채권도 포함)을 재무제표에서 분리해내는 것도 모자라 이익으로 계상하고, 증권 판매로 받는 수수료까지 더하면 자산은 더욱 증가한다.

은행의 이런 행동이 그저 정부를 따라 하고 있을 뿐이라는 점을 지적해야겠다. 이탈리아 정부가 대표적인데, 1970년대 국내 경제가 처참했을 때 부채를 증권화한 첫 기관이 이탈리아 중앙은행이다. 공장은 위기를 맞았고, 불안정한 급여체계표가 널리 퍼졌고, 기업가들은 임금 인상 요구에 대처할 만한 방법이 동났다. 이런 시국에 이탈리아를 어떻게 통치할 것인가? 공동시장 시대에 정부는 어떻게 중재할 것인가? 어리석게도 이탈리아 리라화로 관리하기로 했다. 그러니까 이탈리아 은행이 리라의 가치를 조절해서 노동자의 임금을 통제하기로 한 것이다. 사실상 리라의 가치를 낮춤으로써 연금 인상률에 따른 자동 임금 인상 메커니즘을 작동시킨 것과 다름없다. 게다가 주기적으로 평가절하를 이어갔다. 통화량 증가로 인한 인플레이션과 마찬가지로 국내 부채의 가치를 평가절하하는 방법이었다. 리라의 평가절하는 전방위적으로 모든 국민에게 영향을 미쳤지만, 국내에서는 표면적으로 아무 일도 없는 듯이 보였다. 외국에 나가서야 무슨 일이 벌어지는지 눈치챌 수 있었다.

파생상품의 발명

세 번째로 위대한 발명품이 등장했다. 환율 투기와 금융상품 증권화에 이은 마지막 조각이 파생상품이다. '파생'은 증권시장에서 우리가 취한 포지션을 의미한다. 파생상품, 즉 대표적인 서브프라임 모기지론을 비롯해 공채, 농산물, 석유 등을 미래의 어느 시점에 사기로 약정하면서 해당 상품의 가격이 오를지 내릴지를 두고 어떤 포지션을 취한다. 판매자와 구매자 간에 모종의 합의를 맺고 가격 변동으로 발생하는 위험을 분산하는 것이다. 그리고 은행 간 보증을 통해 판돈을 두 배로 키운다.

이러한 메커니즘의 결과로 파생상품 시장은 폭주했다. 진정한 의미에서 투기가 벌어지면서 상황은 수시로 바뀌고 환리스크•가 폭증하고 경제 성장 자체에 위협이 되었다. 현금 흐름도 어마어마했다. 자연히 시장 참여자들은 리스크를 헤지하려고 했고 단계마다 교차매매를 했다. 건물을 신축 중이라고 가정해보자. 골조가 흔

• 換risk. 외환을 보유하거나 운용할 때 환율 변동에 따라 발생하는 위험을 말한다.

들릴 듯해서 비계를 설치했는데, 그 비계도 안정적이지 않아 보여 다른 비계를 설치했고, 이런 식으로 계속 덧붙여 세웠다. 결국 얼기설기한 비계더미는 성당의 공중부벽과 비슷해졌지만, 주요 골조를 버티게 하기 위한 공중부벽만 잔뜩 설치된 채 본 성당은 보이지 않는 형상이 되었을 것이다. 주요 골조가 무너지기라도 한다면 비계더미 전체가 균형을 잃고 마치 도미노게임에서 보는 것처럼 무너질 것이다.

국가의 마르지 않는 유동성 갈증

서브프라임 모기지발 경제 위기에 더해 공공부채도 증가했다. 국가는 공공지출을 줄이지 못했고 세금의 국민부담률을 신자유주의 혁명 이후 모두가 꿈꾸는 숫자인 25퍼센트로 낮추지도 못했다. 심지어 1975년부터는 공공부채가 도리어 증가하고 있다. 공공부채가 증가하지 않으면 세액이 늘어났고, 직접세인 소득세가 높아지지 않으면 사회보장분담금이나 지방세가 늘었다. 많은 국가가 소득세를 줄이고 기업에 법인세를 무겁게 부과하고(프랑스처럼) 간접세를 아찔하게 올리는(프랑스 재정에서 부가가치세가 중요한 비중을 차지한다) 이 게임을 벌였다. 독일은 지방자치단체 재정이 적자의 블랙홀이 되었기 때문에 지방세를 꽤 높여 벌충했다. 조세 부담은 직·간접세, 지방세, 연방세나 중앙세의 총합임을 잊어서는 안 된다. 국가는 공식적으로 세금 인하를 언급했지만, 중앙정부 차원에서 인하한 세금은 언제나 지방세를 인상해 메웠다.

오늘날 (중국을 제외한) 각국 정부는 부채가 심각한 수준인데 필요한 자금도 엄청나다. 전 세계가 필요한 자금으로 앞서 29조 달러를 언급했는데 이는 공교롭게도 위기 발발 직전 헤지펀드의 시가총액과 얼추 비슷하다. 그러니까 천문학적인 자금이 필요했던 각국 정부가 국채를 발행해 그 돈을 빌린 것이다. 국가는 대체로 국고에서 매일 관리하는 단기채와 장기채, 두 가지 형태로 채권을 발행한다. 은행이 이용자 수를 늘려가던 시대에 국가와 국고는 고유한 자금 융통처를 확보하고 있었다는 점을 짚고 가야겠다. 프랑스의 사례만 봐도 크레디아그리콜(프랑스 농업협동조합)과 우체국, 저축은행에 특혜가 주어졌고 이들 기관에서만 우대 금리, 즉 저렴한 대출 금리를 제공했고 손실분은 국가가 보상했다. 그 대신 이 기관은 국가가 공무원에게 월급을 주거나, 재난에 대처하거나, 그날그날 필요한 유동성을 확보하려고 자금을 요청할 때면 융통해주는 중요한 역할을 맡았다. 농협은 프랑스 국고의 부속기관이나 다름없었다.

세계화가 진행되고 금융그룹이 은행에 자금을 투자하면서 각국 정부와 몇몇 은행 사이의 특별한 관계가 느슨해졌다. 유럽연합 집행위원회는 일부 은행만 특별히 우대 금리를 제공하지 못하게 했다. 한발 더 나아가 비과세 저축예금 '리브레아'• 독점 판매를 금지하면서 저축은행의 특혜도 끝냈다.

그러니까 국가가 특별한 자금 융통처를 잃은 것이다. 그러면

• Livret A. 1818년 나폴레옹 전쟁 부채를 탕감하기 위해 도입했으나 1945년 이후에는 공공임대주택의 건설 자금을 지원하는 역할을 하는 저축예금.

무엇으로 이를 대체했을까? 국제자본시장에 중단기 국채를 발행했다. 이 방법은 역사가 오래됐는데, 프랑스에서는 레이몽 바르 총리 시절에 처음 시행됐다. 바르 총리는 자크 시라크 전임 총리가 석유파동에 대처하려고 공공지출의 수문을 열면서(실업수당 100퍼센트, 심지어 110퍼센트를 제안했다) 고삐 풀린 인플레이션을 수습하기 위해 1976년에 임명되었다. 발레리 지스카르 데스탱 대통령•과 자크 시라크 총리가 느닷없이 결별한 사유도 공공지출이 급증했기 때문이다. 이 시점에 국채를 발행했고 게다가 전 세계 시장에 내놓았다. 프랑스의 우수한 대외 인지도를 앞세워 돈을 빌렸고, 프랑스 전력공사처럼 국고에서 자금을 동원에 증자하던 대기업도 채권을 발행했다. 당시에는 뉴욕과 도쿄 증권거래소, 최대 산유국이 주요 판매처였다. 보다시피 국가와 다국적기업이 자금을 가장 많이 필요로 한다.

유동성 확보 경쟁과 투기 과열

은행과 금융기관은 국가는 물론 다국적기업이 필요로 하는 자금의 규모가 어마어마하다는 점을 인지하고는 곧바로 얻을 수 있는 수익이 얼마나 되는지 가늠했다. 강대국의 이름은 금과도 같았다. 세계 도처에 설립된 지점과 전 세계 통화로 보유한 자산 덕분에 대형은행은 자사 포트폴리오의 구성을 최대로 활용하면서 환리스

• Valéry Giscard d'Estaing(1926~2020). 1974년 처음으로 비非드골주의 정당 출신으로 당선되었다. 케인스주의적 개입주의를 철회하는 자유주의 개혁을 추진했다.

크를 줄일 수 있었다. 또 기업에 출자하고, 증권거래소에서 그 기업 주식가치를 최대로 끌어올리면서 포트폴리오의 가치를 높였다. 포트폴리오의 1퍼센트가 국립파리은행BNP 주식이라고 하면 매일 시장가치 변동을 지켜보다가 최고가에 매도하거나 처분하고 다른 기업 주식을 사는 방법으로 관리했다. 1986년 프랑스 정부도 다르지 않았고 1981년 국유화를 통해 확보한 모든 것을 팔기 시작했다.

주주들도 똑같이 하려고 했다. 지급되는 배당금을 확인하는 것은 물론이고 배당금이 없다면 당일 매도한 주가를 따졌다. 그 과정이 그들에게 대단히 높은 수익률을 세우도록 했는데, 이것은 기준금리와 은행 수수료를 비롯해 증권거래소에 유입된 새로운 파생상품에 몰린 투자금이 벌어들일 수익에도 좌우된다. 전부 합산하면 그 유명한 기대수익률의 법칙 14~15퍼센트가 나오는데, 이는 아랍 족장이든 국내 개인 투자자든 비중 있는 미국이나 일본의 연기금이든 투자자라면 으레 요구하는 기본수익률이 됐다. 이는 프랑스 저축은행의 투자금 수익과 비교하면 10퍼센트 넘게 많은 수치다. 그러나 충분하지 않았다. 이는 말 그대로 기본적인 요구수익률인 셈이다. 금융기관이나 은행에서 일하는 딜러들은 은행업의 수익률에 거의 10퍼센트포인트를 덧붙였다. 즉, 은행의 정상적인 수익률을 영업활동이 저조한 해에는 19~20퍼센트, 활발한 해에는 24퍼센트까지 봤다. 그런데 이들 은행의 영업활동은 돈이 한없이 필요했다. 눈덩이처럼 불어나는 리스크를 분담하기 위해 은행끼리 서로 돈을 빌려줘야 했다. 믿기 어려운 자금 운용 구성을 도입하게 된 것이다. 은행들은 모든 자본을 서로에게 빌려왔다. 어느 순간 많은 은행들이 믿을 수 없이 서로 뒤얽혔지만, 각자 모두 유동성에 목말랐다. 은행 간 시장이 단순한 자금 거래 시장이 아니라는 뜻이다. 앞서 설명했듯 이러한 상황은 은행이 기업과 국가, 개인에게 대출해주고 남은 돈이 거의 없을 때와 비슷해진다. 그러면 은행은 어떻게 했을까? 콜자금시장,• 특히 번성하는 다수의 금융기관을 찾았는데, 그 선두에는 넉넉히 확보한 유동성으로 대출을 시작한 연기금이 있었다. 그렇게 헤지펀드에도 손을 벌리게 된 것이다. 연기금은 장기투자는 15퍼센트, 단기투자는 25퍼센트 수익률을 기대했다. 은행과 연기금을 이어주는 게 헤지펀드다. 헤지펀드는 40퍼센트의 수익을 요구했다. 그러니까 은행이 이 금융기관에서 대출하며 부담하는 비용이 거대해지기 시작한 것이다.

국가는 단기 금융시장에서 장기 금융시장보다 큰 비용, 8~12퍼센트 혹은 15퍼센트의 이자를 지불했다. 민간 은행은 더 많은 이자를 냈다. 여러 은행이 각자 챙기는 수수료가 더해지니 이자율은 또 올랐다. 그런 데다가 헤지펀드가 국가에 돈을 빌려주겠다고 제안했다. 헤지펀드는 국가를 상대로 이자율을 계속 높였고, 이를 통해 자금을 댄 거대 사모펀드와 트레이딩 룸에서 가지고 놀 엄청난 유동성이 필요한 국립파리은행이나 소시에테제네랄•• 같은 은행을 보증한 상태였다. 수수료가 적은 트레이딩 룸에서 이기려면 꽤

• call資金市場. 콜자금은 금융기관이나 증권회사 사이에 거래되는 단기간의 자금 대차를 말한다. 금융기관 사이에 이루어지는 일시적인 대차 거래가 발생하는 시장으로 전화를 통해 거래가 이뤄진다고 해서 콜시장이라고 부른다.

•• Société Générale. 프랑스에서 세 번째 규모의 상업은행으로 국제 금융서비스도 제공하고 있으며 2021년 현재 서울 지점을 운영 중이다.

많은 돈을 투자해야 했기 때문이다. 파생상품 차익거래로 가산금리 0.5퍼센트를 얻는다면 판돈을 수십억 달러는 걸어야 흥미진진해진다. 이 수십억 달러는 보유금일 수도 있지만, 간계를 부려 있지도 않은 돈을 걸고 굴릴 수도 있는 돈이다. 그리고 이렇게 가상으로 보유하거나 빌려온 돈으로 번 이익으로 대출을 갚았다. 헤지펀드나 워런 버핏 같은 개인 투자자들은 이런 방식으로 자기자본이나 자신들에게 돈을 맡긴 재산가들에게 엄청난 수익을 약속한다. 이 재산가들은 점차 자산을 직접 헤지펀드에 투자했다. 헤지펀드에 투자한 자금이 안전하다는 점을 유념해야 한다. 헤지펀드는 일반적으로 고객들이 투자한 돈을 고스란히 돌려준다. 이것은 버나드 메이도프의 폰지 사기•가 가능하며 드문 사건도 아니라는 뜻이다.

투기, 합법성, 메이도프 사기 사건

순서대로 생각해보자. 환투기••는 흔적이 남지 않고 합법적인 거래라서 아무런 문제가 되지 않는다. 그다음, 파생상품을 투기하려면 포지션을 취하고 자금을 투입해야 한다. 돈을 정말 많이 불리려면 투입해야 하는 자금이 많아야 한다. 소시에테제네랄의 제롬

• 신규 투자자의 돈으로 기존 투자자에게 이자나 배당금을 지급하는 다단계 금융 사기를 말한다. 1920년대 미국 전역을 뒤흔든 사기 사건의 주동자 찰스 폰지의 이름을 따왔다. 나스닥 증권거래소 위원장을 역임한 증권거래인 버나드 메이도프Bernard Madoff는 역사상 최대 폰지 사기를 펼쳐 2009년 수감되었다.

•• 換投機. 환율 변동에 의한 환차익을 목적으로 하는 외국환 매매를 말한다.

케르비엘Jérôme Kerviel의 금융 사기•가 바로 이런 일이다. 이미 닉 리슨Nick Leeson이 동일한 방식으로 1762년 창립한 영국 베어링스은행의 파산을 초래한 바 있다. 사실 모든 은행에서 벌어지는 일이고 잊을 만하면 사고가 터진다. 소시에테제네랄 금융 사고 이후에 2009년 봄 프랑스 저축은행에서도 비슷한 사고가 터졌다. 트레이딩 룸의 속성이다. 헤지펀드의 돈을 빌리면 흔히 벌어지는 일이다. 그래서 수익이 큰 거래를 진행하기 위해서 신속하게 갚아야 할 콜자금을 빌릴수록 재무 건전성 등을 위협하는 포지션 거래를 통해 손실을 만회하려고 한다. 모든 가능성을 고려하고 균형을 잡아 포지션을 취하는 보편적인 투자 비법이다. 그러니까 파운드 스털링의 가치 하락에 판돈을 걸지만 가치가 상승할 때도 수익이 나도록 반대 포지션도 하는 식으로 여러 입장을 취하는 것이다. 석유도 이렇게 투기했다. 워런 버핏과 같은 경제 주체는 전반적인 주가 하락에 매도 포지션을 취해 2008년 4분기에 70억 달러를 그러모으면서 주가 하락세에 기름을 부었다. 하락세가 심해질수록 우려가 커지고 사람들이 같은 포지션을 취할 확률이 높아지면 반대 포지션의 수익이 커지기 때문이다.

확실히 이런 거래는 때로 사기에 가까워진다. 메이도프 사건으로 확인한 바 있다. 그러나 다른 요인도 고려해야 한다. 트레이딩 룸에서 관건은 반응 속도다. 좋은 거래가 있다면 신속하게 거래해

• 무허가 선물 거래로 소시에테제네랄이 49억 유로의 손실을 봤다. 유럽 증시가 하루 만에 6퍼센트 넘게 하락했고 미국 연방준비제도가 금리를 긴급 인하하는 등 파장이 전 세계로 확산됐다.

야 함은 다들 알고 있다. 시간이 지날수록 정보가 확산, 전달되면서 경마 승식의 삼연승식이나 사연승식• 처럼 더는 큰 수익을 내지 못한다. 따라서 언제나 앞서 움직여야 한다. 게다가 전자 주문이 발전하면서 24시간 문을 닫지 않는 세계 증권시장이 형성됐다. 세계 시장에서는 언제라도 주문을 넣거나 철회할 수 있다. 즉시 철회가 가능해지면서 빛의 속도로 이뤄지는 투기가 늘었다.[1] 지금까지 살펴본 이런 일이 트레이딩 룸에서 벌어진다. 투기는 모든 게 포지션이고 수익이고 손실이다. 이 논리를 수용하면 꼼짝없이 매일 투기를 하게 된다. 큰 한 방을 올리고 발을 빼겠다며 금융의 늪에 발을 들이는 사람은 카지노의 돈을 싹 쓸어버리겠다며 게임탁자에 앉는 노름꾼과 다름없다. 그들은 돈을 아주 조금씩 따기 시작하면 곧바로 손을 털고 게임탁자를 떠나는 대신 남아서 마지막 한 푼까지 모두 털린다.

투기와 계산

어쨌든 자금을 다루고 금융공학을 전공한 모든 이들은 점점 고도화되는 금융상품의 구성 요소를 조합한 확률을 고려해 계산해야 하는 업무가 늘어난 셈이다. 기본적으로는 이렇다. 실로 정확함이 요구되는 사격술에 무척 빠르게 변하는 변수를 조합해 결단을 내려야 한다. 하지만 사람들은 고집스럽게 이 게임을 하는데 그 이

• 1~3등 혹은 1~4등을 맞추는 것으로 승식에 따라 배당률이 달라진다.

유는 단기에 노릴 수 있는 수익 가능성이 무척 크고 투자금을 신속하게 빼낼 방법이 점점 많이 제공되고 있어서다. 과거에는 신중함을 원칙으로 삼아 한 기업의 주식을 15년에서 20년 혹은 30년까지 보유하는 장기투자거래(장기주의long-termism)를 했다. 요즘처럼 6개월 만에 매도하지 않았다는 말이다. 그렇지만 지금은 모든 포트폴리오가 단기 중심으로 전략을 짜고, 심지어 연기금도 자체적으로 트레이딩 룸을 갖추고 대부분의 자금을 단기로 투자한다. 그러니까 모든 이가 게임 중이다. 산업 이윤이 가능한 범위를 완전히 초과하는 수익을 요구할 때 이 카지노에서 도박을 하지 않을 수 없다. 그래서 모두가 투기한다. 유동성 부족과 불확실성을 직면한 상황에서 투기하지 않을 사람은 없다. 초탈한 소액 투자자라면 언제라도 즉시 인출하는 대신 2008년 4퍼센트, 2010년 1.5퍼센트 금리를 제공하는 저축은행 리브레아에 가입하는 것으로 만족했을 것이다. 인플레이션에 따라 그의 실질 수익은 감소한다. 하지만 재산이 어느 정도 있는 사람이 그 돈을 현금으로 보관할 수는 없다. 주식과 펀드, 더 나아가 장기채권을 보유한 사람은 시세 변화와 여기 내포된 리스크의 대가를 지급받는다. 자기 재산을 직접 관리하지 않고 전통적인 투자은행에 맡긴다면 손해를 볼 위험이 있다. 막대한 재산을 다루는 관리인들은 자신들을 파산시킬 수 있는 이 자산가 고객군에만 관심을 집중하느라 (뭐라도 변명을 하겠지만) 자연스럽게 중소액 투자자들은 간과하기 때문이다.

누구나 이렇게 투기를 하는 시대에 공공 부문에서 관리하는 자금이 있는 이들은 그 자본가치가 떨어지지 않는지 감독해야 한다. 국가 역시 투기를 하고 이런 위험을 감수한다는 점을 과하게 뿌듯해하는 듯하다. 상당한 자금이 필요하고 지방채를 발행할 수 있는 지방자치단체도 빠뜨릴 수 없다. 은행은 지자체에 고정금리 채권을 변동 금리채권으로 차환*하고 환차익을 최대로 노리라고 부추긴다. 또 되도록 천천히 상환하고 새로운 자금(채권과 세수)을 4~6퍼센트 저금리를 제공하는 예금공탁관리공사보다 자기들에게 맡기라고 한다. 그들의 눈에는 미미한 금리겠지만 지자체 측에서는 예금공탁관리공사에 맡기는 편이 유리한데, 예금공탁관리공사는 이 돈으로 공공임대주택에 자금을 지원할 수 있기 때문이다! 이렇듯 모두가 투기에 뛰어들고 선두에는 당연히 은행이 있다.

국가는 왜 부채로 도박을 할까?

그런데 국가는 파생상품에 어떻게, 어떤 기관을 통해 투자할까? 우선 대형 중앙은행 간에 스와프 협정(리스크를 헤지하는 상부상조 거래)**을 맺는다. 그리고 국가는 발행한 각종 채권과 증권을 대체로 불투명하게 관리한다. 그러니까 모종의 구성으로 국채를 발행하는 금융가들이 프랑스 재무국에 있다는 말이다. 이 금융기술자들이 공공 부문의 트레이딩 룸이자 트레이더들이다. 국가 부채에 재금융화하는 기술로 앞서 살펴봤던 증권화가 있다.

* 새로 채권을 발행하여 이미 발행한 채권의 원금을 상환하는 것을 뜻한다.
** 중앙은행 간의 예금 협정으로 2개국의 중앙은행이 일정량의 자국 통화를 상호 예치했다가 약속한 기한이 되면 예치 당시의 환시세를 적용해 상환한다.

은행도 똑같이 한다. 국립파리은행과 더불어 글로벌 파생금융 상품 시장에서 활발하게 활동하는 소시에테제네랄이 전통적인 은행 업무로 발생시킨 수익은 총수익과 주주들에게 나눠준 배당금의 절반에도 미치지 못한다. 트레이딩 룸 거래, 즉 금융시장 투기 거래에 특화된 업무가 순이익의 절반 이상을 벌어들인다. 트레이더 제롬 케르비엘은 2007년 소시에테제네랄의 총수익의 절반을 자기 혼자 벌었다며 사기를 쳤다. 그가 아니었더라도 트레이더들이 벌어들인 것은 맞다. 참고로 프랑크푸르트 증권거래소를 감독하는 독일 금융당국이 2007년 9월 1일 소시에테제네랄 소속 트레이더가 이례적인 포지션을 취한다고 지적하는 공문을 발송했을 때, 소시에테제네랄은 문제 없을 거라는 회신을 보냈다. 투기 거래가 은행업의 본질은 아니지만 수익의 중심에 있었다. 그래서 사람들은 케르비엘의 상사들이 그의 위험천만한 거래를 충분히 보고받지 못했다는 게 사실이라고 생각하지 않았다. 하지만 스파이와 마찬가지로 트레이더도 투자가 성공했을 때는 드러나지 않고 실패했을 때만 누구인지 알 수 있다. 다니엘 부통Daniel Bouton 소시에테제네랄 최고경영자는 케르비엘이 회사에 입힌 손해가 밝혀졌을 때 사임해야 했고, 국가가 퇴직 압박을 가하기도 했다. 하지만 은행 이사회의 반응은 한마디로 "국가는 우리 발목 좀 그만 잡아야 하는 거 아냐, 돈 대는 건 우리라고"였다. 그러니 재무국, 심지어 국제통화기금이 새로운 징세청부인들에게 보다 '윤리적'인 규제를 강제하지 못해도 놀랍지 않다. 그들은 그만큼 국가와 국제기구를 지원했고, 이미 2007~2009년 금융 위기 이전부터 그렇게 해왔다. 그 후로는 금융

시스템 전반을 지탱해야 했다. 일부 기관의 규모가 대마불사大馬不死(too big to fail)가 되었을 뿐만 아니라 이제 살펴보겠지만, 국가 부채 규모가 자본시장에서 빠져나오기엔 지나치게 커졌기 때문이다.

꽃가루받이, 인지자본주의, 새로운 생산경제

3

금융이 우리를 '현실'에서 한없이 떨어뜨려 놓는다는 비방은 식상하다. 그렇지만 '현실 회귀', 그러니까 '거짓말하지 않는' 물질 경제의 신성한 기본으로의 회귀를 열렬히 지지하는 이들도 근 40년간 번성한 자본시장의 끔찍한 모순이 무엇을 의미하는지 알려고 하지 않은 채 현실에서 완전히 유리된 모습도 마찬가지로 기이하다. 역사라 여겨지는 긴 기간에 관해서가 아니라면, 또는 자기 일에 매몰되는 경향이 있는 경제학자들이 아니라면 자본시장의 모순이 무엇인지 궁금해진다. 그렇다면 넘치는 유동성, 투기, '야성적 충동'[1]의 분출은 과연 무엇을 의미하는가?

과한 표현이라고 생각하는가? 2007년부터 자본시장의 모순을 여러 가지로 설명해왔지만, 프랑스 사회학자 오귀스트 콩트가 중요하게 본 '어떻게'라는 점은 크게 다뤄지지 않았다. 좌파는 별다르게 새로울 것도 없이 혼란으로 흘러가는 게 자본주의 자체의 속성이라며 체제 혹은 '구조'의 문제로 설명했다. 이런 설명은 동태적 분석을 하기가 어렵다. 이런 관점으로는 자본주의 체제의 위기와 전면 붕괴에 관한 수많은 논의에도 불구하고 왜 이 체제가 여전히 작동하는지도 이해할 수 없다! 우파는 최근까지 자본주의를 총제적으로 문제 삼지 않는 사람들 옆에서 야성적 충동과 탐욕, 인간의 비합리성을 분석했다. 호황기에는 더없이 냉소적이던 경제학자들은 윤리의 미덕이나 죽음의 충동을 논하는 정신분석학의 장점을 설파했다. 회개의 시간이며, 앨런 그린스펀[2]과 같은 세계적으로 유명한 재정 정책 담당자들도 엄격한 수도원으로 은퇴해야 할 시기가 왔다고 했다. 금융계에 맹트농 후작부인이 루이 14세 치세 말기에 확산시킨 것과 유사한 분위기가 감돈다는 인식이 우파 내에서 퍼졌다(좌파 내에는 독설을 퍼붓는 사람들이 소수지만 남아 있었다). 누구나 할 수 있는 이런 잔소리에 현상을 해설하고 미래를 예측하는 측면이 있을까?(물질적 작업이 이뤄지는 '화물칸'이나 비물질적 놀이가 행해지는 '조세피난지'에서 '늘 하던 대로'가 계속되는 상황에서) 좌파 인사들의 '그럴 거라고 했잖아'라는 저주보다도 오히려 한심하다.

가능성은 둘뿐이다. 하나는 전 세계를 비눗방울(거품) 놀이를 즐기며 (전혀 성장하지 않는) 아이로 보는 것이다. 이 비눗방울은 끊임없이 만들어졌다가 터지면서 물 위에 희미한 흔적만 잠시 남긴다. 이런 예측 불가능하고 변덕스러운 아이라는 헤라클레이토스식 비유는 전 세계의 처참한 상황 앞에서 견디기 어려울 정도로 무의미하다. 혹은 같은 강물에 두 번 발을 담글 수는 없다는 현실을 인정하는 것으로, 이런 도덕적 교훈은 손바닥으로 하늘을 가릴 수 없는 만큼 혐오스럽다.

금융을 진지하게 고려하겠다는 말은 금융을 부인하거나 금융을 악마로 여기고 몰아내겠다는 게 아니다. 두 경우 모두 금융이 유일하게 현실의 그물망을 구성해온 변화라는 기의와 결합된 기표에 불과하다는 점을 직시하지 않는다. 정신분석학자 라캉Lacan 이래로 광기는 기표에 크게 관심을 기울여야지 해독할 수 있음이 널리 알려졌다. 자본시장의 착란은 금권을 행사하는 은행가의 악독한 동기라는 매우 빈약한 기의나 에덴동산에서 쫓겨난 뒤 인간이 갖게 된 소유욕으로 해석될 수 없다.

금융은 금융을 넘어서는 전환의 징후로만 이해할 수 있다. 이제 이 새로운 전환을 살펴보자. 금융화 차원에서 이들 전환을 살펴보겠지만, 그 전에 우선 가장 중요한 전환을 짚고 갈 필요가 있다. 바로 교환과 생산의 경제에서 수분受粉(꽃가루받이)과 기여의 경제로의 이행이다. 기여와 꽃가루받이가 인류 활동이 시작된 이래로 존재한 적이 없었다는 게 아니라, 주변적이고 부차적이던 이 특성이 오늘날 부와 가치의 추출에서 중심적이고 주도적인 자리를 차지한다는 의미다. 형이상학적인 논의로 접어들지 말고 18세기 정치경제학이 그러했듯 부란 삶의 필수불가결한 요소이면서 삶에 필요한 것을 마련하는 수단이라고 가정해보자. 또한 부와 부를 쌓는 길에 대한 우리의 견해에 절대적인 혹은 상대적인 희소성이 개입한다고 전제해보자.

우리가 단순한 세상, 혹은 복잡하더라도 단순한 부분으로 나눌 수 있는 세상[3]에 살 때(혹은 산다고 생각하던 때), 생산이란 기계나 에너지원을 통해 조합한 구성 요소에서 물질의 일부를 변화시킨 것(실체•)으로 간주됐다. 이러한 방식으로 생산하기 위해 이뤄지는 노동분업과 교환은 경제활동의 인간적인 특성으로 보였다. 그런 관점에서 보면 신석기혁명(수렵·채집에서 농업으로의 이행)부터 산업

• 르네 데카르트의 이원론은 실질적인 공간을 점유하고 부피가 있는 물질인 '실체'res extensa와 부피가 없는 비물질인 '정신'res cogitans으로 나뉜다.

혁명까지 연속성이 있다. 자연은 세상을 변화시키려는 프로메테우스적인 계획으로 포획되었다. 지식의 발전으로 우리는 전통 사회의 지식을 복합성, 복잡한 것이나 단순한 것으로 환원할 수 없는 복합적인 것의 문 앞에서 다시 생각하고 새로이 알게 됐다.

자연과 정신이 모두 복합적인 세상에서 인간의 활동을 어떻게 이해할 것인가? 그러려면 정치경제학이 등장한 초기부터 쫓아다니던 동물, 꿀벌의 이미지에 관심을 가지고 꿀벌이 무엇을 하는지 자문해봐야 한다.

꽃가루받이라는 은유

벌통을 들여다보자. 꿀벌이 하는 첫 번째 일은 꿀 생산이다. 벌떼는 애벌레에게 먹일 수집한 꽃가루와 꿀을 생산하는 살아 있는 공장이다. 덧붙여 벌집을 만드는 밀랍 생산까지 꿀벌의 활동은 인풋, 즉 천연 재료를 사용해 아웃풋을 내는 제조업에 가장 근접한 자연 현상이다. 그러나 꿀벌이 꾸준히 하는 또 다른 일, 꽃가루받이도 잊어서는 안 된다. 꽃가루받이는 꿀벌이 꽃가루를 모으면서 수술의 꽃밥 속 생식세포를 암술머리로 옮겨주는 일을 말한다. 사실 꽃가루받이는 생명체가 번식하는 데에 대단히 중요한 요건이다. 꿀벌은 자체적으로 생명을 낳지 않지만, 생명이 번식하는 조건을 갖추는 데에 크게 기여한다. 생명의 촉진자促進者(facilitator)로서 꿀뿐만 아니라 생태계와 생명체를 생산한다.

꽃가루받이를 하는 다른 곤충도 있지만, 예컨대 뒤영벌• 은 직접적으로 매매 가능한 아웃풋을 생산하지 않는다. 바람도 단순한 방식으로 볏과식물의 종자 번식을 위한 수분을 돕는다. 새들도 중요한 수분 매개체다. 꽃가루받이는 사고파는 거래를 기반으로 하지 않고 다양한 기여 행위를 이끌어내는 복합적인 공생 관계의 일례다. 소똥구리와 개미처럼 바이오매스(생물체량)를 유지하는 데 본질적인 역할을 맡은 종도 있다. 특히 개미는 제 진가를 인정받지 못했다. 개미는 전통적인 정치경제학의 우화에 영감을 줬던 열심히 먹을거리를 모으는 월동 준비나 진딧물 사육하기보다, 흙이 통풍이 잘되게 하고 죽은 식물을 묻는 활동으로 더욱더 이로운 벌레다.

꿀벌의 꽃가루받이는 채소와 과일 생산의 거의 80퍼센트를 좌우할 만큼 중요하다. 또한 야생 식물의 생식에도 큰 역할을 맡는다. 꿀벌이 수분해야 꿀을 얻을 수 있다. 한편, 곰은 벌떼를 몰아내고 벌통을 차지해 애벌레와 벌꿀, 벌밀을 게걸스럽게 먹어 치워서 벌들이 갈 곳을 잃게 만든다. 곰이 지나가면 다른 벌떼가 만들어져야 한다. 사람이 꿀벌이라면 절대적 잉여가치••를 쏙 빼가는 철저한 자본가는 곰에 비유할 수 있겠다.

양봉업자는 상대적 잉여가치를 생산한다. 그는 꿀벌이 번식하도록 둔다. 번데기를 기르고 자손을 퍼뜨리는 데에 필요한 것을 쓰게 두고 초과 생산물만을 가져가는데, 이는 벌통의 생산성을 높이

• 화분매개곤충으로 사육되나 꿀이 나지 않는 작물을 좋아하기도 하고 여왕벌 혼자 겨울을 나기 때문에 겨울나기용 꿀을 모으지 않는 특징이 있다.

•• surplus value. 마르크스 경제학의 기본 개념으로 생산활동에 투자된 가치에 비해 늘어난 가치 부분을 말한다. 노동자에 의해 생산되지만 임금가치를 초과한 부분이라 자본가에 의해 전유된다.

는 영리한 전략이기도 하다. 바로 경영의 1단계다. "부도덕한 일은 모든 것을 이긴다"라고 로마 시인 베르길리우스는 『농경시』Georgica에서 읊었다. 하지만 2단계 경영이라 불릴 만한 인지적이고 활동적인 능력,[4] 꽃가루받이를 활용함으로써 노동은 결정적인 변화를 겪었다. 한 개체로서 꿀벌의 꽃가루받이가 낳은 잉여가치를 언급하는 것은 의미가 없다. 꿀벌이 수분을 매개하지만 단독의 꿀벌 한 마리에게만 꽃가루받이 역할을 부여하는 것은 난센스다. 벌집에 모여 사는 이삼천 마리의 꿀벌이 수천 번 반복적으로 꽃가루를 옮기기에 꽃가루받이가 일어나는 것이기 때문이다. 꿀벌이 한 마리밖에 없다면 꽃가루받이의 확률은 0에 가깝다. 그러니 꿀벌이 개체로서 이용당한다는 말은 맞지 않다. 이용되는 것은 수분 매개 능력이다. 다시 인간사로 돌아와 인간에게 꽃가루받이는 무엇일지 생각해보자. 우선 부수적 노동by product이라고 할 수 있는데, 그러니까 의식하지 못한 채로 꽃가루받이한다는 말이다. 개별적인 인간의 노동과 다르게 집단적 노동에서 발견한 예를 들어보자. 「대항계획」Counter Planning[5]이라는 유명한 논고에서 확인했듯, 기술자들이 구상한 총계획안을 실행에 옮기는 개체로 노동자를 인식해서는 공장이 제대로 굴러가지 않는다. 몸을 쓰는 노동일수록 적응과 맥락화가 수반되어야 하고, 특히 여럿이서 해야 하는 일에는 어느 정도의 협동도 필요하기 때문이다.

그래서 단순노동만 하는 육체노동자라도 종종 중요한 성과를 낼 수 있는데 특히 다수로 일할 때, 또 스무 명이 함께 한 일이 각자 개인적으로 한 일의 합보다 훨씬 클 때 그렇다. 스무 명이 밀면 움직이는 바위가 있다고 해보자. 열아홉 명이 밀 때까지 이 바위는 꿈쩍도 하지 않을 것이다. 그렇다고 스무 번째 사람이 비법을 가지고 온다고 생각해서는 안 된다. 실제로 생산성 향상분, 그러니까 열아홉 명이 아니라 스무 명이 산출한 추가 생산물은 근본적으로 스무 명이 생산한 양의 합으로 갈음할 수 없다. 사람들이 협력해서 이뤄낸 결과이기 때문이며, 이러한 협력은 명백하게 불합리하거나 부당한 규칙에 맞서는 노동자들의 거부 행동이나 태업, 파업의 형태로도 구현된다. 협동은 비물질적이다. 또 복합적이고 꽤 중요한 사안으로 인해 곧 이를 조율할 누군가, 오케스트라 단장 역할이 필요해진다.

따라서 단순하게 말하자면 이런 관점에서 인간은 시행착오를 겪고 배우면서 협력하고 조율한다. 이미 일종의 꽃가루받이 형식이 있는 셈이다. 부서장이나 조직의 장에게 돈을 지급하는 식으로 물질경제는 이 점을 고려했다. 다만 일반적으로 위계는 종속시키려고 하지 협력하려고 하지 않는다. 위계는 강제된 협력을 조직하지 자발적인 협력은 조직하지 못한다. 기술자들이 고안한 계획을 노동자들이 실행에 옮기고 반장이 감독한다고 할 때, 노동자들은 작업 과정에서 필연적으로 자기들이 재해석한 규칙을 적용한다. 노동자들이 작업을 시작하면 규범과 규칙이 개별적인 상황에 맞게 반영되는 것이다. 상황 지각력이 작용하는 방식과 크게 비슷하다. 반면 컴퓨터에 어떤 규칙을 적용하라고 입력하면 컴퓨터는 명쾌하게 판단을 내리지 못한다. 명령을 기계적으로 실행하기 때문에 '정보가 부족해서 결정을 내릴 수 없습니다'라고 하든가 비정상적인 방식으로 결정을 내릴 것이다.

다시 「대항계획」으로 돌아와 생각해보자. 기술자들이 기획실에서 세운 생산 계획을 노동자들이 문자 그대로 실행에 옮긴다면 그 결과는 참혹할 것이다. 직원들이 규정을 글자 그대로 준수하지만 관리가 전혀 불가능해지는 준법투쟁이 전형적인 사례다. 간단히 말해 인간이 행동하려면 어느 정도 포괄적인 테두리 안에서 운신의 폭과 불확실한 부분이 확보돼야 한다. 모든 점을 미리 계획하려면 완벽한 조건부계약을 맺어야 하는데 이는 불가능하다. 모든 상황을 조항으로 남겨야 하기 때문이다. 우리가 아무리 결정론적인 인과론을 신봉한다고 해도 뇌는 막연한 논리와 불확실성에 대응할 수 있어서 모든 것을 문서화하지 않아도 된다. 판사가 법을 해석하는 데 원래 의미가 수정, 왜곡될 수 있는 이 해석 작업이 이뤄지지 않는다면 어떤 규범도 지속해서 받아들여질 수 없다. 따라서 정보를 문자 그대로 처리하는 것과 기표/기의 단위로 처리하는 것 사이에 차이가 발생한다. 기표와 기의 단위로 처리할 때 우리는 기의에 주의를 기울인다. 기표는 언제라도 틀릴 수 있다. 언어를 안다면 부족한 정보를 해석할 수 있다. 이는 지능을 발휘한 덕분이다.

꽃가루받이로 다시 돌아오자. 산업자본주의의 가장 물질적이고 전통적인 활동에서도 인간은 맥락화해서 움직인다는 비물질적인 행동 요소를 이미 파악했다. 컴퓨터의 기계적 정보 저장은 반복작업만을 계속하고, 변화값이 입력된다고 해도 이미 설정된 센서로 포착한 변화라서 롤플레잉게임이나 비디오게임처럼 미리 준비된 대안에 불과하다. 우리가 커서를 어딘가에 놓거나 플레잉할 때 모든 필드는 매번 주어진 응답으로 태그된다. 지적 활동이 활발해질수록 상징과 기호와 언어를 다루는 활동이 늘어나고 해석의 여지도 중요해진다. 꽃가루받이가 무엇인지 보여주는 첫 번째 사례다.

인지적 생산 체계는 언제나, 심지어 공장에도 존재했다. 노동계급이 거부를 통해 집단행동을 추진한 점은 역설적이다. 노동자들이 태만하다고 볼 수도 있지만, 기계를 도입한 자본주의적 환경에서 수고를 줄이려는 태도가 성능 개량의 동력이 됐다. 애덤 스미스가 『국부론』 첫 장에서 풀어놓은 기계에 관한 이야기가 좋은 예시다. 방직기를 감독하는 어린이가 귀찮은 마음에 기발한 착상을 해내 뛰어난 발명품이 나왔다고 했다. 방직기가 작동하는 여러 단계마다 걸쇠를 들어 올리려고 움직이기 귀찮았던 아이가 모든 걸쇠를 한꺼번에 열 수 있는 끈 달린 긴 막대를 만든 것이다. 이 발명품을 계기로 방직기에 어린이 감독관을 두는 대신 자동화 시스템을 장착해 업그레이드했다. 게다가 기계에서 걸쇠와 밸브가 작동하는 원리의 기초를 닦았다. 어린이가 개인으로 혹은 집단으로 작업 리듬에 저항함으로써 어떻게 기계 성능이 개선되었는지 확인할 수 있다.

지극히 개인적인 관점에서 생산성에 부정적인 영향을 주는 사건이 때로는 생산성 향상을 유도하기도 하는데, 이는 자본가가 노동자들의 이탈을 막기 위해 감시 장치를 늘리고 기계를 개량했기 때문이다.

다른 사례를 보자. 테일러의 과학적 관리법•은 태업에 대한 테일러의 고심에서 시작됐다. 태업은 대형 공장에서 기계를 다루는 노동자들이 쉴 틈을 만들면서 작업반장의 압박에 저항하는 방식이다. 테일러는 노동자들이 이 과정에서 업무 효율을 개선시키고 생산시간을 단축한다는 점을 파악했다. 그들은 완성된 부품 수량만큼 급여를 받는 업무에서 동일한 수량을 예정보다 빨리 제작했다. 그래서 테일러는 노동자들이 수행한 작업을 기록하기 시작했다. 나중에는 미리 생산 계획을 작성하고서 노동자들에게 강제해 상황을 역전시킬 수 있었다. 이 방식으로 노동자들이 계획을 실행하는 방법을 관찰해 인체공학적으로 흥미로운 동작을 추려냈다. 기술자들에게 의뢰했을 때보다 더욱 빠른 동작들이었다.

테일러는 이 사실을 알고 시간측정원을 배치해 생산 규칙을 변경하고 노동자들이 자율적으로 관리할 수 있는 여유 시간을 빼앗았다. 그래서 조립 라인에서 노동자들이 제일 싫어하는 두 사람이 생산 속도를 결정하는 시간측정원과 기기조정원이다. 에드워드 뱁티스트Edward Baptist는 1830년대부터 1860년대까지 미국 남부 주에서 목화 플랜테이션 변화 과정을 연구했다. 감독관들은 노예들이 목화 더미 생산 할당량을 채우도록 채찍질로 재촉했지만, 할당량을 채우는 노예들에게는 칭찬과 물질적 유인책을 교묘하게 함께 제공해 생산량을 늘렸다. 이렇게 증가한 중량을 전체 작업반에게 새로운 기준으로 강요했다. 앞서 살펴봤듯 노동자들의 집단 저항은 발명을 낳는다. 이 역시 일종의 꽃가루받이로 볼 수 있다.

• 미국의 기술자 테일러Fredrick Winslow Taylor(1856~1915)가 제시한 과업(1일 표준 작업량) 중심의 과학적 경영관리법으로 최대 능률 발휘를 목표로 성과급제도를 도입했다. 전 세계적으로 산업공학과 생산 관리 분야가 발전하는 데 크게 기여했다. 그렇지만 노동자를 단순히 기계적인 인간으로 가정했기에 비판을 받았다.

노동자들이 창의력을 발휘하자 위계가 의미가 있느냐는 물음이 제기됐고, 더불어 노동자들의 집단 권력이 형성되면서 급여 노동을 제공하는 종속 관계를 한층 까다롭게 만들었다. 첫 번째 형태의 꽃가루받이는, 확실히 불완전하여 독려되기보다는 용인되는 정도였지만, 산업자본주의에도 존재한다. 이렇게 집단적 노동이라는 특성을 인식하면서 사회주의와 뒤이어 공산주의가 등장했다고 할 수 있다.

그러나 디지털 인지자본주의 시대로 들어서면서 두뇌를 써서 하던 작업 일부가 기계화되고 이 작업에서 객관적 데이터를 추출해 컴퓨터로 무한 반복 연산 처리가 가능해지자 컴퓨터로 디지털 코드화할 수 있는 것과 그렇지 않은 것을 구별하기 전에는 가려져 있던 점이 점차 드러났다. 아시다시피 이제 코드화될 수 있는 것은 미미한 비용이나 무상으로 반복 처리가 가능하기 때문에 큰 가치가 없다. 그리고 언제나 동일하게 반복 처리가 가능하므로 가치가 떨어질 것이다. 기존 산업에서도 기계화된 것은 가치가 점차 떨어져 결국 아무런 가치도 생산하지 못한 것과 마찬가지다. 반면 가치를 생산하는 것은 바로 노동자의 노동으로 기계화될 수 없는 '기계'적이지 않은 부분이다. 지적 노동과 지식 생산으로 지능의 근본적인 역할을 점차 부각시키는 무엇인가가 떠올랐다. 바로 주위 환경을 이해하는 능력이다. 이 능력은 왜 중요하고 꿀벌의 꽃가루받이와 어떤 점이 닮았을까?

우선 맥락화 능력을 필요로 하는 복잡한 업무가 꿀벌의 꽃가루받이와 닮았고 이 일이 중요하기 때문이다. 게다가 생물의 기계적 복제에 꿀벌이 필수적인가 관찰해보면, 생물이 직접 수행하도록 계획되지 않은 다소 까다로운 작업이 무척 복잡한 조합으로 이어지고 그 결과로 꽃가루 중 100만분의 1만이 생식에 성공한다. 이 과정은 통계적으로 결정되지만 개체의 차원에서는 예측할 수 없는 우연으로 좌우된다. 앞서 꿀벌이 생물의 생산활동에서 담당하는 역할이 모범적이라고 강조했다. 꿀벌은 생물의 생산에서 조작자다. 복잡한 인간의 이해력에도 꽃가루받이 역할이 있다. 꽃가루 대신에 모든 비물질적인 것, 즉 신뢰와 자발적 협력, 두뇌 능력을 결정짓는 정서의 작용, 특히 네트워크 작업과 기여의 형태로 나타나는 인적 조직을 통한 협력을 찾을 수 있다. 꿀벌이 어떻게 하는지 생각해보자. 네트워크를 짜서 꽃가루받이할 장소를 찾아내고 다른 꿀벌들에게 돌아와 꿀을 어디서 모으면 되는지 알려준다. 꿀벌은 화학적 신호(일종의 화학적 언어로, 개미도 고유한 신호가 있다)로 동료들에게 그곳에 있는 다채로운 식물군과 다양한 꽃가루와 수액 종류를 알려줄 수도 있다.

꿀벌들의 이런 행동은 바로 인간들이 네트워크를 형성해 함께 인지력을 발휘해 문제를 해결할 때와 같은 리좀* 체계의 활동이다. 사회적 연대와 관계의 유지, 사회성, 언어 등 협력 가능성을 열어두는 수많은 원리로, 여기에서 협력은 단순히 기계적인 층위를 넘어서 사회학자 에밀 뒤르켐이 사회의 **유기적 연대**라고 부른 층위에 도달하게 한다. 다시 말해 두뇌는 기계 부품과는 전혀 다르므로 신체

* 철학자 질 들뢰즈의 개념으로, 뿌리와 줄기가 구분되는 수목 체계와 달리 뿌리줄기(리좀)처럼 중심점이 없고 수평적이고 개방적인 체계를 말한다.

적으로 드러나는 전반적인 정서, 다양한 센서인 여러 감각의 융합과 조합 등의 요소를 염두에 둬야 한다. 인간의 두뇌와 신체는 개 후각의 36분의 1, 부엉이 시각의 50분의 1, 꿀벌이나 잠자리 촉각의 10분의 1에 불과한 능력에도 불구하고 이런 요소를 조합함으로써 결함을 보완하는 것처럼 보인다. 동물은 감각기관으로 감지한 정보를 매우 발달한 뇌 영역에서 처리할 수 있고, 뇌의 상부엽(이성의 뇌)이 뇌의 원초적 기능(매력, 혐오, 공포, 불안, 위축 등)으로 수집한 정보를 종합하고 구조화하고 자발적으로 협력하는 더 복잡한 기능과 조합한다. 그래서 정서와 욕망은 번식 욕구처럼 단지 본능적으로 유발되지 않는다. 오히려 지극히 복합적인 작용으로 그 과정에서 인간은 움직이는 동적 네트워크 환경에 대한 정보를 관리할 뿐만 아니라 인지적 연결망을 형성하는데, 인간 사회는 대표적인 생명활동이자 지구상에서 가장 완성도 높은 사례다. 바로 이것이 꽃가루받이다.

꽃가루받이가 지식과 생명의 생산에 기여하는 경제라는 보편적 현상 중 하나의 예시에 불과하다는 점을 이해하기 쉽도록 꿀벌이 아닌 다른 사례로 산호를 살펴보자. 산호는 꽃가루받이를 하지 않지만 해양 생태계에서 여러모로 중요한 생물이다. 산호충은 살아 있을 때 외골격을 형성하는데, 군체를 이룬 산호충의 외골격이 겹겹이 쌓여 산호초를 형성한다. 외골격은 산호충의 생명활동이 끝나도 산호초의 일부로 남아서 해양 동식물군이 생육하는 생태적 지위이자 원생액으로 기능한다. 산호초는 한발 더 나아가 섬, 그러니까 네트워크를 형성해서 상호작용을 촉진하며 바닷속 조절자 구실을 한다. 꿀벌과 마찬가지로 산호초도 환경 변화에 무척 예민하다고 밝혀졌다. 꿀벌이 환경 오염에 민감하게 반응하기 때문에 최근 도시에서 꿀벌을 기르려고 시도하고 있다. 산호초도 오염물질이 감지되면 곧바로 성장을 멈추고, 환경이 파괴될 때는 도리어 수축한다.[6]

산호초 형성과 꽃가루받이는 자연자원과 생물자원이 생성하고 환경이 조성되는 데, 네트워크가 근원적인 요소임을 보여주는 두 가지 사례다. 꿀벌이 사라지면 우리 모두가 죽고 생물권生物圈이 파괴되기 때문이다. 아인슈타인은 꿀벌이 지구상에서 사라진다면 4년 이내에 인류도 멸망할 것이라고 했다고 한다(그의 말이라는 확실한 근거는 찾지 못했다). 그래도 이 예언 자체는 설득력이 있다. 그가 상대성이론을 발표한 즈음에 벨기에 시인이며 극작가인 모리스 마테를링크가 『꿀벌의 생활』에서 꿀벌의 생태를 생생하게 보여줬고 이 책은 놀라울 정도로 꾸준히 개정판을 출간했다. 어찌 되었든 꿀벌은 지구상에 등장한 500만 년 전부터 삶의 재생산과 복잡성 증가에 없어서는 안 될 연결고리임이 분명하다.

태초에 디지털 혁명이 있었다

경제 금융화가 자본주의의 전략적 핵심으로 여겨진 지 오래지만, 디지털의 등장으로 이 흐름은 한층 확대되었다.

디지털은 빠르게 고유한 경제 논리를 수립했고 독특한 발전 과정을 밟았다. 또 금융화가 새로운 전기를 맞이하고 자본의 가치가 높아지고 자본이 순식간에 유통되는 데에 중요한 역할을 하면서 경제의 비물질화를 촉발했다. 로스차일드 시대의 사환 대신에 지금은 정보통신망과 실시간으로 전달되는 정보가 있고, 레옹 발라스•가 꿈꾸던 모델, 그러니까 시장 진입 비용이 0인 거의 완벽한 시장[7]이 형성됐다. 이 시장에서 거래는 순식간에 전 세계적으로 일어나고, 매사 경매 방식으로 작동하고, 언제라도 철수할 수 있다. 무엇보다 이 시장은 상시 열려 있는데, 뉴욕 시장이 닫으면 홍콩 시장이 문을 열어서 더 이상 돈은 잠을 자지 않는다. 자본은 움직이는 한 언제라도 수익을 낼 수 있고, 그렇지 않으면 환율과 이자율 변동, 고전 경제에 종속된다. 트레이딩 룸은 이렇게 주주들에게 배당금이나 그들 자산의 시가총액 증가로 보답하는 이익의 신경중추가 되었다.

제도 개혁이 이뤄진 뒤에 정보통신 도구와 실시간 정보, 정보통신망은 금과 같은 실질화폐의 틀에서 벗어나도록 도와서, 이자율과 환율이 변동하게 하고 전 지구적인 자본시장을 활성화한다. 국제자본시장은 국내 기업, 다국적기업, 정부, 가계, 연기금 등 가리지 않고 모두에게 예상치 못한 서비스를 제공하면서 크게 수익을 냈다. 자본주의는 이런 식으로 거품을 활용한다. 인터넷 거품도 부동산 거품도 아닌 금융 자체의 거품을 이용했는데, 금융이 이렇게 어디에나 개입하면서 '유동화'하고 불시에 등장해 축적된 현금

• Léon Walras(1834~1910). 상호의존적인 경제 전체를 분석하기 위해 상호 관련되는 모든 요인을 고려하여 이들 사이의 균형을 살피는 일반균형이론을 창시했다. 이상적인 형태로 작동하는 완전 경쟁 시장에서 최적의 균형 가격에 도달할 수 있다고 여겼다.

을 (돈 벌 기회를 버리기는 아쉬우니까) 24시간 그대로 두지 않는 방식으로 언제라도 끼어들기 때문이다. 이 과정에서 금융화가 경제라는 신체의 혈관을 이루는 경제체제가 수립됐다.

금융과 계급투쟁

금융은 퍽 흥미로운 현실을 반영한다. 라포 베르티Lapo Berti와 세르조 볼로냐Sergio Bologna가 이탈리아 잡지 『프리모 마지오』Primo Maggio에 기고한 1857년 경제 위기 분석에 주목할 만하다. 이 두 연구원의 지적에 따르면 마르크스는 노동자를 공장에 고용하지 않고 이윤을 내는 금융을 향한 욕구[8]를 분석했다. 마르크스는 여기서 인간을 착취하는 사회적 관계가 일으키는 문제점을 회피하는 태도를 발견했다. 상업적 금융 투자와 금융 서비스를 통해 돈을 버는 편(이윤이 지대가 된다)이 늘 요구하는 바가 많으면서 언제라도 터질 준비가 된 노동자들을 동원해 만든 상품을 변화가 일상인 국제시장에서 팔기보다 훨씬 쉬웠다. 돈과 금융에 대한 맹목적인 숭배는 착취의 비열한 이면을 가렸다.

금융은 계급 관계를 교묘하게 벗어나는 기술이다. 지금 이곳의 사회와 불평등한 분배, 간단히 말해 계급투쟁에 직면하지 않고 돈을 벌 수 있는 지름길이다. 사회 투쟁을 한쪽으로 밀어 놓고 간과하는 우아한 방식인 셈이다. 그리고 실제로도 1955년부터 1975년 사이에 두드러지던 계급투쟁이 자취를 감춰 막강한 금융을 주창하는 이들에게 기쁨을 줬다. 계급투쟁은 금융 위기가 끝나갈 무렵에

빈곤의 형태로, 금융 위기의 결과로서 재등장했다. 현재 금융 위기에서 가난한 채무자들이 금융의 몰락을 초래했다는 점을 유념해야 한다. 마치 부자들의 왕국에서 오랫동안 배제됐지만 만찬에 초대받은 빈자들이 부를 손에 넣게 해주겠다는 약속을 곧이곧대로 받아들였고 이 때문에 자본주의 체제를 상상하지 못했던 상황으로 몰아넣은 것 같았다. 그렇지 않았더라면 가난한 이들에게 돈을 빌려주지도 않았겠지만 말이다! 19세기 말의 금융 사고에 비교해 완전한 전복이 일어난 것이다.

(19세기 말) 파나마운하 스캔들이 터졌을 때, 산업회사와 페르디낭 드레셉스Ferdinand de Lesseps에게 쌈짓돈을 투자한 소액 예금자들은 그가 설립한 파나마운하회사가 파산하자 빈털터리가 됐다. 2007년 대형금융자본을 무너뜨린 장본인은 소액 채무자들이다. 계급투쟁의 귀환이라고 하자. 일본과 함께 세계 최대 외환보유국으로 부상한 중국 정부가 무역을 지탱하기 위해 위안화를 평가절하하겠다고 발표한 일은 미국 자동차산업이 언젠가 문을 닫을 수밖에 없다는 의미다. 미국 자동차산업은 뒤처져서 구조조정을 하려면 15년 정도가 필요하다. 1970년대 한국과 일본의 부상으로 위기를 맞은 유럽의 제철업과 유사한 상황이다.

이제는 전반적인 자동차산업이 타격을 입었고 이는 그저 물질적인 위기에 그치지 않는다. 2008년 휘발유 가격 급등으로 판매가 저조했던 사륜구동 자동차만의 문제도 아니다. 뒤이어 유가가 떨어지면서 차종과 무관하게 자동차 판매가 회복되어야 했지만, 그런 일은 벌어지지 않았다. 포드나 제너럴모터스, 푸조, 르노 등 모든 자동차 제조업체에 영향을 준 진짜 문제는 따로 있었다. 물질적인 이들 기업은 비물질적인 활동, 신용 거래에서 가장 큰 이윤을 내고 있다. 이들 기업의 리스금융회사가 고객들에게 대출해주고 이 대출에서 발생한 이자에서 수익을 낸다. 금융 위기로 이 업계가 큰 타격을 입었다. 자동차산업의 급격하고 아득한 쇠락은 자동차 구매 행위의 금융화 정도와 관련이 있다. 선진국은 물론 이제는 일부 개도국에서 가계 예산 중 자동차 구매 및 유지관리 비용이 차지하는 비중이 점점 높아지고 있기 때문에 당연한 일이다. 자동차 한 대를 위해 3년 동안 급여의 25~30퍼센트를 지출한다. 오늘날 가계에서 '자동차'는 주택 취득 다음으로 지출이 큰 항목이다.

아마도 거래 은행에서 조언을 받았겠지만, 중국의 양돈업자까지 국제적인 투기가로 탈바꿈했는데, 2010년 1월 이들이 융자받아 설비 개선 대신 (시의적절하게도) 구리 매입에 투자한 것을 확인했다. 자본가 농민의 등장을 바라더니 실제로 그렇게 됐다! 장미와 돼지만 불쌍해졌다!

증권거래소, 어디에 쓰려고?

거품을 조장하는 현재의 투기 수단 중에서 증권거래소는 피에르-조제프 프루동•이 증권투기가의 행동[9]을 완벽하게 그린 제2제정 시대와 마찬가지로 선택의 역할을 맡는다. 증권거래소의 기능

• Pierre-Joseph Proudhon(1809~1865). 극단적인 자유주의를 추구하는 사회주의자로 그의 이론은 훗날 급진적 아나키즘의 근간이 되었다.

은 무엇일까? 혹시 더는 은행에서 자금을 조달할 수 없는 기업에 돈줄을 대는 것은 아닐까?

그렇지 않다. 지난 10~15년 사이 기업의 생산적 투자 중 90퍼센트는 자기자본으로 이뤄졌다. 그렇다면 기업이 포트폴리오 투자를 하는 이유는 무엇일까? 근래에 기업들이 이 방법으로 돈을 벌었기 때문이다! 주주들에게 돌아가는 이윤을 이렇게 늘렸다. 르노의 경우를 보자면 주주 배당금은 자동차 제조뿐 아니라 상당 부분 금융활동을 통해 벌어들였다. 은행도 마찬가지다. 은행 수익 대부분은 고객 예·적금 수신 등 기본 업무가 아니라 금융시장에서 빌린 자금으로 벌인 투기활동에서 나온다. 고객들이 맡긴 예·적금으로 은행이 투기하는 게 아니다. 기업도 마찬가지로 증권을 매입하고 부동산 투자를 확대하고 포트폴리오를 구축한다. 이 방법은 확산 중이다. 은퇴자도 노년의 수입과 퇴직금을 늘리려고 보유 자금을 파생상품과 헤지펀드, 연기금 등에 투자한다. 기업도 사실상 사업소득이 감소해 이처럼 움직이고, 은행도 본연의 수신 업무를 벗어나 투자은행으로 전환하는 등 전체적인 체제가 이렇게 움직이고 있다.

가령 유통업체 카르푸는 매출보다 자산 투자로 더 큰 수익을 낸다. 카르푸는 고객으로부터 자금을 받는 시점과 공급사에 대금을 결제하는 시점 사이에 상당한 현금을 보유하게 된다. 석 달, 이론적으로 45일인 이 기간에 자금을 금융상품이나 증권시장에 투자하는 편이 소규모 생산업자들을 적당히 착취하는 것보다 더 큰 이익을 벌어들일 수 있다. 소위 물질경제가 이제 완전히 금융화되면서 은행과 전반적인 자금 조달 창구의 역할 비중이 커졌다. 경제 전반에 이런 방식으로 이익을 늘릴 수 있다는 확신이 팽배했다. 이 현상을 어떻게 해석할 것인가? 생각나는 대로 답을 하자면, 제조 공장에서 노동자들을 착취하는 전통적 방식으로 발생한 이익은 전반적으로 적고, 천천히 그렇지만 확실하게 줄고 있다. 그러니까 경제의 금융화는 이런 이익 감소를 만회하려는 시도다. 더군다나 자본가들이 자본을 장시간 투자하지 않고 단기간에 수익을 내서 언제나 더 많은 배당금을 지급하라고 요구하는 시대라서 경제의 금융화는 심화한다. 마르크스가 지적했듯이 시장이 있는 한 상인들은 사용가치에 무관심한 가운데 디지털은 이미 진행 중인 모든 변화를 가속화할 것이다. 마르크스는 『자본론』 1권 1장에서 교환가치•가 구체적이고 동질적 특성을 추상화했다는 지점에서 상품에 대한 분석을 시작했다. 그러나 디지털은 이제 자본주의의 오랜 경향성뿐만 아니라 비물질적 요소의 증대에도 대처해야 한다.

자동차산업 등 기존 제조업에서 비물질적 요소가 제품의 가치에서 차지하는 비중이 점점 늘고 있다. 더불어 기업의 가치에도 비슷한 현상이 벌어지고 있고, 이는 갑작스럽고 비정상적인 주가 상승과 마찬가지로 급작스러운 폭락으로 나타난다.

• 상품은 구체적 유용성에 따라 인간의 욕망을 충족시킬 수 있으며, 다른 상품과 일정 비율로 교환될 수 있다. 전자를 사용가치, 후자를 교환가치라고 한다.

영업권, 공정가치, 스톡옵션

경제학자들은 비물질적 요소가 비대해지자 기업의 '장부상' 가치, 다시 말해 자기자본과 주식가치 사이에 상당한 왜곡이 발생한다는 점을 파악했다. 이 왜곡으로 소위 영업권goodwill을 둘러싸고 주식 및 금융 거래와 열띤 투기가 일어난다. 그런데 이 영업권은 가변적이라 불안정하다. 가령 2000년 닷컴 버블 붕괴 후 IT기업 위기 당시 비방디 유니버설*은 엄청난 영업권으로 호재를 누렸다. 시가총액이 크게 증가하면서 대출을 늘려 미국 나스닥에 상장된 수많은 스타트업을 인수했다. 그렇지만 얼마 지나지 않아 인수한 것이 인맥, 주소록, 고객 정보 등이고 실제 가치는 크게 실망스럽다는 점을 깨달았다. 이런 상황은 근본적인 문제를 제기했고, 전 세계적으로 회계 기준에 대한 대토론이 벌어졌다. 1990년부터 2004년까지 한 기업의 시장가치가 자기자본을 크게 상회하는 일이 지속적으로 확인되면서 회계 기준 자체를 문제로 삼게 됐다. 크게 두 편이 맞부딪쳤다. 하나는 기존 재산 형태의 고전적 기업 회계를 지지하는 이들로 이러한 회계만 진정한 지표며 그 외의 것은 고려할 가치가 없는 금융 투기에 불과하다고 여긴다. 다른 하나는 영업권 지지자들로 기존 회계에서 간과했던 무형자산까지 기업가치로 포함시킨다. 예를 들어 평판과 신뢰, 고객 정보, 공급업체 정보, 거래가 최적의 조건에서 더 빠르게 이뤄질 수 있게 하는 모든 네트워크 등이 있는데, 모두 기존 회계에서 계상되지 않는 것이다.

* Vivendi Universal. 현 비방디 그룹의 전신으로 당시 미디어 산업을 집중적으로 확대했다.

그렇지만 이런 무형자산의 금융가치는 어느 날엔가 사라져버릴 속 빈 강정식 투기가 아니고 실질적인 수익원과 관련된 투기로 회계 장부에 기재해야 마땅하다. 무형자산, 특히 '노하우'의 회계화는 미국에서 공정가치[10] 개념을 중심으로 발달했다. 이로써 창조계급이라 불리는 직원들에게 급여 일부로 스톡옵션•(주식매수선택권)을 지급하는 방침이 더욱 확대됐다. 스톡옵션은 개인을 자본이 가져오는 이윤과 결부시킨다. 그를 주주로 만드는 것이다. 사실상 지적 자본을 보유했다고 여겨지는 직원들을 기업에 묶어두는 수단이다. 스톡옵션 제도는 기업의 미래가치와 무관하게 처음에 정해진 가격으로 주식을 거래할 수 있는 권리를 주는 것이기 때문에, 직원들이 기업의 미래가치에 관심을 두게 한다. 주가가 꾸준히 상승하는 기업의 경우에 스톡옵션은 직원과 경영자들, 기업 경영에 중요한 이들이 회사에 머무르고 기업가치가 계속 상승하는지 주시하도록 독려하는 방식임이 분명하다.

비물질경제가 확대되면서 스톡옵션과 공정가치의 중요성이 점차 부각되었고, 비영미권인 유럽 대륙에서도 국제회계기준IFRS[11]에 맞게 회계 운영 방식을 변경하기에 이르렀다. 이처럼 더욱 영미권 방식으로 흘러가는 국제회계기준에 따라 회계 방식이 수정되었고, 예를 들어 회계 '장부상' 기업의 자산을 더 이상 취득원가가 아니라 현행원가, 그러니까 현재의 가치로 평가하게 되었다. 자본 규모가 상대적으로 작고 배당금과 급여도 상대적으로 적은 기업이라

• stock option. 기업이 임직원에게 일정 기간 내 자사 주식을 미리 정해진 가격으로 매수할 수 있는 권리를 부여하는 제도를 말한다.

도 특허권이 있고 높이 평가받으면 주가가 뛸 수 있다.

전통적인 회계 장부를 기준으로 했을 때 이런 기업이 기존 재무비율을 유지하기로 한다면 큰 금액을 융자하거나 자금을 조달하는 데 어려울 수밖에 없다. 반면 특허권[12]을 가치 평가해 무형자산이 고가로 평가된다면 자금을 조달할 길이 열리는 셈이다. 게다가 지금까지 스톡옵션이 기업의 부채로 계상되지 않았다는 점도 주목해야 한다. 기업이 급여를 지급하면 이 급여는 비용과 지출로 간주돼 부채 항목에 기재되고 투자로 계상할 수 없다. 자본으로 분류되지 않는다. 그러나 물질적 자본 대신 지적 자본이 더 중요해진 상황에서 형체가 없는 지적 자본의 흔적을 살필 수 있는 수단이 급여임은 명백하다. 정원조경사나 관리인의 급여가 아니라 경영진의 임금, 기업 외부에 저작권을 지불하고 사용한 특허권, 상표권, 소프트웨어 사용권 등 지적 노동의 대가를 말한다. 물론 이 지적 노동은 기존 회계상 자산이 아닌 생산비에 포함된다. 그래서 설비나 자산이 거의 없고 지적 자산, 즉 급여로 표현되는 인적 자원을 바탕으로 운영되는 스타트업은 문제가 발생한다. 보통 스타트업의 회계 장부는 끔찍한데 초반에는 손실 누적분이 크기 때문이다. 그런데 스톡옵션 제도가 도입되면서 직원들에게 고임금을 지급하고 파산 위험을 감수하는 대신 보수를 미래에 지급할 수 있게 됐다. 게다가 스톡옵션은 비용이 아닌 투자로 계상된다.

스톡옵션과 창조계급

기업 내 일부 직원에게 급여가 크게 중요하지 않은 이유는 지급받은 스톡옵션이 추후 백 배 혹은 천 배 높은 이익을 가져다줄 수 있어서다. 그들은 소액투자자가 되고 당연히 자기 주식의 가치가 최대로 오르길 바랄 것이다. 이는 전 국민 중 스톡옵션을 받는 5~10퍼센트의 사람들에게 임금제도의 의미가 퇴색된 요인이다. 금융기관에서 이 비율은 확연히 늘어난다. 은행에서 끈질기게 상여금 상한선 제도를 수용하지 않은 이유다. 스톡옵션을 받은 직원이 소수가 아니라 투자은행 역할을 맡은 부서 소속 직원 중 최대 절반에 달하면서 임금 정책 전체가 흔들리게 됐다. 그리고 앞에서 봤듯 예금업무 비중이 큰 은행이라고 해도 기관의 전체 이익 중 대부분은 투자 부서에서 나온다.

빌 게이츠가 지적한 대로 정보통신기술 업계는 스톡옵션으로 개발자들의 이직을 막을 수 있다. 빌 게이츠는 마이크로소프트의 워드95와 같은 중요한 프로그램이 출시되었을 때 이직률이 꽤 높았다고 했다. 개발자가 한 기업에서 일하는 기간이 평균적으로 6개월을 넘지 않았다. 독점 소프트웨어의 커다란 결함인 버그를 고려했을 때 높은 이직률이 무슨 의미인지 짐작해볼 수 있다. 마이크로소프트는 주가 상승기에 스톡옵션을 지급함으로써 개발자들의 근속연수를 평균 2년 정도로 늘렸다. 스톡옵션 지급은 기업 성장기에 직원들의 이직을 막는 수단으로 활용됐다. 또 다른 효과도 있었다. 주가가 상승하면 모두에게 좋은 일이다. 그러나 모종의 이유로 직원이 스톡옵션을 행사하기 전에 기업가치가 폭락할 수도 있다. 그러면 어떻게 될까? 그 직원은 매각했을 때 별로 이득이 없는 우선 매입권을 보유하고 있는 셈이다. 그래서 그는 현 직장에 남아 있을 수밖에 없는데 회사를 나가면 외부에서 스톡옵션을 계속 보유할 수 없기 때문이다. 그런 점에서 스톡옵션이 있다고 주주이자 주인이 되는 것은 아니다.

오늘날 많은 임원이 진퇴양난에 처했는데, 번 돈의 상당 부분이 이연된 임금이기 때문이다. 주가가 폭등하든 폭락하든 기업은 이득이다. 주식 상승기든 하락기든 상관없이 스톡옵션을 통해 직원(관리자, 지적 재산을 가진 직원)을 회사에 묶어놓고 미래의 이익에 관심을 두게 만든다. 이로써 직원이 이직을 강하게 열망하더라도 회사의 그물망 안에 두는 결과를 낳는다.

회사 성장기라면 직원은 회사의 시가총액 상승 목표에 동참할 것이다. 그러나 기술적 성과 개선이 아니라 유가증권 시장 지수에 영향을 주는 금융 실적에 관심을 기울일 것이다. 주가에 따라 임금이 달라지기 때문이다. 이 때문에 심각한 도덕적 타락이 일어난다. 직원들이 이직하지 않고 회사에 남아 있게 유도하는 방식의 통제는 오래전부터 있었지만, 과거에 이런 통제 방식은 생산성과 제품의 품질, 노동자의 작업 여건을 골고루 개선하기 위한 수단이었다. 이제 실적이 개선되면 주주가 이득을 본다. 스톡옵션 제도는 더 이상 관리자가 아닌 주주가 직원을 지휘하는 독특한 지배구조처럼 여겨졌다. 인력 대여나 현물급여와 더 가깝다. 그렇지만 프랑스 노동법은 두 가지 다 금지하는데, 이 상황에서 직원은 더 이상 직원 신분이 아니기 때문이다. 지주에게 매인 농노에 가까운 노동자가 귀환한 꼴이다. 농노나 소작인이나 지주를 떠나지 못하는데, 떠났다가는 모든 특혜를 잃는다.

그런데 미국에서 2002년 에너지 물류 기업 엔론의 사상 최대 회계 부정 사태가 터지고 사베인스-옥슬리법[●]으로 중대한 개혁안을 도입했다. 스톡옵션을 자본에 기재하지 못하게 한 것이다. 이제 스톡옵션은 임금으로 간주해 자본에서 제해야 한다. 이로써 모든 게 바뀌었다. 이 법이 미국 기업정신의 종지부를 찍었다고, 미국이 '유럽화'했다고 여기는 자유주의자들도 있었다. 반면 유럽은 스톡옵션을 무제한으로 발전시키며 정반대의 길을 걸었다. 전 세계에서 스톡옵션 세제 혜택이 가장 큰 나라는 바로 프랑스다.

구글, 꽃가루받이 생산의 경제 모델

실무 경험이 있는 인적자원이라는 자본에 어떤 가치를 부여할 것인가? 기업이 은행과 증권시장, 공권력, 지방자치단체, 고객들에게 받는 신뢰는 어떻게 가치를 평가할 것인가? 모두 비물질적 자산이다. 이 자산은 어떻게 평가할 것인가? 특히 지식과 특허권, 지식재산권 등에 관해서는 꽤나 까다로운 문제다.

이 질문은 구조적인 배경이 된다. 경제가 비물질화될수록 점차 할리우드 산업과 닮은 꼴이 될 것이다. 결국 이 체제는 불안정할

● Sarbanes-Oxley Act. 미국에서 연이은 대규모 부정 회계 사건이 발생한 이후 기업 회계와 재무 보고의 투명성을 제고하기 위해 2002년 제정된 기업 회계 개혁 및 투자자 보호 법을 말한다.

테고, 이 체제 안에서 지식재산권 행사는 어려울 것이다. 특허권과 상표권, 저작권 등 구시대 패키지를 동원해 사용료를 받고 경제 모델을 구축하기 어려운 것과 마찬가지다. 오늘날 경제적으로 제일 효과적인 모델은 비밀을 기반으로 한다. 바로 구글이다. 구글의 경제적 성공은 특허권이나 저작권, 상표권이 아니라 알고리즘과 무상성의 비밀 조합 덕분이다. 무료 서비스를 발명해 사용자들이 자발적으로 정보를 제공하게 하고 데이터 채굴[13]이라는 알고리즘으로 이를 수집해 다른 경제 주체에 판매하는 구조다.

구글은 하나의 표준으로 기능하는데, 캘리포니아 본사 소재지 마운틴뷰시에서 근무하는 직원 1만 9000명에 더해 직원이 아닌 1500만 명이 매초 마우스를 클릭하며 구글을 위해 일하기 때문이다. 1500만 명이 검색엔진 서비스를 이용하면서 아무런 대가도 받지 못한 채 구글을 위해 일한다고는 아무도 상상하지 못했을 것이다.[14] 그들은 정보를 생산하고 네트워크를 형성하는데, 네트워크를 형성하는 데는 비용이 든다. 요즘 이미 구축된 네트워크를 구입하는 데 얼마가 드는지 광고업자들은 잘 알고 있다. 네트워크 형성 활동의 가치는 꿀벌이 꽃가루받이를 한 가치와 비교할 만하다. 벌꿀과 벌집 밀랍의 시장가치는 꿀벌이 꽃가루받이한 활동의 가치보다 350배에서 1000배 더 적다.[15] 구글은 인간 꽃가루받이 활동으로 상업적 이득을 얻어냈다. 그 점에서 구글은 비물질적 요소를 간접적으로 가치평가하는 새로운 경제 모델을 만들어냈고, 인풋과 아웃풋이라는 상업적 개념을 바탕으로만 사고할 줄 아는 시장자본주의를 인지자본주의가 지배하고 있음을 현실에서 보여줬다.

따라서 비물질화된 인지자본주의의 근간이 불안정하다는 점은 이미 확인됐다. 기존의 노동계약, 즉 임금제를 불안정하게 만들기 때문이다. 또 금융자산 평가에 관한 정해진 규칙, 어떠한 합의도 없기 때문이다. 불안정 요소는 투자에 시행착오를 가져온다. 그렇기에 시장금융은 아웃풋 생산의 산업경제에서 기여와 꽃가루받이 경제로의 전환과 긴밀하게 이어져 있다. 하지만 경제의 전환은 우리를 (한때 호재라 불리던) 금융 꽃가루에서 꽃가루받이 역할 수행자로 밀어붙이는 데에 그치지 않는다. 꽃가루받이 활동에서 꿀벌로, 그러니까 인지노동자가 되도록 유인한다.

꿀에서 꽃가루받이로

노동력 이용 방식이 변화했고 자본가나 고용주만이 손에 넣을 수 있는 상품으로서 노동력을 소비한다는 사고는 디지털 기술이 등장하고 무형 혹은 비물질로 전환되는 시대 분위기와 더불어 의문시되고 형식이 바뀌며 새로운 지평으로 움직이고 있다. 무형 혹은 비물질은 상품 속에 녹아 있는 요소로 이해하면 쉽다. 예를 들어 기업 내 사회적 관계가 원만하면 불량품은 적게 나오고 사보타주는 줄어들며 상품 품질은 한결 개선되고 생산이력추적관리 시스템• 도 좋아진다. 반대로 프랑스 오랑주 통신사에서 발생한 자살 사건•• 은 기업의 평판이라는 자산가치를 떨어뜨린다. 판매처와 사후

• traceability. 제조 이력과 유통 과정을 실시간으로 확인할 수 있는 시스템.

관리 및 유지관리 네트워크의 품질도 포함된다. 더 나아가면 소비 정보를 제조 단계에 제공해 재고를 가급적 최소화할 수 있도록 유효시간 이내에 정보를 더욱 빠르게 전달하는 적시생산방식 시스템도 해당된다. 디지털은 네트워크에 흔적을 남기고 이를 파악할 수 있게 하면서 근본적인 변화를 가져왔다.

닷컴 신화의 붕괴

닷컴 위기가 지나고 커뮤니케이션 기업이 디지털의 가능성, 특히 지금까지 코드화될 수 없었던 것, 그러니까 무형의 것과 네트워크를 코드화하는 가능성을 오해해 크게 낙담한 것은 이 때문이다. 앞서 봤듯 많은 대기업이 거액을 들여 스타트업과 스핀오프(회사 분할)•••를 인수했다. 이들 회사는 자본주의적 자산이라는 관점에서 전혀 가치가 없고 고정자산 측면에서 약간, 수입 면에서 미미하게 의미가 있었다. 가치가 있다면 네트워크를 보유하고 있다는 점이다. 의사가 환자에 대해 기록한 진료 차트와 유사한 디지털 파일이 인수 대상이다. 그렇지만 이 파일은 무참하게도 실망스러웠는데, 네트워크란 활용 기술을 보유한 이들이 자기들을 위해 쓸 때

•• 프랑스텔레콤(현 오랑주 통신사)은 국영 통신기업으로 평생고용이 보장됐지만, 2004년 민영화 이후 3년간 대대적인 구조조정을 했다. 2008~2009년 사이 직원 35명의 연쇄자살 사태와 관련해 임원들이 기소되었고 2019년 프랑스 법원이 '기업에 의한 괴롭힘'을 처음으로 인정했다.

••• 특정 연구 프로젝트에 참여한 연구 인력이 연구 결과를 바탕으로 창업하도록 지원하는 제도로 사내 벤처 육성에 활용된다.

만 가치가 있다는 단순한 이유에서다. 직원들은 자신들이 지적 자산으로서 가치가 있다는 점을 알고 있다. 그들이 보유한 진정한 무형 자원은 네트워크 지식을 맥락화하는 능력인데, 맥락에서 벗어난 지식은 순전히 형식에 불과하다. 자기가 주로 다니는 샛길을 관리하는 사냥꾼처럼 네트워크 활용 노하우는 이 네트워크를 활용하고 유지관리하는 당사자와 연결되어 있기 때문이다.

한 배우가 영향력 있는 많은 인사, 영화감독, 극단장, 에이전트, 공연기획자의 개인용 휴대전화 번호를 알고 있다고 해보자. 이들의 전화번호는 상호교환이 가능하지 않은 완벽한 개인정보다. 만약 내가 이 배우고 어떤 유명 인사의 번호를 알게 됐다면 그것은 나란 사람 때문이다. 구체적인 관계를 바탕으로 했기 때문에 이 전화번호는 아무나 사용할 수 없다. 그러니까 누군가가 내 전화번호부를 손에 넣었더라도 내가 그 사람을 사전에 소개해두지 않았다면 연락을 할 수 없다. 따라서 맥락화란 인간관계를 이해하는 것이고, 인간관계는 당사자와 뗄 수 없으며 익명으로 손에 넣거나 상호교환하기에 무척 까다롭다. 그런 점에서 매체(전화번호부 파일)는 큰 의미가 없다. 이 매체를 만들어낸 상대방과 나의 관계가 중요하다. 위대한 작가가 장서[16]를 공공기관에 기부한들 그 장서가 무슨 의미가 있겠는가?

디지털과 맥락화

디지털 정보의 맥락화 규모가 관건이다. 네트워크를 코드화한 정보는 가치 있는 요소가 아니다. 다시 말하자면 단순한 파일이나 범용 소프트웨어의 가치는 미미하다. 범용 소프트웨어를 특정 상황에 맞춰 조정한 이른바 소프트웨어 패키지가 가치가 있고, 이는 맥락화 능력이고, 정보가 아닌 지식의 활용 능력이다. 정보를 저장하고 불러오거나 빈도를 계산하는 단순한 능력이 아니라 정보를 압축하고 독창적이고 지능적인 방식으로 통합하고, 그러니까 상징화하는 능력이다. 정리하자면 정보를 구성하는 요소 자체에 인지를 가능하게 하나 코드화될 수 없는 다른 요소, 즉 학습 못지않게 해석, 전달, 창조 및 혁신이 추가되어야 한다는 뜻이다. 정보는 정보를 제공한 사람에게 종종 코드화된 디지털 지식이지만 맥락이 없다면 크게 쓸모가 없다. 코드화된 정보 자체로서는 그 가치가 크게 떨어진다. 정보를 수용할 지능이 있는 대상에게 가치가 있으려면 이 정보를 해석하고 목적대로 쓸 수 있어야 한다. 따라서 지금까지 할 수 없었던 일을 할 수 있게 해주는 지식이 중요하다. 특히 다른 사람이 이 디지털 지식을 지능적으로 습득하고, 적절하게 활용하는 방법을 익힐 수 있어야 한다. 만능 비법을 찾자는 게 아니라 지식을 맥락에 맞게 지능적으로 적용하자는 말이다. 역설적이게도 디지털 기술의 기본은 지식을 자동화, 코드화하고 정보나 데이터베이스, 소프트웨어 등으로 환원해 대규모로 반복적인 작업을 가능하게 하는 것이다.

디지털은 2단계 비물질의 중대한 가치를 밝혀냈다. 1단계 비물질이 코드화되는 지식이라면, 2단계 비물질은 코드화되거나 반복될 수 없으나 매번 시선을 사로잡는 지식과 비물질 서비스, 즉 지식을 둘러싼 후광으로 지식을 학습하고 적용하고 지능적으로 사용할 수 있도록 하는 것으로서 상품이나 결과가 아닌 활동과 과정으로서 인지 능력을 의미한다. 인지주의 이론가들은 고전적인 신호와 정보 이론과 비교해서 학습과 혁신적 지식이 항상 내재적인 비물질 요소를 어느 정도 활용하는지 보여줬다.

학습과 혁신적 지식도 기술적 수단으로 명확하게 표현될 수 없다는 점에서 때때로 함축적이고, 때때로 정의상 명확할 수 없다. 다시 말해 본래 명료하게 표현할 수 있는 것은 파국적일 수 있다. 일본의 경영학자 노나카 이쿠지로와 다케우치 히로타카는 크게 발달한 지식 경영Knowledge Management[17] 분야에서 많은 경우 명시된 절차는 작동하지 않음을 입증했다. 규정과 규범의 내면화 과정을 거치면 종종 더 나은 결과가 나오는데, 직원들이 규정과 규범을 내면화해 손질하고 한층 혁신적으로 해석해 개별 상황의 특성에 잘 맞게 적용하기 때문이다. 그러니 규정을 문자 그대로 지키는 게 아니라 그 취지를 살리고 싶다면, 규정은 규정 차원에 머물러야 한다. 글자 그대로가 아니라 그 정신에 충실하려면, 특수한 경우를 파고들지 않고 전반적으로 포괄하는 보편적 규칙으로 남아야 한다는 뜻이다. 모든 사안을 명확하게 설명하다가는 큰 화를 부를 수 있다. 예의, 환기하는 기술, 살며시 감춘 순정, 타협의 기술, 지나치게 사실적인 회화작품에 대한 거부감 등이 등장한 배경이다. 당신이 한 모든 것을 명확하게 정리하고 프로그램화하여 완벽하게 읽어낼 수 있지만 변동과 혁신의 여지가 거의 없이 실행되는 컴퓨터 프로그램과 달리 지능에 기대하는 능력이 바로 이것이다.

어떤 요소의 특성을 파악하기 위해 필요한 모든 정보를 절대 얻을 수 없는데, 그럴 만한 연산력도 없을 뿐만 아니라 연산과 정보와 투입 시간 측면에서 비용이 크기 때문이다. 따라서 현실적으로 우리는 합리적인 한계선 안에서 일하고, 지능도 집단의 의사결정이나 한 사람의 지능, 특히 네트워크 지능의 형태로 그 맥락 안에서 표출된다. 그러니 이런 요소들을 보면 1단계 비물질[코드화 가능한 것, 경우에 따라 정보(데이터베이스, 소프트웨어)의 형태로 상품화가 가능한 것, 컴퓨터로 프로세스에서 재배치될 수 있는 것]을 제외하고 '프로젝트화' 활동, 즉 개별 사례에 맞춰 적용하는 활동과 '관리 지식'과 아직 할 줄 모르는 것을 해내는 방법을 학습하고 전달하는 활동은 단번에 '상품화 가능'한 재화로 환원될 수 없다. 디지털화는 지적이고 비물질적인 노동을 일부 코드화된 작업 공정 안에 녹여냈다. 더불어 2단계 비물질이 가장 가치가 있음을 입증했고, 고용주가 디지털 형태로 2단계 비물질을 획득할 수 없기 때문에 직원의 협상력과 영향력이 커지는 계기가 되었다.

트레이딩 룸을 연구한 경제 사회학자 올리비에 고드쇼Olivier Godechot[18]는 금융기업의 최고경영자를 상대로 한 트레이더들의 협상력을 통해 이 점을 밝혀냈다. 고드쇼에 따르면, 대형은행 트레이더들이 이직을 무기로 엄청 많은 보너스를 받은 것은 알고리즘과 분명 별개인 지식을 보유하고 있기 때문이다. 자본(하드웨어와 소프트웨어)으로 계상할 수 있는 알고리즘과 이를 다루는 고도화된 기구와 상황에 적합한 판단을 내리는 진정한 노하우가 균형을 이룬 셈이다. 이 노하우는 집단의 것인데 트레이더들이 기업 트레이딩 룸의 테두리를 넘어서 함께 일하기 때문이다. 여기에 우수한 업무 상대와 정보통, 바람직한 업무 환경과 언제라도 새로운 지식과 새 상품, 새 관계가 만들어질 수 있는 경험적 지식도 갖추고 있다. 유능한 이 직원들은 자기가 보유한 지적 자본으로 스스로 보호할 수 있는 능력이 있다. 이 지적 자본은 기업이 소유할 수 없고, 심지어 직원이 떠나면 사라질 수도 있다. 기업이 지식을 자본화한 정도는 여전히 매우 높은 수준이다. 비물질을 활용하는 직원들은 2단계 비물질 자본을 보유하고 있다. 그들의 노동은 높이 평가될 뿐만 아니라 개인 차원에서 통제되는 요소로 구성된 두뇌 능력(보르헤스의 표현을 빌리자면 '나만의 도서관')이 필요하기에 기업에 종속되지 않을 수 있다. 그들은 지식이 있기 때문에 기업의 통제에서 완전히 벗어나 있다.

제조업이 지식화하고 2단계 비물질로 진화하면서 수많은 직원은 임금제를 통한 전통적인 포섭 전략을 위협하고 있다. 그래서 그들을 회사에 붙잡아두려는 많은 기술(급여저축•도 물론 그중 하나지만 대표적인 제도는 스톡옵션이다)이 등장했다. 앞서 살펴봤듯이 직원들은 기업의 자원으로 간주되고 직원들에 대한 어떤 소유권도 기업에 없어서 이런 기술로 그들을 기업의 내부에 매어두려 한다.

증권 트레이더와 금융업 종사자들의 사례를 들었지만, 기업 전략으로 통합될 수 없는 것들로 나타나는 컨설턴트나 광고업계

• 회사 내에서 운영되는 집단저축제도로서, 회사의 성과에 따른 이윤 배분이나 개인 성과에 따라 지급되는 보너스를 근로자에게 직접 지불하거나 급여저축플랜에 입금한다.

종사자들[19]도 마찬가지다. 통합적 사고는 컴퓨터처럼 기하학이나 지수함수로 분석하는 기술과 다르고 프로그래밍된 솔루션에 분석적으로 포함된 것과 다른 무언가를 만들어내는 가장 강력한 두뇌 활동이기 때문이다. 다시 말하자면 두뇌는 컴퓨터가 하기 어려운 일들을 해내고, 인공지능 프로그램으로 컴퓨터가 두뇌 활동 모델을 따라 하게 만들어야 한다.

자격과 능력

언뜻 평범해 보이지만 중요한 활동이 바로 집단행동 안에서의 관계다. 그러면 이 관계를 어떻게 평가할 것인가? 요즘 이 개념은 모든 채용 면접의 관건이다. 평가 측면에서 상당히 문제가 되기 때문이다. 그런데 능력과 적격성이 자격 평가를 대체하면서 이런 문제에 직면하게 됐다.[20] 당신이 알고 있는 지식 수준이 아니라 자율성, 곧 노하우와 재빨리 파악하는 역량이 중요하다. 그리고 이를 어떻게 적용할 것인지, 모든 것이 프로젝트로 운영되는 시대인만큼 프로젝트를 꾸려가는 능력을 평가한다. 대인관계 능력은 개인의 역량에 속한다.[21] 이제 능력 활용도, 그러니까 물리적 힘이나 두뇌력이 아니라 기업가 정신을 보고 판단한다. 직원의 자율성과 반응성 개발 방식은 노동법과 관련해 새롭게 심각한 문제를 낳았고 아마도 새로운 형태의 직장 스트레스도 발생시켰다. 노동법은 상법에 대응해 고용주가 한 개인의 전체, 몸과 마음은 물론 지적 능력까지 모두 손에 쥐고 그 사람을 자기의 지시에 순응시키고 직장에 묶어두지 못하게 하려고 수립되었기 때문이다. 그러니까 현대판 노예제가 등장하지 않게 하기 위해서다.[22] 노동법이 고용주의 비대칭적 권력을 엄격하게 제한하게 된 이유다. 직원은 고용주와 동등한 권력을 가질 수 없기에 고용주가 위법적인 방식이 아니라면 노동자의 주인이 될 수 없고 부여한 업무의 제한된 범위 안에서만 직원의 노동력과 업무 능력을 활용해야 한다고 기본적인 규범으로 정한 것이다. 하지만 농부의 물리적 노동력을 측정하기는 쉬웠으나 두뇌를 쓰는 활동을 측정하기는 훨씬 어렵다. 일을 원활하게 진행하는 책임을 직원에게 더 많이 지우려고 그의 머릿속에 들어가겠다는 유혹에 고용주가 빠질 가능성이 크기 때문이다.

임원진과 엔지니어, 영업대리점 책임자들을 대상으로 이런 시도가 벌어지고 그래서 사람들이 정신적인 문제를 겪거나 자살을 하고 있다.[23] 철저한 업무 분장과 정확한 업무 시간 구분이라는 오랜 규칙이 이제 무의미하기 때문이다. 프로젝트를 위임하기 시작하면서 이 규칙은 빠르게 자취를 감췄다. 그리고 자율성을 강조한다. 프로젝트는 시간 제한이 없이 관리되고, 사람들은 일을 집에 가져가곤 한다. 현대 사회에서 사람들은 더 이상 업무 적격성이 아니라 능력을 바탕으로 고용된다. 다시 말해 앞으로 얼마나 창의력을 발휘할지가 아니라 통솔력과 타인의 마음을 사는 매력이 기준이 된다. 이 기준은 서로 불가분한 관계로 직원들의 스트레스 지수를 지수함수적으로 높였다. 그래서 이 기준의 평가와 확대 적용에 관한 문제가 제기됐다. 고위 임원에게 적용하던 기준을 점차 하위 직원에게까지 요구한다. 프랑스텔레콤 소속 재무관리자들이 아니라 엔지니어들이 자살한 사건은 이를 반증한다. 트레이더들은 자살률은 낮지만 각종 향정신성 약물 소비량이 엄청나다.

고객 케어

다른 사례로는 고객 케어가 있다. 케어를 담당하는 일, 통상적인 개인 맞춤화customization을 넘어서는 남다른 서비스를 제공하는 일을 의미한다. 인간성이 완전히 결여된 노동 조직 내에서 인간 존엄성을 다시 세워야 하는 문제가 있는 상황에서도 모든 고객은 한 인간으로 존중되어야 한다. 질병 말기의 환자를 간단한 외과 수술로 치료하는 젊은 환자처럼 대하지 않는 것과 마찬가지다. 이 모든 요소는 독특한 상황을 구성한다. 코드화된 진료 절차에서 크게 고려하지 않는 고통을 치료하는 방법이 좋은 사례다. 프로토콜이나 표준화된 방식으로 대응해서는 부족하고 오히려 고통만 가중시킬 수 있다. 정해진 규칙이 있지 않다. 큰 틀의 규칙은 있지만 매번 어떻게 적용할지 '다시 논의'해야 한다.

이 요소에 가치가 부여되는데, 가치는 우리가 철저하게 간과하는 물질적 요소보다 훨씬 더 많은 경우에 서비스로 움직이기 때문이다. 고급 특급호텔을 예로 들어보자. 막대한 투자금을 회수하려면 고객들이 만족해야 한다. 그런데 작은 세부사항 때문에 1박에 2000달러인 스위트룸 손님을 잃을 수 있다. 서비스 때문은 아니다. 기술적으로 서비스는 호텔마다 거의 비슷하다. 차이가 나는 것은 직원들이 능력을 펼치는 방식이다. 하지만 이 능력은 호텔경영학

교에서 제공하는 자격 수준이 아니라 역량이다. 갑자기 직원들은 자기들이 근본적으로 파는 게 노동시간이 아니라는 점을 깨닫는다. 팔고 있는 것은 바로 맥락에 맞는 독특하고 혁신적인 서비스로, 사람마다 재량과 개선의 여지가 있다. 케어에 대한 일반적인 인식은 분명 조금씩 다르다. 고객 서비스를 우선 과제로 내세우는 많은 일자리의 현실에는 부합하지 않는다. 직장 내 위계의 아래로 내려갈수록 케어를 우스꽝스럽게 적용하고 해석해, 엄격한 수익성 기준 때문에 사라진 웃음과 배려를 팔도록 직원들에게 강요하면서도 서비스를 지나치게 코드화하고 직원들을 과도하게 굴종시킨다. 그럼에도 자기 능력과 독창성을 인지한 사람은 기업을 상대로 적절한 전략을 개발해냈다. 산업화로 인한 탈숙련화와 달리 디지털 기술 발전으로 인한 탈숙련화는 기업이 직원들을 마음대로 부리기 위해 정신적 괴롭힘을 가하기가 쉬워졌다는 점을 노골적으로 드러낸 터라, 이런 전략은 한층 더 필요해졌다.

인간적인 가치로 돌아오자. 고용주들은 직원들을 평가하기가 어렵다는 점에서 심각한 문제에 직면했고, 직원들은 인지자본주의가 두뇌 능력을 소유하려고 하기에 기존의 보호망과 노동법이라는 안전선을 넘어서는 고용주들의 참을 수 없는 간섭이라는 전횡의 위협에 노출됐다.

인지의 침투

사회의 생산 조직에서 인지가 침투하는 일은 중요한 문제다.

그래서 인지자본주의란 용어를 쓰는 것이다. 인지자본주의 혹은 지식 사회는 지식의 생산, 그러니까 연구나 첨단산업 등과 연관된 분야가 아니다. 앞서 살펴봤듯이 경제 전반은 금융화했고, 금융은 가장 비물질적인 경제도 관통했다. 인지는 이러한 금융화보다 훨씬 강력하게, 심지어 가장 물질적인 경제에까지 침투했다. 다양한 외부 요인과의 상호작용과 복합성을 통제하려고 할 때 명철하게 바라볼 수 있는 유일한 방법은 인지와 관계성, 지적인 해법의 도출을 강화하는 것이다. 게다가 투자자본 대비 최고 수익과 최대 이윤의 추구가 지배하는 체제 안에서 인지는 점차 입지를 확대하고 있는데 바로 인지를 바탕으로 해서 최대 가치를 실현할 수 있기 때문이다.

디지털 기술이 모든 것을 정보로 변환시키고 생산과 유통, 소비를 잠식해가는 가운데[24] 모든 것은 데이터뱅크와 소프트웨어, 운영 시스템을 기반으로 작동하는 각종 기계로 정리된다. 코드화된 디지털로 변환되는 현상은 지성이 아닌 것과 함축적인 방식의 비물질이 아닌 것을 폄하하기에 이른다. 가치의 축은 새로운 지식의 생산, 복합체처럼 살아 있는 것의 생산으로 이동했고, 이로써 메타데이터와 메타레벨 추구 경쟁이 심화됐는데, 인지적 후광, 사물의 특이성과 함축적 지식과 관련이 있는 2단계 비물질 혹은 2단계 무형의 것이 가치가 있기 때문이다.

이러한 경향성은 구글과 미국항공우주국이 적극적으로 후원하는 싱귤래리티대학[25]의 연구 프로그램에서 드러난다. 캘리포니아 소재 싱귤래리티대학은 정확히 특이한 통합적 이해능력을 보이면서 그 행위자를 개입시키고 새로운 착상을 내놓는 두뇌활동을 디지털 모형화하고 코드화하겠다는 목표로 설립됐다. 특이성은 기존에 알고 있거나 그저 대충 추론하며 만족했던 세상을 부수고 새로운 세상으로 우리를 넘어가게 하는 과학적 진보가 축적됨으로써 발생한 질적 변화다. 이 대학은 두뇌를 단순히 고성능 컴퓨터로 간주하는 게 아니라, 신경의 흥분과 함께 벌어지는 화학 반응을 감지하는 다양한 기술을 통해 컴퓨터로 두뇌 기능을 시뮬레이션하는 '인공지능' 연구를 이어가고 있다. 인공지능 연구 프로그램 덕분에 두뇌가 정보를 처리하고 분류하는 방식을 소프트웨어 프로그램으로 구현하고, 두뇌의 꽤 복잡한 종합적 이해활동을 코드화하고 확정된 방식으로 반복할 수 있게 됐다.

그런데 컴퓨터가 솔루션을 학습한다고 할 때, 컴퓨터의 기억용량이 지난 모든 경험을 반복, 분석, 해석한다는 뜻이고, IBM이 개발한 슈퍼컴퓨터 딥블루Deep Blue는 바로 이런 방식으로 세계 체스 챔피언을 상대해 승리를 거뒀다. 이는 지나간 (경기) 상황을 섬세하게 모형화한 덕분에 가능한데, 컴퓨터 회로에서 순간적으로 다양한 상황이 동시에 재현되면서(인간의 두뇌에서는 확실히 불가능하다) 컴퓨터는 주어진 상황에 대한 일련의 대답을 선택한다. 그리고 인간 체스 경기자와 대적하는 인공지능 체스 경기자의 '지능적' 응수는 허버트 사이먼•이 지적한 대로[26] 인간의 두뇌보다 하나 나은 점으로 꼽히는 무제한 기억용량과 고성능 처리 능력 덕분이다.

• Herbert Simon(1916~2001). 의사결정 과정에서 인간의 제한적 합리성을 연구해 1978년 노벨경제학상을 수상했으며, 컴퓨터 기술을 이용해 인공지능을 개발하는 작업에 큰 노력을 기울였다.

인간 두뇌 기능을 디지털 코드화하면서 개인의 사적이고 감정적인 영역은 물론 사회관계망서비스에서 발전한 집단 정서에도 인지가 침투한다는 점을 이쯤에서 지적하고 가야겠다. 실시간으로 제공되는 정보를 활용하게 되자 착취가 시작되고 새로운 지배 메커니즘이 가동되었고, 이는 현대 공론정치가 해결해야 할 큰 도전 과제가 됐다. 동시에 디지털화된 인지활동은 곳곳에 침투해 우리를 일방적으로 복종시키는 데 그치지 않고, 복잡한 환경에서 작용하는 지성의 가능성과 단순히 복잡한 무엇으로 간주하고 넘어갈 수 없는 지성의 특성을 밝혀냈다.

인지자본주의와 그 구조적 불안정성

금융 위기가 발생하기 이전인 2002년부터 우리는 인지자본주의가 구조적인 이유로 인해 불안정하다는 점을 알고 있었다. 우선 공공재와 유사한 재화를 제조하기 위한 지식을 생산하는 데 디지털이 심각한 문제를 야기하기 때문이다. 공공재는 독특한 특징이 있는데, 등대 불빛을 비용을 낸 사람끼리만 볼 수 없듯이 배제 불가능하고, 한 사람이 소비한다고 다른 사람이 소비할 기회가 줄어들지 않아 비경합적이고, 특정인에게 영원히 양도할 수 없다. 그래서 공공재를 코드화해 상품으로 만드는 일은 언제나 까다롭고 심지어 크게 모순적이다. 요즘 시대에 지식재산권을 지키려는 투쟁이 끊임없이 이어지는 이유다. 그렇지만 자본주의는 지식재산권과 배타적 소유권 없이는 작동하기 어렵다. 그래서 이렇게 이미 존재하는 불안정 요소의 영향은 점차 커지고 있다. 1999년 서비스를 시작한 '냅스터'Napster를 둘러싼 소송은 지난 10년간 지식재산권을 꾸준히 위협했다. 2002년 관련 법이 제정되고 2004년 지식재산권에 관해 유럽연합에 회람이 돌고 '무료' 다운로드와 인터넷을 규제하려는 시도가 계속됐지만, 지식재산권 위기는 해소되지 않았다.

디지털로 인해 브랜드와 이미지 표절 가능성이 크게 높아졌기 때문에 특허권과 저작권은 물론 브랜드는 명백한 위기를 맞고 있다. 이는 불안정성을 보여주는 대표 사례이고 디지털 경제에 내재된 문제다. 디지털화된 정보를 생산하는 비용은 많이 들지만, 디지털 매체에 저장된 순간부터 종이 신문이나 책, CD, 디스크 등 아날로그 매체와 달리 복사와 복제가 간편해진다. 한계비용이 0에 가까워진다. 다시 말해 하나를 더 생산하는 비용이 거의 없다. 여기서 상품화라는 고질적인 문제가 발생한다.

디지털 혁명은 많은 것을 코드화하고 일견 예전에는 상품화할 수 없었던 것(교육을 생각해보자)을 상품화한 것 같지만, 사실상 상품화를 어렵게 만들었다. 인지자본주의의 첫 번째 모순이다.

기업에 소속되어 한 활동에 대해 대가를 지급하는 하나의 방법에 불과한 임금제도를 통해 지적 자본을 인지노동의 형태로 기업에 축적하거나 매어두기 어려워진 게 두 번째 심각한 불안정 요소다. 임금제가 위기를 맞은 것이다. 임금노동자가 종속되는 이유는 그가 노동 도구를 소유하지 못하고 어떤 재화나 서비스를 생산하려면 막대한 자본이 필요하다는 데 있다. 병원에서 일하는 외과의사가 일을 하려면 어마어마한 고정자본이 필요하다. 물론 눈부신 지적 자본을 갖고 있지만 이 자본은 국가나 민간의료기관 소유의 의료 기기가 있어야 활용할 수 있다.

그러니 임금노동자는 사전 자격 수준과 무관하게 통상적으로 고용주와 단단히 연결되어 있고, 각종 기계장비가 늘어나면 종속도도 높아지기 마련이다. 소프트웨어 개발자를 예로 들어보자. 그가 명령행을 만들었고 이를 기반으로 많은 제품이 제작됐고 물질적 상품과 서비스, 비물질적 상품 등이 작동하게 됐다. 그러기 위해서 그에게 필요했던 건 정보통신망(인터넷 서비스 가입과 인터넷 회선)과 최대 600~2500유로 상당의 노트북 컴퓨터가 전부다. 필요 자본이 획기적으로 줄어서 회사에 고용된 개발자는 마치 탁자나 도기를 제작하는 장인처럼 제품을 생산하는 기분이 든다. 생산자 자격을 요구할 수 있게 된 것이다. 그리고 이로써 임금제도의 뿌리를 흔들게 됐다. 소프트웨어 저작권에 관한 법이 직원이 설계한 소프트웨어를 과업 차원에서 제작된 회사 소유물로 간주하는 이유다. 다시 말하자면 개발자들이 아니라 마이크로소프트가 저작권을 가진다.

그런데 많은 소프트웨어 개발자가 개인 차원에서든 아니면 프리웨어를 개발한 팀의 경우에 공동으로든 지식재산권이 기업에 돌아가는 게 합당한지 이의를 제기하고 있다. 무엇보다 이 제작물은 자유롭게 이용할 수 있는 공동의 재화이기 때문이다. 리처드 스톨먼•은 물리적 상품(파일 매체 등)의 생산비용이 든다고 해도 지식재

• Richard Stallman(1953~). 1985년 비영리기관인 자유소프트웨어재단Free Software Foundation(FSF)을 설립했다.

산권을 통해 이 재화의 대가를 받아서는 안 된다고 주장했다. 소프트웨어 개발자들이 보수를 받는 근거가 되는 상품 판매에 기반한 경제 모델과 개발자들이 고안한 상품을 기업이 소유권을 갖고 이익을 독점할 수 있다는 점에 반기를 드는 입장이다.

또한 임금노동자가 자신이 한 작업을 소유하지 못한다는 점에서 그 지위에 대해 문제를 제기했다. 소유자란 노동 조건을 제공하고 임금을 지급해 임금노동자들의 노동의 생산물을 취득한 사람이다. 그런데 소프트웨어 개발자들은 점점 자기 작업의 소유권을 요구하고 있다. 그리고 이런 현상은 앞서 설명했듯이 몇몇 기업 내에서 유독 두드러졌고, 특히 마이크로소프트 등은 개발자들을 회사에 남게 하려고 스톡옵션을 부여했다. 이는 사실상 임금노동자를 생산 조건을 함께 조성하는 자본 참여자로 인정했다는 말이다. 다시 말하자면, 기본 자원이 지적 자본, 그러니까 노동자의 두뇌 능력이 됐고 디지털은 이 점을 더욱 명백하게 드러낸다는 사실을 은폐했다는 의미다.

노동력은 기계로 흡수할 수 있었지만, 두뇌를 쓰는 일, 두뇌활동의 산물은 디지털에 속한다. 그래서 다중작업이 가능하고 다기능을 갖춘 두뇌활동을 노동력으로 활용하면서 임금제도는 심각한 위기를 맞았다. 임금제도는 여전히 유지되고 있지만, 상품의 소유권을 기업에 일임한 직원의 보수를 보장하는 수단으로 여기는 면이 커졌다. 특허권이 소프트웨어에 적용되지 않고 저작권에 속한다고 인정된 시점부터 마이크로소프트 소속 소프트웨어 개발자가 자기 업무 성과가 가져온 경제적 이득이 아니라 업무 시간을 바탕으로 임금을 받아야 하는지 의문을 품으면서 이런 추세는 한층 강화됐다. 디지털 시대를 맞아 스핀오프와 스타트업이 꽃핀 것도 이 때문이다. 컴퓨터 과학자들은 독립적으로 자리 잡아 상품을 개발하고 독자적으로 판매하면서 한때 적을 두고 직원으로서 일괄적인 임금을 받던 대기업에 도전장을 내밀기 시작했다.

디지털 재화가치의 구성적 불안정성

셋째 요인은 정보 재화가 제작 비용 때문에 고가로 여겨지기도 하고 공공재라는 지위 때문에 별다른 가치가 없다고 여겨지기도 한다[27]는 점이다. 이런 특성은 문화산업으로 생산된 디지털 재화의 가격 체계 전반을 흔들었다. 그때부터 점점 더 많은 기업이 무와 무한 사이의 가격대에 있는 제품을 내놓았다. 기업이 무료(혹은 저가) 상품의 유혹에 흔들리면서 하드디스카운트(초저가) 상점이 폭발적으로 부상하고 무료 제품이 대량 유입되었고, 경제학자들은 디지털화로 탈물질화하는 경제의 실질적인 변화와 연결해 해석하려는 생각은 하지 못한 채 이런 비정상적인 경향에 불만을 표시했다. 이는 물론 이전보다 강력한 독점적 위치를 차지하려는 노력이다. 디지털산업과 문화산업은 원하든 원하지 않든 이원화 체계에 속하게 됐다. 한쪽은 홍보용 무료 표본층보다 넓은 공공 접근 부문이고, 다른 한쪽은 미디어 괴물인 머독이나 프랑스의 경우에 시청률 40퍼센트, 광고시장의 60퍼센트를 점유한 방송사 TF1 같은 독점 부문이다.

이 점은 추가적인 불안정 요인이다(창작 버블의 형태로 작동한다고 평할 수 있겠다). 사실상 기존의 경쟁 체제는 다소 조악하기는 해도 새로운 인재와 기업이 등장할 수 있었지만, 이제는 그 싹도 피우지 못하게 됐는데 대형 문화 사업체가 점점 더 까다롭게 방송 채널을 관리하기 때문이다. 주류 미디어는 시장을 조금도 잃고 싶지 않아 한다. 그렇다고 디지털 기술과 겨뤄 때때로 뼈아픈 패배를 겪지 않는 것은 아니다. 애플사와 경쟁하면서 어제는 아이팟, 오늘은 아이폰에 졌고 아마도 내일은 콘솔/텔레비전/컴퓨터 겸용 태블릿PC인 아이패드에 질 것이다. 애플의 경제 모델은 소유권을 놓지 않으면서도 연관 상품을 판매하는 유일한 창구로서 무료 플랫폼을 제공해야 함을 파악했을 만큼 영리했다. 주류 미디어는 법리적 측면에서 냅스터, 그록스터Grokster, 그누텔라Gnutella, 카자Kazaa를 상대로 이겼지만, 아이튠스iTunes와 뒤이어 등장한 구글에는 지고 말았다. 그러니까 음원 단위 판매와 예전에는 들을 생각도 하지 않던 요금제를 받아들일 각오까지 하면서 협상 조건을 파격적으로 양보했다. 하지만 아이튠스가 시장을 장악하고 저작권 없이 음원을 배포할 태세를 취하고 있음을 깨닫고 아이튠스의 규칙을 수용했다.

아직은 초기 단계에 불과하다. 디지털로 접근할 수 있는 음악의 목록은 무한대로 늘어날 것이다. 자체 유료 웹사이트를 구축하려는 주류 미디어의 시도는 실패했다. 시장 작동의 측면에서 기존의 가격 정책은 무너졌고 교통이나 식품 산업에서는 저가 모델이 폭증하고 있다. 상품 가격을 매우 낮게 제시하고 구독이나 소모품(리더기, 주변기기, 부속품, 간단히 말해 파생상품[28]) 매출에서 수익을 내는 게 목표기 때문이다. 잉크 카트리지보다 저렴한 프린터나 하드웨어(전화기) 대신 약정과 가입 기간에 따라 과금하는 통신사 요금제 정책과 마찬가지다.

이제는 불안정한 시스템

그러면서 제품의 생애 주기가 급격하게 짧아졌다. 흑백텔레비전의 사례가 그렇다. 모든 가구가 흑백텔레비전을 설치하는 데 20년이 걸렸지만, 컬러텔레비전은 7년밖에 걸리지 않았다. 새로운 발명품, 특히 휴대전화의 보급 속도는 무서울 정도다. 상품 생애 주기 단축은 끊임없는 혁신이 기업을 매우 불안정하게 하기 때문에 문제다. 과거에 기업은 20년 동안 유효한 특허권으로 기술의 독점적 이용을 보장받았다. 그렇지만 이제 정보기술 순환 주기가 3년 단위로 갱신되는 신제품으로 대체됐다. 이로 인해 상품의 생애는 더욱 짧아졌다. 혁신 주기가 중요해지고 이것이 불안정성을 유발시켰다. 경쟁 이론으로 해결되리라 보이는 요인도 있다. 새로운 요인은 지식재산권, 특히 특허권을 적용하는 데 디지털이 미치는 영향과 연관됐다. 정보통신 분야에서 요즘 15년 독점 특허권은 의미가 없는데, 운영시스템과 정보저장 용량이 3년 안에 바뀌기 때문이다. 그리고 이것은 시작에 불과하다. 무어의 법칙에 따르면 18개월마다 컴퓨터의 처리 용량과 정보저장 용량이 대략 두 배로 증가하며(엄청난 일이다!) 이는 지난 30년간 입증됐다. 실리콘 소재 마이크로칩에서 원자 내부에 정보를 저장하는 시대로 넘어가면 정보저장

용량이 인간 두뇌의 뉴런과 비슷한 수준으로 커질 것이다. 그러면 두뇌 일부에서 처리되는 신경 연결과 정보 교류와 맞먹는 용량을 저장할 수 있는 컴퓨터가 등장할 텐데 혁신적인 사건이 될 것이다.

가속도가 붙은 기술 진보의 모든 요소는 기존 특허권, 저작권, 영업비밀보호제도를 지극히 예측 불가능하게 하고 위험에 노출시킨다. 전 세계에서 가장 자본주의적인 회사인 구글을 생각해보자. 구글은 그 자체로도 물론 적지 않은 고정자본인 컴퓨터 30만 대와 직원 1만 2000명, 무엇보다 샘이 날 정도로 철저히 감춰진 알고리즘으로 운영되고 있다. 이 영업 비밀이 누설되었다고 가정해보자. 컴퓨터 30만 대는 많긴 하지만 컴퓨터 가격과 용량, 감가상각을 고려하면 넘지 못할 벽은 아니다. 그렇다면 구글이 직원 의존도가 얼마나 높은지, 인류 진보라는 사명을 중심으로 얼마나 견고한 합의를 유지해야 하는지 짐작할 수 있다.

영업비밀과 특허권, 저작권, 게다가 상표권도 놀랍도록 취약해졌다. 게다가 전 세계적 지식재산권 체제는 타협안을 찾지 못할 정도로 허술하다. 진정한 생산의 주역이자 진짜 생산 주체는 인지 노동자, 케어 서비스 제공자, 리처드 플로리다가 창조계급이라고 부르는 이들이다. 그들은 2단계 비물질 경영에서만 활용된다. 2단계에서 제공하는 서비스를 고려해 1단계에서는 보통 이 계급을 건드리지 않는다. 다시 말해 저녁을 어떻게 해결할지 고민하지 않아도 된다. 그들은 건축가 사무소나 언론사에서 일한다. 창조계급은 창의력을 발휘하고, 마르크스가 말하는 의미의 기존 노동력으로는 활용되지 않는다. 그러나 고전주의 경제 모델만 떠올리고 이 계급의 생산자로서의 역할을 인정하지 않아서 사회권과 사회보장제도, 종업원대표제도 등이 아직 실질적인 절충점을 찾지 못했다. 이 절충점은 임금노동제도 중에서 여전히 고전적 노동의 강압적인 관행이 철폐돼야 도달할 수 있으리라 충분히 예상할 수 있다.

2007년까지 반복적인 금융 위기는 이런 불균형이 표출되는 시간이었다. 2007년 여름 발발한 금융 위기는 단순히 인지자본주의와 관련 규제의 확대뿐만 아니라, 인지자본주의와 인지와 무관한 모든 것 사이에 존재하는 대립을 논의 대상으로 부각시켰다. 오바마 대통령 당선과 석유재벌과 군산복합체의 이익을 따른 조지 W. 부시 대통령 시대의 종말은 클린턴 대통령이 시작한 미국의 인지산업 특화 프로젝트를 부활시킬 것이다. 체제에 영향을 미치는 세계적 차원의 대립이 좀 더 분명하게 드러나고 있다. 인지자본주의의 어떤 부분은 기본적으로 물질 노동을 대대적으로 중국과 인도에 이전시키는 것을 전제한다. 그런데 환경 문제 때문에 이런 체제는 더 이상 존속하기 어렵다. 우선 남반구 나라가 세계의 공장 역할에만 머물려고 하지 않을 것이다. 정부 차원에서 만족할지라도 해당 국가 노동자들이 사회적 소요를 일으켜 변화를 꾀할 것이다. 그리고 남반구 나라가 최신 기술을 습득한다면 저비용 저부가가치의 공장 역할에 만족할 리가 없을뿐더러 북반구 나라의 쓰레기통으로 남고 싶을 리가 없다. 중국과 미국 사이에 형성된 설명하기 어려운 관계, 경제사학자 퍼거슨의 표현을 빌리자면 차이메리카는 중국의 무역 흑자와 미국의 적자 폭을 줄여 제도를 정비하는 계기가 되었을 대위기로 균형을 회복하는 일을 불가능하게 했다. 미국의 추락은 곧 중국의 추락을 유도하기 때문이다. 1990년대부터 가시적으로 시작된 이런 흐름은 21세기 초 10년 동안 한층 심화됐다. 따라서 세계 체제의 불안정성은 구조적 요인이라고 결론지어야 한다. 이 불안정성은 인지자본주의의 선봉이라서 자연히 전 세계 자본주의의 최전선에 있는 미국과 세계의 공장인 중국 사이에 무척 견고한 상호의존성에서 비롯되었기 때문이다. 이 상호의존성에 인지자본주의의 내재적 갈등이 덧붙는데, 이를 인지자본주의와 산업자본주의 간의 마찰과 혼동해서는 안 된다. 노동 관계에 관한 새로운 제도적 타협안, 그러니까 임금노동제도의 돌연변이가 등장해야만 고질적인 위기를 해결하고 경제 성장이 재개될 수 있을 것이다. 금융 위기의 모든 측면을 돌아봤으니 이제 질문을 던질 시간이다. 앙드레 고즈•가 2007년 여름을 몇 달 앞두고 기고한 글에서 선언했듯이 "이미 자본주의에서 벗어나기 시작했다"[29]라고 생각하는지 말이다.

• André Gorz(1923~2007). 프랑스의 사회철학자이자, 정치생태학의 선구자로 정치 문화와 경제적 기반의 변화를 통한 사회의 생태적 재건을 주장했다. 노동에서 해방되어야 시간에서 해방되고 자기주도적인 활동이 가능해지리라고 보고 기본소득 도입에 찬성했다.

4

플랫폼 자본주의 시대,
공정·공생의 패러다임을 찾아서

산업자본주의가 한 세기에 걸친 좌충우돌 끝에 우리를 노예자본주의로부터 벗어나게 하고 풀어준 것처럼 인지자본주의에는 이전의 자본주의 형태보다 구속을 풀어주고 해방시키는 측면이 있다. 인지자본주의는 근본적으로 산업자본주의의 질서를 파괴한다. 가장 보편적인 노동 형태인 임금제가 더는 표준이 아니고 부의 배타적 소유가 더 이상 사회·경제적 생활의 알파와 오메가가 아닌 세상이 도래할 가능성을 한층 높이기 때문이다. 그리고 무엇보다 자본주의 자체가 전 세계적 차원에서 확산시킨 심각한 모순으로부터 벗어날 실마리를 제공한다. 눈부신 성장기였던 2000년대 중반, 우리는 이 점을 인식하지 못하고 그저 인지자본주의가 가급적 신속하게 산업자본주의 논리를 대체하기를 바랄 수밖에 없었다.

무게추 역할을 하는 정치사회적 합의의 부재와 한층 심각해진 환경 위기 등 최근 새로이 등장한 자본주의의 모순으로 금융 위기가 큰 규모로 발생하면서 완전히 잊었던 가능성을 수면 위로 부상시켰다. 자본주의가 역사적 기로에 섰을 가능성이다. 그런 점에서 현 상황은 마르크스주의자들이 많이 개입하지 않았다고 하더라도 믿을 수 없이 마르크스주의적이다. 자본주의가 다른 길로 접어든다면 급진적인 사회 변화가 새롭게 일어나리라 기대해볼 수 있기 때문이다. 이 변화는 전쟁 없이 도입하는 새로운 뉴딜 정책이 될 수도 있고, 아니면 훨씬 혼란스러운 과정이 될 수도 있을 것이다.

가능한 것의 재개

베를린장벽의 붕괴와 톈안먼 사건 발생으로 시장자본주의는 인류가 넘어설 수 없는 지평선으로 여겨졌다. 독일민주공화국이 사라지고 소비에트사회주의연방이 해체(정확히는 식민지 해방)되면서 현실사회주의는 심각하게 타격을 입었다(폴란드와 독일, 헝가리에서 발생한 폭동이 소련이라는 투우 소에게 창과 작살을 찌르기 시작했다). 그러나 결정타가 된 투우 검은 자본주의를 도입한 공산주의 중국이다. 영국 사회학자 앤서니 기든스나 토니 블레어식의 영국 사회민주주의에 유럽 사회민주주의가 결과적으로 승리를 거뒀다고 해도 오래가지 못했다(에두아르트 베른슈타인처럼 "목표는 아무 의미 없다, 행동이 전부다"라고 말해볼 수 있겠지만!). 레옹 블룸Léon Blum 총리가 말했던 '오래된 집'은 더 이상 특별한 의미가 없다(사회민주당들은 공산주의 인터내셔널이 제시한 가입 조건 스물한 가지를 거부했다). 공산주의 정부는 고삐 풀린 시장자본주의와 합이 꽤 잘 맞았지만, 민주주의를 지향하는 좌파가 세계화된 시장과 맺은 관계는 여전히 비스마르크와 자본주의 대기업 사이보다 못했다.

본질적으로 앙드레 고즈와 비슷하게 생각해볼 수 있는데, 그는 위대한 혁신적 개혁주의자들(대대적인 변화를 이끌어내고 시장과 자본주의에도 불구하고 사회를 살 만한 곳으로 만든 이들)의 도발적이지만 성숙한 사상을 차용해 자본주의에서 이미 벗어나기 시작했다고 했다. 역사적인 굵직한 사건이 언제나 팡파레를 울리거나 번듯한 명함을 들이밀며 등장하는 건 아니니 그의 말도 일리가 있다.

요즘에는 "자본주의를 구해야 한다"는 내키지 않는 목소리뿐만 아니라 "자본주의를 무너뜨려야 한다"는 주장도 쉽게 접한다. 친절한 유토피아에서나 일어날 법한 일이 현실에서 가능해진 것이다. 이 가능성은 동명의 정당보다 훨씬 먼저 사그라든 사회주의와 더 이상 별로 관련이 없다. 철학자 베르나르-앙리 레비Bernard-Henri Lévy가 거침없이 지적했듯이 문제는, 뒤늦게 제기됐다고 하더라도, 반파시즘과 반인종주의와 반전체주의를 세 축으로 하는 변화의 희망을 줄 수 있느냐다. 이 삼위일체를 비난하지만 말고 공화국과 민족국가처럼 역사의 뒤안길로 흘려보내야 하는 것은 아닐까? 간단히 말하자면 이 세 가치는 더 이상 좌파 사상을 문학적 향수로 전락시키지 않고 정치·경제적 혁신 방안을 강구하게 하는 데에 아무 쓸모가 없다. 급진적이거나 혁명적인 사상을 기나긴 교조적 잠에서 깨울 시간은 오지 않을 것이다.

1990년대에는 무척 애매하게 진행되었던 새로운 실험을 해볼 가능성이 돌아왔다고 생각할 수도 있다. 그러나 지난 20년간 신자유주의는 지속되었고 금융 위기도 평균 3년마다 반복되었다.

무함마드 유누스•의 사회적 기업을 예로 들어보자. 사회적 기업에 대한 여러 비판 중에 주목할 것이 있다.[1] 그런 비판은 마르크스 시절, 1848년 혁명이 실패한 뒤 로버트 오언Robert Owen의 협동조

• Muhammad Yunus(1940~). 방글라데시의 대학교수이자 은행가로 그라민은행을 설립해 빈민들에게 무담보 소액신용대출을 제공하는 운동을 펼쳤다.

합 등 공상적 사회주의와 공산주의 실험에 쏟아진 비판을 연상시킨다. 당시 이 실험은 자본주의라는 숲에서 시선을 빼앗는 나무와 같다고 여겨졌다. 더 심하게는 제국주의 포함砲艦보다 언제나 앞서 진출하는 선교사들처럼 자본주의적 상업화를 예고하는 정찰대로 비난받기도 했다. 오늘날에는 사회연대경제Social and Solidarity Economy(SSE)* 가 이런 비판을 받는다. 사회연대경제는 사회적 위기의 완충재 역할을 하면서 자본주의가 더 많은 돈을 벌 수 있는 분야를 찾도록 돕는다고 비난받았다. 인도나 방글라데시 등에서 사회적 기업은 활성화된 사설 소액신용대출(마이크로크레디트, 무담보 무보증 소액대출제도)이자 통상적인 자본주의 조절 인자로 받아들여질 수 있다. 1880년부터 지금까지 자본주의를 규제해온 공공 부문이 자본주의가 생존할 가능성도 함께 제공한 것과 마찬가지 상황이다. 프랑스가 국내총생산의 31퍼센트, 독일이 30퍼센트를 사회지출에 할애하는 점을 보면 어찌 되었든 자본주의는 생산 수단의 사회화에도 살아남았다. 사회적 기업의 모델이 된 사회연대경제도 한계가 있다. 앞서 열거된 비난에 더해 실현 가능성이 없다는 반론도 있다. 금융 위기로 각종 기금(연기금, 헤지펀드, 보험기금)이 보유한 금융자산의 가치가 3분의 1이나 감소했기 때문이다. 시장에서 쉽게 돈을 불리거나 정부에 무한대로 자금을 빌려주는 시대는 막을 내렸다. 예금을 유치하는 수신업무와 투자은행의 투자업무가

* 사회적 이익을 목표로 한 다양한 경제활동으로 단순히 경제뿐만 아니라 사회, 환경, 정치, 공동체 등 전반적인 분야에 걸쳐 이뤄지는 활동을 포괄적으로 일컫는다. 또 사회적 기업은 사회적 목적을 추구하며 영업활동을 펼치는 기업을 말한다.

엄격히 분리되면서, 다시 말해 은행의 유동성을 재확보하려는 예금 유치 경쟁으로 금융 거품이 커지는 상황에서 소액신용대출이 활성화될 수 있었던 여지가 사라지고 있다.

급진적 개혁주의 혹은 혁명?

연대경제, 소액신용대출, 중앙 통화에서 벗어난 지역(지역통화제●)은 결국 그저 '자본주의적 생산에서 발생한 부수비용'에 불과한 게 아닐까? 여러 실험으로 충분하지 않았고 심지어 착오로 밝혀지기도 했다. 혁명주의자들은 실험의 취약점을 지적하며 급진적인 단절을 통해 자본주의 체제를 혁파해야 한다는 논리를 편다. 제1인터내셔널(국제노동자협회)에서 제기된 이 오래된 주장은 (1987년 세상을 떠났지만 영향력이 컸던) 프랑수아 파르탕[2]과 세르주 라투슈[3] 등 지속적 탈성장 이론가들과 함께 다시 등장했다. 생태주의도 급진적인 단절을 추구하는 사상이다. 근본적인 지점을 공략한다는 면에서 급진적인데, 생산제일주의 모델과 완전히 단절해야 한다고 주장하기 때문이다. 생태주의 관점에서 우리는 생태계에 보탬이 되지 못할 뿐만 아니라 생태계를 파괴하지 않는 방법, 특히 생태계 보호라는 우선 과제를 경제활동의 중심에 두는 방법을 여전히 제대로 깨닫지 못하고 있다. 그러므로 생산활동이 생산 자체는 물론

● 전통적인 화폐경제체제에 대안적인 교환경제체제다. 특정 지역 내에서 회원 간에 통용되는 가상화폐를 지역통화라고 하고, 지역통화제는 이들 회원 간에 가상화폐를 통해 물품이나 서비스를 교환하는 제도를 말한다.

다가올 삶의 터전을 파괴한다면 모든 생산을 중단하고 어떤 행위도 그만두는 편이 낫다. 예방 조치를 터무니없는 소심함에서 비롯된 얼토당토않은 관념론으로 폄훼하지 말고 복잡한 문제를 다루는 데에 불가피한 원칙으로 여겨보자.[4] 생태주의자든 전통적인 의미의 혁명주의자든 자본주의 사회와 단절을 앞세우는 이론가들은 자본주의를 타파해야 한다고 주장한다.

그렇지만 명백해 보이는 이 주장은 심각한 장애물에 부딪힌다. 자본주의의 재기 능력을 얕잡아봤기 때문이다. 자본주의의 역사는 바로 이 능력을 입증해 보였다. 그리고 자본주의가 이 능력을 상실했다고 말할 수 있는 근거는 아무것도 없다. 『공산당 선언』의 저자 마르크스도 말년에 주식회사의 발전에 관심을 기울이면서 자본주의의 생존 능력을 이미 간파했다. 파리코뮌 봉기의 근간이 된 공산주의는 비스마르크식 정치체제를 발전시켰고 제3공화국에서 국민이 사회적 권리를 획득하게 했고 기업의 주요한 법적 형태를 변화시켰다. 주식회사는 개인 재산이라는 개념을 와해시키고 이를 사회적 재산으로 보이는 회사의 자산으로 탈바꿈시켜, 이어진 반세기(1871~1914) 동안 대규모 독점기업과 다국적기업이 국민의 저축에서 자본을 끌어모아 설립되는 계기가 되었다. 마지못해 한 시도였다고 하더라도 개인 재산을 제도화함으로써 현실적으로 생산수단의 사회화는 돌이킬 수 없는 일이 되었다. 시장자본주의는 정부와 시민사회가 혼합된 형태를 띠었고, 그러면서 마르크스가 대의민주주의를 두고 우려했던 점, 그러니까 1644년부터 1660년까지 영국 혁명(청교도혁명과 명예혁명) 당시 평등주의나 부의 균등 분배 운동보다 존 로크John Locke의 부르주아 사회 옹호 기조에 더 근거했다는 문제를 고스란히 안게 되었다. 유독 예측 불가능한 혁명이 빈번하게 일어나는 프랑스에서도 자본주의는 안위를 보장해줄 사회적 기반을 찾으려고 꾸준히 노력했을지 모르겠다.

아마도 틀림없이 그랬을 것이다. 오늘날 소득 대부분이 금융상품에서 나오는 사람들이 많아서 증권거래소를 폐장하겠다거나, 연금과 사모펀드 등 일부 금융기관의 이자율과 세율이나 거래를 규제하겠다고 협박해도 관계인 극소수(10퍼센트)와 국민의 압도적 다수를 대립시키지는 못한다. 중부유럽 국민 중 절반에 약간 못 미치는 이들이 자택을 소유하고 있다. 자가 주택과 임대 주택 간 비율은 대의민주주의 제도 아래에서 거의 비슷한 수준으로 40퍼센트 대 45퍼센트 정도고, 오차 범위는 다소 애매한데 사람들이 망설이기 때문이 아니라 당시 실제 자금 상황에 따라 결정되기 때문이다.

주택 보유 여부는 접어두고 자본주의 체제에 더 '위협'적인 재산 형태에 집중해보자. 바로 자본으로 전환해야 가치가 창출되고 연간 최저수익률 15퍼센트대를 유지하도록 기여하는 자산의 보유다. 이런 분할은 국내 차원에서 이뤄지지만 전 세계적 차원에서도 가능하다. 유럽 대륙에서 미운 오리 새끼로 치부되는 연기금 제도가 좋은 사례다. 일본 공무원과 미국 캘리포니아주 공무원과 노르웨이 공무원들 등 금융업계의 큰손들은 안락한 노후를 보장받기 위해 세대간 분배라는 혜택(부끄럽게도 적은 액수임은 차치하고)이 없는 범주의 사회보장기금에 출자한다. 그런데 이 연기금(미국만이 아니다!)들은 프랑스 파리 증시의 CAC40 지수*에 포함되는 굴지의 대기업뿐만 아니라 전 세계 산업의 핵심 기업들 다수의 자본을 상당 부분 보유하고 있다. 성장세를 보이는 기업 경영자들만이 단순히 눈앞의 수익을 늘리려는 목적으로 투자수익률 15퍼센트를 달성하라는 얼토당토않은 주문을 하며 노동자와 임직원들을 압박하는 게 아니다. 중부유럽 국가 중산층의 연금이 아니라고 부인하기 어려운 국채에 투자하지 않았다면, 부유한 금리생활자들이 프랑스 직종간 최저성장임금Smic을 5000년간 모은 금액에 달하는 급여와 인센티브를 손에 쥔 이유를 설명하기는 어려울 것이다. 그런데 보조금 지급 대상인 암소나 양과 비교해 그 절반의 돈으로 하루를 버텨야 하는 200만 명의 사람들이 있고 그런 지역은 보통 방목에 적합하지 않아서 먹을거리를 구하려고 자연히 열대우림을 훼손하고 동식물상에 피해를 준다는 사실에 이들 중산층은 또 무관심하다! 끝을 모르는 국제주의가 팽배한 상황에서 산업노동자가 또다시 연금과 일자리 문제에 직면하는 현실을 방치할 수 없기에 사회적 계급 혹은 계층(뭐라고 부르든) 간 연대의 문제는 다루기 까다롭다. 레닌이 노동귀족에게 퍼부은 비난은 전 세계적인 지대 납부 구조의 진면목에 비해 꽤 온건한 편이다. 그 점에서, 특히 단절 이론가들은 부유한 '국민'의 지지를 체계적으로 구축하고 매일 갱신하는 자본주의의 저항력과 적응력을 저평가했다.

이 날선 비난은 인지자본주의도 간과했는데, 인지자본주의는 앞서 설명한 대로 이미 전통적인 생산이라는 '1차 단계'에서 꽃가루

• 프랑스의 대표적인 주가 지수로, 40대 우량종목을 대상으로 산출해 발표한다

받이라는 '2차 단계'로 이동했다. 간단하게 그 이유는 경제적 부 창출이 가능해서 꽃가루받이가 더 많은 돈을 벌 수 있을 뿐 아니라, 자본주의가 생시몽처럼 자신들만의 이상주의를 생산하는 신흥 생산계급의 마음을 유혹하며 서핑하는 파도가 밀려오는 곳이라는 데 있다. 그런데 새로운 부, 즉 전유할 수 있는 경제적 가치를 창출할 가능성을 언급하는 사람들은 신흥 엘리트를 포섭할 능력을 갖추고 새로운 중재안도 제시한다. 이 두 가지 이유로 일반적인 자본주의의 종말을 고하기에는 다소 이르다.

그렇다면 냉소적이고 현실적인 비관주의에 빠져야 하는가? 전혀 그렇지 않다. 급격한 단절을 지지하는 이들이 자본주의의 지성이라는 벽에 부딪혔다면, 자본주의는 지성의 벽에 부딪혔기 때문이다. 정직함도, 숭고한 도덕도, 섬세한 윤리도 아니고 바로 지성이다. 산업자본주의는 위대한 영혼 외에는 적수가 없었기에 전혀 크게 걱정하지 않았다. 산업화의 전 세계적인 합리성과 시장을 대체하는 대규모 협력 측면에서 산업자본주의와 현실 이해력을 겨루던 사회주의와 공산주의 모델이 가장 끈질긴 적이었다. 꽃가루받이와 복합적인 상호작용으로 유도하는 자본주의는 자유롭게 펼쳐지는 인간의 지적 활동에 기반하고 있다. 그렇기에 자본주의는 내적 한계에 부딪힌다. 이 한계를 넘나들고 확대하면서 새로운 지적 정치를 세울 수 있을 것이다. 갈 길이 멀다.

꿀벌의 생존과 정치경제의 꿀벌 되기

어제의 금융 위기부터 오늘의 재정 위기까지, 복잡한 세상에서 이미 시작된 생산방식의 변화 그리고 우리 눈앞에 닥친 환경 중심 체제로의 전환 사이를 두루 살펴보면서 무엇을 배울 수 있을까? 바로 인간의 인지적 꽃가루받이와 인간을 포함하는 지상의 모든 생명체에게 필요한 자연의 꽃가루받이다. 실제 생태계에서 꿀벌은 생존을 위협받는데 인간이 개미나 매미보다 꿀벌이 되고 누스페어noosphere• 에서 꽃가루받이를 하라고 독려하는 게 일견 의아할 수 있다. 그러나 이는 과거 자본주의가 보여준 두 가지 역사적 현실인 인간적 범용함과 상상하기 힘든 난폭함에서 한결 발전된 문명을 쟁취해낸 것이다. 정서적 자원은 넘쳐 나지만 천연자원은 점차 고갈되는 세계에서 효율성을 확보하는 요건이 인간 활동의 변화라는 점은 역설적이다. 복잡한 세상에서 생산 효율성은 필요하고 불가피하다. 조지 오웰의 소설 『1984』에 이어 영화 《마이너리티 리포트》에서 분명하게 보여줬듯, 공간과 자연, 기억과 삶, 더 나아가 공감과 상호작용을 압도적으로 지배하려고 하기 전, 그러니까 상업 자본주의 시절만큼 화려하지 않더라도 좀 더 평범하면서 한계가 분명한 세 번째 도약을 자본주의가 시도할 가능성을 제공하기 때문이다. 하지만 그러려면 얼마간의 겸손과 지혜가 요구된다. 금융가들에게서 찾아보기 힘든 덕목이다. 위정자들에게서는 더욱더 그

• 정신noo과 시공간sphere을 결합한 단어로 집단지성이 가상 공간에서 이루어가는 인류 통합의 세계를 말한다. 프랑스의 신학자인 피에르 테야르 드샤르댕의 글에서 차용한 표현이다.

렇다. 자본주의의 정수인 국제 시장금융은 12세기 교회를 떠올리게 할 정도의 권력을 손에 넣었다. 군주든 제왕이든 공화당원이든 정치인들은 교회 권력을 축소시키는 데 수 세기가 걸렸다. 하지만 1789년 법관과 부자가 손잡았던 것처럼 오늘날에는 정계와 고위 관료들이 재계 거물들과 공고하게 결탁했다. 그래서 공공의 경제적 이익에 복무하는 권력과 '비즈니스'로 불리는 수익 추구의 명확한 분리는 헤라클레스의 과업,• 그중에서도 아우게이아스의 크고 더러운 외양간 청소에 비할 수 있다.

디지털 꽃가루받이와 기여경제는 탈중앙화, 더 나아가 권력의 중심 이탈을 전제하지만, 이는 권력자들이 반기는 소식이 아니다. 현 상태의 정치경제는 한 세기 전부터 권력을 행사하는 이들을 섬겨왔고, 이렇게 비굴한 탓에 상황을 제대로 분석하고 창의적인 신新모델을 제시하지 못했다.

기여와 꽃가루받이 경제의 도래를 막는 장애물은 전통적인 정치경제만이 아니다. 르네상스 이후 정치라는 이름으로 구축돼온 것은 자연스레 꽃가루받이로 이어지지 못했다. 그런데 꽃가루받이 정치가 실질적으로 미칠 영향은 무엇일까?

• 제우스의 외도로 태어난 헤라클레스는 헤라의 미움을 받아 발광하던 중에 아내와 자식을 자기 손으로 죽인다. 델포이 신탁은 헤라클레스가 그 죄를 씻으려면 미케네와 티린스의 왕 에우리스테우스가 시키는 과업 열두 가지를 수행하라고 전한다.

우선순위: 꿀벌이 꽃가루받이를 하게 하라

브누아 망델브로•가 신랄하게 비판한 바대로, 대형은행 증권 거래소에서 사용되는 금융 수학은 프랑스 수학자 루이 바슐리에Louis Bachelier[5]가 원자의 브라운 운동••을 설명하려고 고안한 모델을 활용한다. 공기 중 꽃가루의 움직임도 특성이 같다고 최근 밝혀졌다. 그렇다면 시장금융의 기이한 성과도 납득이 간다. 시장금융은 꿀벌처럼 꽃가루 주위를 맴돌면서 금융가들이 냄새 맡은 꽃가루를 찾는데, 형태가 아무리 고도화되더라도[6] 현실화된 이익의 총합이 아니라 가치를 포착하기 위해서는[7] 꽃가루의 흔적을 추적해야 함을 본능적으로 이해하기 때문이다. 시장금융은 꽃가루받이가 무엇인지 제대로 이해하지 못한 채 그 흔적을 좇기 때문에 꿀벌과는 전혀 다르다. 다시 말해 시장금융의 반사회적 특성은 탐욕(매번 참신한 원인인 듯 제기돼 언제 어디서나 비난을 받지만, 『성경』에도 황금소 이야기가 등장하듯 엄청나게 이야기되었다)뿐만 아니라 근본적인 이론적 오류에서 기인한다. 부가 형성되는 실제 기원을 오해했기 때문에 시장금융은 반사회적이다. 부가 기업 내부는 물론 유통 과정에서 주로 형성되기 때문에, 금융은 산업계의 '생산자'들보다 이해가 빨랐다. 하지만 금융은 부를 신용에 기반한 금융상품의 유통으로 여겼다. 과격하게 말하자면 (경제활동과 노동에 대한 앙시앵레짐의 오만함을 설명하는) 금융의 이론적 오류는 긍정적 외부효과•••의 역할을

• Benoît Mandelbrot(1924~2010). 폴란드 태생의 프랑스-미국 수학자로 프랙탈 이론의 아버지로 알려졌다.

•• 1827년 로버트 브라운Robert Brown이 발견한 것으로 액체나 기체 속의 미소입자들이 불규칙하게 운동하는 현상을 말한다.

단 하나의 관점에서만 보려 했다는 점이다. 금융은 부의 생산은 신경 쓰지 않고 채집에만 의미를 뒀다. 시장금융은 제대로 된 부의 영역(인간의 꿀이나 밀랍이 아니라 꽃가루받이)에 있으면서도 여전히 구석기시대에 머물러 있다. 구석기시대처럼 수렵과 채집, 주어진 '기회' 포착에만 몰두하고 누스페어 생태계에서 생산하지 않고 제 배 불리기에 바쁜 포식자 역할에 투신했다. 신대륙을 발견한 콘키스타도르들(에스파냐 정복자)처럼 금융은 자기가 어떠한 외부효과를 불러올지 알지 못했고, 보살피지도 않으면서(적어도 양봉업자라면 무슨 의미인지 눈치챘겠지) 인간의 꽃가루받이 활동이 낳은 수확물을 게걸스럽게 먹어 치울수록 줄어드는 이윤에 의지해 살았다.

인간의 꽃가루받이로 생산을 하려면 벌통을 설치하고 보호해야 하고, 벌들이 다양한 방식으로 꿀을 채집할 수 있는 밀원식물이 필 수 있는 휴경지가 필요하다. 자연에서는 꿀벌이 생존하도록 (프랑스의 유명한) 살충제 레장, 가우초, 크루저 등의 사용을 금지하고 친환경적이지 않은 비료 사용을 줄여 생물량을 유지하도록 해야 한다. 가공식품은 유전자변형 농산물GMO과 플라스틱에 함유된 무수한 화학 분자가 장기적으로 초래할 파장에 관해 보다 엄격한 관리와 연구가 필요함을 매일 역설한다. 인간의 꽃가루받이를 방해하는 가우초와 레장, 크루저는 편집증적인 위계 중시 문화, 불안정한 일자리로 인한 정서적·물리적 고통, 성과 스트레스, 비생산적인

••• externality. 시장 가격이 책정되어 있지 않아서 경제적 결정을 하는 데 반영되지 않는 경제활동의 결과를 말한다. 기업의 연구개발과 같은 긍정적 외부효과와 공해 같은 부정적 외부효과로 구분한다.

직원 압박, 길들이기용 4대 보험 가입 거부 등이다.

인간의 꽃가루받이는 먹고 자고 추위를 피하는 생존 욕구와 더불어 성욕, 가족의 품에서 성장하고 사람들과 연결되고 사랑받고 싶은 사회적 욕구가 충족되는 풍요로운 사회에서만 이뤄질 수 있다. 그렇지 않은 곳에서 인간은 사회성을 잃고 먹기 위해서만 다른 생명을 해하는 동물보다 훨씬 야만적인 존재가 된다. 생명에 대한 존중심을 잃는 것이다. 자발적인 협동에 흥미를 잃고 억압에만 마지못해 복종한다. 인간성을 상실한다. 다양한 이교 종파와 20세기 수용소 등은 이 점을 제대로 보여준다. 꽃가루받이는 사회적 안녕을 위한 공권력이 강한 사회가 아니라 일정 수준 이상의 문명을 갖추고 사회도덕이 안정된 사회를 전제한다. 살기 좋고 천적이 적은 환경에서 사는 꿀벌은 제대로 꽃가루받이를 한다. 살인벌(아프리카화 꿀벌)이 들어오면 꽃가루받이를 방해하거나 심지어 못하게 한다. 마찬가지로 성과나 효율에 대한 압박은 사회의 기능을 망가뜨린다. 가령 야생 꿀벌은 꿀 생산량과 꽃가루받이 활동량이 적은데, 곰이 습격하거나 해충이나 기생충에게 당할 위험이 있어서 훨씬 취약하다는 말이다. 인지활동도 마찬가지인데, 삶이란 단연 인지활동으로 대표되기 때문이다. 사실상 인생은 주위 환경에 대한 인식과 학습이며 환경에 지적인 방식으로 반응하는 능력의 습득으로 정의할 수 있다. 다윈주의 이론은 환경 변화와 삶의 재생산에 반응하는 지속적 혁신 없이 진화를 이해할 수 없다는 사상이다. 살아남은 것은 새로운 사건이 발생하는 복잡한 환경에서 적응하고 탈바꿈한 결과이다. 이 생태계를 강자의 법칙으로 설명하는 것은 부정확할 것이며, 게다가 이건 다윈의 견해도 아니다. 가장 지적인 집합적 반응의 법칙인 것이다. 깃털이 달리지 않은 두 발 달린 동물, 현재 우리보다 물리적으로 열악한 초기 인류는 두뇌가 발달해 공동체의 생존 조건을 진화시킬 수 있었다. 인간의 꽃가루받이는 누스페어를 강화하고 확장하는데, 이때 꽃가루받이는 도시사회학자들이 폭넓게 다루는 사회적 관계에만 관련된 것이 아니라 집단지성이나 연결지능에 불가결한 요인이다.

기여경제와 꽃가루받이

그러므로 꽃가루받이는 생명이 형태를 유지할 수 있게 하는 상호적 환경에서 이뤄지는 활동의 하나다. 상호작용이라고 다 바람직하진 않은데, 악의를 품었을 수도 있기 때문이다. 꽃가루 확산이나 복합적 교환은 꽃가루받이와 다르다. 말벌은 새나 포유류보다 훨씬 꼼꼼하게 동물 사체를 처리하는 유익한 곤충이고, 파리도 알을 낳아 죽은 유기체의 부패를 촉진시키지만, 둘 다 직접적으로 생태계 전반의 재생산에 기여하는 일은 없다. 활발한 교류와 노마드의 이동성이 꽃가루받이의 필요조건이지만 충분조건은 아니다. 교류의 경제(교류를 인류 역사상 전례 없는 수준으로 키운 금융경제 등)는 검은돈 재유통, 부패, 수백만 명의 타인의 삶을 무너뜨리는 뻔뻔한 투기에 유리하게 움직일 수도 있다. 교류의 경제는 자유로운 무역을 지지하고 말 그대로 난잡하고, 사회에 기여하지 못한다. 직설적으로 말하자면 인간의 문화사회적 삶과 생물권의 재생에 아무런 도움이 되지 않는다. 오히려 타나토스적이다. 물론 이 다중적이고 보편화된 교류 경제를 지지하는 이들은 이 경제가 어떤 일에나 사용할 수 있는 돈을 생산한다고, 인도적·과학적·예술적·환경적 목적에 자금을 지원하면서 유용한 무언가를 생산할 수 있다고 편을 든다. 돈에는 귀천이 없다. 돈도 간접적으로 사회에 기여할 수 있다. 빌앤멜린다게이츠재단은 마이크로소프트가 30년 전부터 지식재산권 명목으로 벌어들인 수익을 '고귀한' 명분을 위해 지출했고, 이는 다른 수많은 단체도 마찬가지다. 문제는 매년 게이츠재단이 공익을 목적으로 지출하는 돈의 출처가 애초에 금융시장, 그중 90퍼센트가 투기성이 짙은 헤지펀드에 투자된 자금의 수익이라는 점이다. 덧붙여 프랑스가 40년이 넘게 따라잡으려고 애쓰는 중인 미국의 명문 대학도 똑같이 했다. 이자로 생긴 돈을 좋은 곳에 쓴다고 해도 분명 한계가 있다. 투기성이 그나마 적은 금융상품의 자원으로 쓰이는 셈이다. 빌앤멜린다게이츠재단의 아프리카 지원 백신개발프로그램은 '너그러운' 활동으로 복제약품 대신 특허 의약품을 구입해 공급한다.

경제 지형과 분류

직접적인 기여형 꽃가루받이를 독려해야 한다. 금융시장 거래에 기반한, 그러니까 간접적인 꽃가루받이를 단번에 배제할 순 없다. 생태계와 누스페어에 유익한 활동에 자본을 투자해야 지속되는 민간재단의 후원을 무턱대고 거부할 수는 없다. 그러나 그 자금에 꽃가루받이 기능(복잡계에 유용하다[8])이 있다고 하기 전에 꼼꼼히 살펴야 한다. 그렇다면 어떤 기준을 적용해야 할까? 이 자금으로 금융 투기를 해서 발생하는 경제적/비경제적 부정적인 효과의 총합이 이 자금을 활용해 발생한 경제적/비경제적 긍정적인 효과의 총합보다 작은지 자문해봐야 한다. 경제적 교환과 비경제적 교환(증여와 그 답례)은 꽃가루받이 혹은 기여 기능이 있는 영역을 포함하지 못한다. 우리는 경제 분야를 이분법적으로 나눠볼 수 있다. 가로축을 교환경제로, 세로축을 기여경제*로 설정해보자.

등가 측정 원칙을 따르는 교환경제 가로축은 시장화폐로 평가되는 경제적 교환, 공공서비스처럼 경제적 교환과 유사한 규제를 받는 비경제적 교환, 순수하게 상징적인 척도(명성, 가치, 신뢰)로만 평가되는 비경제적 교환, 이렇게 세 가지로 구분할 수 있다.

기여경제 세로축은 등가 가치의 교환 원칙이 적용되지 않는다. 값을 매길 수 없는 것, 측정불가능한 것에 기반해서다. 그러나 꽃가루받이를 수행하는지 포식성을 띠는지에 따라 구분이 가능하다(192쪽 사분면 참조).

양대 축을 중심으로 공간은 네 가지 범주로 나뉜다. 인지자본주의는 경제적 교환(서)과 꽃가루받이형 기여경제(북) 사이의 북서쪽 범주를 차지한다. 북동쪽 범주에는 P2P(Peer-to-Peer·개인 대 개인)식 혹은 생태적이면서도 규범적이라는 의미의 생태경제학적인 꽃가루받이형 기여경제가 있다. 여기에는 사회연대경제, 화폐를

* 개인의 일차적 욕구를 충족시키는 생산경제에 대비해 공공의 선에 기여하는 경제를 말한다. 이 두 형태의 경제는 서로 배치되지 않고 상호보완적이다.

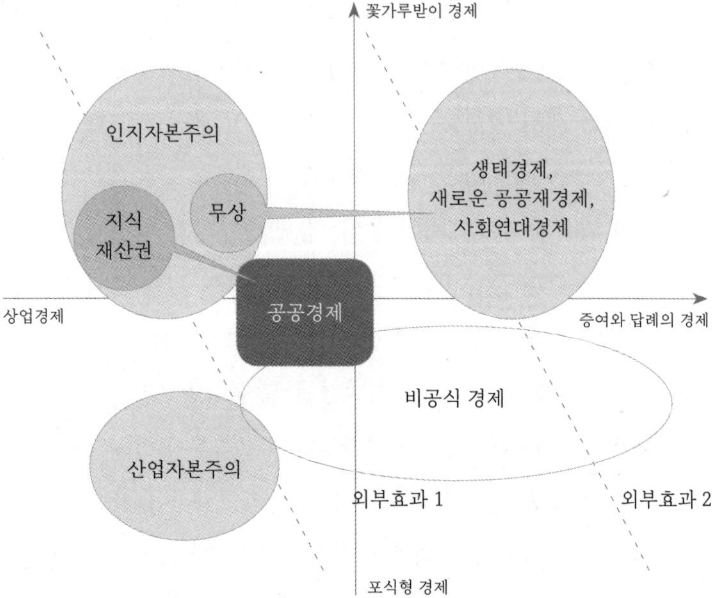

경제의 분류

사용하지 않는 지역 교환체제가 포함된다.

공공경제는 네 범주에 걸쳐 가장 중심부를 차지하지만, 여전히 동쪽보다 서쪽에 치우쳐 있다. 서쪽으로 향하는 주향성走向性은 지식재산권이 사유화되고 자산 등록이 가능해지면서 심해졌다.

남서쪽 범주는 포식형에 상업적인 산업자본주의가 차지한다. 남동쪽 범주에는 넘쳐나는 비공식 경제가 있는데, 이는 공동체 경제에 기반하고 공동체 경제는 증여와 답례로 작동해 기여를 하면서도 주위 자연환경에 입히는 피해가 가장 큰 경제 형태다.

마지막으로 이 사분면의 남동/북서 방향을 45도로 가로지르는 점선 두 개로 생긴 부문 세 개를 살펴보자. 사분면 중 첫째 점선의 왼쪽(즉, 서쪽)은 순수하게 상업적이다. 첫째 점선과 평행한 둘째 점선의 오른쪽은 (코드화될 수 없는) 외부효과 2의 영역이다. 평행한 두 점선 사이는 (코드화될 수 있는) 외부효과 1의 영역이다. 사분면의 중앙에 있는 공공경제는 이 영역에 속한다. 산업자본주의 경제는 거의 대부분 상업적 부분에 속한다. 반면 인지자본주의는 두 부문에 걸쳐 있다. 가운데 부분에 속한 부분은 인지자본주의가 개발한 것으로 기여와 꽃가루받이 활동을 촉진하고, 지식재산권을 이용하거나 네트워크(구글) 상호작용성을 디지털로 저장해 이 활동을 간접적으로 상품으로서 다시 코드화할 수 있게 한 무상성의 공간이다. 생태경제(꿀벌경제, 양봉경제)는 (공공경제 혹은 인지자본주의에 코드화될 수 있는) 외부효과 1에 걸쳐 있으면서 친환경적이다.

증여와 답례의 경제는 공공재를 기반으로 한 공동체 내에서 등가물의 교환이 주를 이루는데, 전통적인 공공경제보다 생태계와 누스페어의 복잡계를 최적으로 관리한다. 그 이유는 공공경제가 과거에는 산업자본주의의 지배를 받았고, 지금은 외부효과를 지식재산권으로 코드화하기 위해 외부효과 2 영역을 외부효과 1 영역으로 전환시키려고 애쓰고 있어서다.

인간들의 꽃가루받이 활동을 촉진하려면 공공경제가 사분면의 북동쪽 방향으로 나아가게 해야 한다. 공공경제에서 공공재경제로 진화하는 것이다. 인지자본주의의 주향성으로부터 영향을 받은 북서쪽 방향은 옳지 못하다.

'돌봄' 활동을 개발하자

꽃가루받이의 다른 측면은 '돌봄' 활동이다. 생명이 유지될 수 있도록 보살피는 일이다. 생명체는 기계보다 우월하고, 촉촉한 뇌세포는 생기 없고 건조한 기계와 달리 살아 있다. 그렇지만 뇌와 생명을 유지하려면 많은 보살핌이 필요하다. 아이가 불완전한 상태로 태어나 가능한 장기간에 걸쳐 양육되고 또 학습이 필요하다는 사실은 우연이 아니다. 두뇌는 출생 당시에 발육이 끝나지 않았다. 출생으로 신경세포가 연결되고 연결이 강화되기 시작한 셈이다. 성취와 변주 가능성이 꽤 큰 상태에서 학습하는 일은 중요한 기능을 한다. 본능적인 관점에서 극도로 고도화됐지만 지능적이지 않은 생명의 일차적 형태는 인간의 경우에 진화 가능성이 크게 제한적이다. 두뇌가 성장할 수 있는 환경으로서 '돌봄'은 복잡한 무엇으로 인지가 아닌 다른 차원, 곧 정서의 영역에 속한다. 그런데 정서는 인지 능력을 최대한 개발하는 데 크게 관여한다. 인지활동은 지각 작용을 동원하고 우리의 지각은 정서와 긴밀하게 이어져 있기 때문인 것 같다. '돌봄'은 중추신경계, '고등'한 영역뿐만 아니라 동물이 자기 새끼에게 보이는 각별한 보살핌이나 때로 이타적 행동을 하게 만드는 부위도 활성화시킨다.[9] 정서의 중요성은 역으로 사랑받지 못한 사람, 야생에서 성장한 아이처럼 극적인 환경에서 성장한 사람을 통해 확인할 수 있다. 가령 폭발이 일어났을 때 우리의 감정을 관장하는 가장 원시적인 영역도 큰 충격을 받거나 심지어 더 이상 기능하지 않을 수 있다. 두뇌의 가장 발달된 감정 영역은 '돌봄'과 정서적 환경, 상징적이고 기호학적이며 문화적인 배경에

전적으로 좌우된다. 두뇌는 가장 복잡한 조직이고 따라서 지각과 정서와 사고는 다양한 연관성을 맺고 있다.

생태계나 누스페어를 상대하려면 늘 복잡한 환경에서 게임에 임하게 된다. 생태계의 위태로운 균형을 유지하기 위해서 생물다양성의 보존은 인간을 비롯한 모든 생명체의 생존 조건이 급변하는 현실에 대처하기에 최고의 선택이다. 누스페어에서는 사회와 문화의 성립 조건을 보존해야지 언어와 교육, 가치 전달, 사회의 창의성을 꾸준히 이어갈 수 있다. 이미 이뤄지고 있는 '돌봄' 활동에 대한 인식은 크게 개선해야 하고 이런 활동이 아직 미흡한 분야는 한층 개발하는 것이 꽃가루받이형 기여경제의 둘째 우선과제다. 물론 사람들의 생명을 쉽게 앗아가는 추악한 세계에서 (지나치게) 관대한 원칙이라고 평하는 목소리도 있다. 이제 꽃가루받이 경제의 새로운 정치적 과제를 지금까지 분석한 경제 위기의 맥락에 대입해보자.

몇 가지 시나리오와 해법

경제 위기의 정점이 지나갔고 자본주의가 다시 자리 잡았고 앞으로 수정 조치를 취해 모든 게 더 나아질 거라고, 아니 적어도 덜 나쁠 거라고 생각한다면 대답은 퍽 간단하다. 우리는 규제가 강화된 자본주의를 향해 가고 있다. 제약 없는 시장은 축소되고 규제가 증가했다. 본질적인 구조 변화는 없었지만, 좀 더 환경친화적이고 사회적이고 인지적인 경제를 향해 느리게 나아가고 있다. 모든 일은 생각보다 훨씬 더디게 진행 중이다. 오바마 대통령이 오래 망설이며 만지작거리던 카드의 시나리오다. 유럽은 소심해서 최소한의 필요한 것만 챙기려고 애쓰면서 점점 깊어지는 모순의 늪에 빠져 허우적대며 어떤 리더십도 발휘하지 못하고 있다. 여기서 최소한의 것들이란 리스본조약, 현재와 같은 유럽중앙은행BCE, 유럽연합 공동농업정책CAP 등이다. 각각의 민족국가가 자국의 위기 상황에 알아서 대처하는 굉장히 연방주의적인 관리가 이뤄지고 있고, 어정쩡하게 시도한 전 세계적인 공조는 유럽과 미국의 극명한 대립, 서아시아와 남반구 국가는 물론 반테러 조치에 있어서 이해 대립을 고스란히 드러냈다. 유럽 국가간 내부적인 긴장관계가 두드러지고 '각자도생'의 이기주의가 횡행하는 시나리오다. 이 시나리오에서 서브프라임 모기지 사태는 지나갔지만, 경제에는 여전히 큰 여파를 일으키고 있다. (언급할 때마다 '빌어먹을!'이라고 외치게 되는) 금융에서 혼란이 시작된다. 사소한 환경 문제가 있지만 경제 기반은 탄탄하다. 홍수는 끝났고 물이 빠지고 있으니 강물의 수위는 제자리를 찾을 것이다.

일견 '현실적'이고 냉소적이며 오만한 시나리오다. 고백하건대 2010년 봄, 이 시나리오는 오바마 대통령이 국회와 빚은 마찰, 그리스와 포르투갈의 공공재정 위기, 일간지의 헤드라인으로 실현됐다. (1960년대 레이몽 카르티에Raymond Cartier 기자 이름을 딴) 카르티에주의자들* 은 아프리카 '잠베지강'을 위해 프랑스 '코레즈'를 대가로 치를 수는 없다고 했다.** 요즘에는 독일 납세자가 게으른 그리스 국민에게 돈을 댈 수 없다고 거부하고, 영국과 아일랜드는 아이슬란드 국가 부도를 막기 위해 40~50억 유로를 내놓지 못하겠다고 했다. 아이슬란드 국민은 국민투표를 통해 이미 막대한 부채에 더해 1인당 1만 2000유로를 부담하지 못하겠다고 선언했다.

안타깝게도 이것이 보수주의자들이라면 누구나, 특히 가장 국가주의적이고 고전적인 유럽 정부가 공감하는 시나리오이면서 물리적인 사회간접자본과 연관도가 높은 전통 산업의 관점이다.

하지만 우리는 역설적으로 경제 위기가 아직 종식되지 않았기 때문에 이 시나리오는 현실화되지 않을 것이라고 짐작할 수 있다. 재정적으로 모든 결과를 감당하기 어렵다. 재정 파탄은 계속될 것이고, 그저 재정에서 예산으로 형태가 변경되었을 뿐이다. 일부 국가와 정부가 다른 경제 주체를 구하기 위해 대대적으로 개입해야 하는 부도 위기를 예의 주시해야 한다. 은행이 보유하고 상당 부분 부동산과 관련된 810억 유로 상당의 부실 채권을 처리하기 위해 아일랜드 당국이 설립한 배드뱅크•••를 떠올려보자. 국제적인 차원에서 회피한 엄정한 재정 기준이 부정적인 영향을 주다가 지역 차원에서 되살아나고 있다.

실업은 지속적으로 늘어날 것이다. 미국은 경제 성장에 만전을 기했지만, 모든 신호는 막대한 자금 투입 여부와 무관하게 화려

• cartiéristes. 카르티에주의자들은 레이몽 카르티에 기자를 위시한 실용주의적 반식민지주의자들로 식민지 지배는 이득이자 부담이라면서 식민지에 자금을 투입하는 대신 본토(특히 수도권)에 투자해야 한다고 주장했다. 이는 제3세계에 대한 지원 무용론으로 확대됐다.

•• 프랑스어 발음을 염두에 둔 각운을 살린 비유로 프랑스 본토 투자를 강조하는 문구로 유명하다.

••• 금융기관의 부실자산이나 채권을 매입해 처리하는 구조조정 기관이다.

한 성장세를 재개하지 못할 것임을 보여준다. 전통적으로 유럽은 미국만큼 완전고용에 대한 압박이 심하지 않은 편이다. 독일은 통화, 프랑스는 사회보장제도를 훨씬 중요하게 여긴다. 고용 측면에서 유럽은 미국보다 덜 주의를 기울일 것이다. 유럽에서 경제둔화가 훨씬 덜 했을 때도 기업은 구조조정에 나섰기 때문이다. 게다가 유럽 기업은 세계화율이 높다. 프랑스 CAC40 주가지수를 구성하는 기업의 직원 중 절반이 프랑스 바깥에 있고, 이웃 유럽국가로 이전한 산업체는 배제해 생산기지 해외 이전off-shoring 비율을 보정해도 총매출의 절반 이상을 프랑스 이외의 지역에서 올리고 있다.

여전히 정부는 경제에 개입해야 한다. 과거에 은행을 구하기 위해서였다면 지금은 이웃 국가를 나락으로 떨어뜨리지 않기 위해서다. 그 과정에서 엄청난 자원이 소모될 것이다. 그러나 정부가 미래 경제를 강하게 추동하면서 경제 전반, 더 나아가 그 본질에 개입하지 않는다면 아무리 엄청난 자본도 부족할 것이다. 노벨상 수상 미국 경제학자 두 명은 미국 내 고용의 미래가 인지경제, 디지털산업과 지식산업으로 도약할 것이라는 내용의 보고서를 발표했다. 하지만 그러려면 기업가들의 파산 상태와 대출 의존도를 감안할 때 기업에 "자, 휴식시간 끝났다. 움직이자"라면서 단순한 규제를 가하는 것으로 그쳐서는 안 된다. 사르코지 대통령이 내린 유망 산업체의 해외 이전 금지 명령은 말로 하는 계획경제 그리고 세계화된 시장의 '자발성'에 대한 비난이 다시 시작되었음을 의미한다. 다시 고용이 조금이라도 증가하는 시대로 돌아가기 위한 비결로서 재산업화가 신빙성이 있으려면 친환경산업으로 완전히 새롭게 재구성하는 데 어마어마한 자금을 투자해야 할 것이다. 미국은 7000억 달러를 투자했다. 프랑스는 공식적으로 160억 유로(실제로 120억 유로)를 유럽연합에, 유럽연합은 1000억 유로를 산업구조 재편에 투자했다. 앙리 기에노Henri Guaino 사르코지 대통령 경제고문이 희망한 1000억 유로 상당의 현대화 공채는 260억 유로로 축소됐다.

그런데 정부가 기존의 물질적인 오염 유발 산업을 물질적이고 친환경적 산업으로, 그러니까 훨씬 강력한 비물질적 산업으로 전환하려고 한다면 교육과 연구 활동, 사회간접자본의 품질, 교통, 모빌리티에 거액을 투자해야 한다. 그리고 당연히 사람들을 움직이려면 정부는 유연안정성flexsecurity, 다시 말해 사회보장제도에 크게 투자해야 한다.

이미 부채 비율이 높은 정부로 하여금 다방면에 엄청난 재정을 지출하게 만드는 것이다. 국제 정치와 경제가 어디로 향하는지 동시에 관찰하지 않는 민간 투자자들이 불신하고 있는 상황에서 추가로 공채를 발행하기는 힘들 것이다. 미국이 다시 국채를 발행한 이유는 오바마 대통령이 정치적 안정을 가능하게 하리라는 신뢰감을 줘서다. 하지만 미국을 제외한 전 세계는 더할 수 없이 불안정한 상태다. 유럽은 저소득층의 대대적인 '68혁명'이, 중국은 소요가 일어나지나 않을까 두려워하고 있고, 러시아는 우리가 아는 그 상태며, 멕시코, 나이지리아, 남아공 등 남반구 국가는 치명적인 경기후퇴를 겪고 있고, 인도는 민주주의 근간이 흔들리고 있는 데다가 이웃국가 파키스탄과 준準내전 상황이다. 국제 투자자들이 장기 프로젝트를 신뢰하지 않고 심각한 손실을 보전하기 위해 고전적이고 확실한 통화 투기라는 안전한 선택을 한 것은 수긍이 간다. 그리스 경제 위기로 유로화 가치 하락에 대한 투기가 이미 시작되었다. 헤지펀드가 빌어먹을 새로운 징세청부인으로 다시 부상했다.

녹색경제로 이행하는 과정에서 제기되는 다른 문제는 민간 분야의 수익성이다. 투자자들은 양자택일해야 한다. 지구를 위해 좀 더 일관적이고 합리적이고 인간적이지만 수익성이 꽤 낮은 프로젝트로 미래에 대한 신뢰 가능성을 선택할지, 아니면 지금까지 운영되고 수익도 발생하고 있지만 현재 흔들리고 있으며 더는 신뢰할 수 없는 산업을 선택할지다. 구식 금융 형태로 되돌아가지 않을 것처럼 산업도 이제 되돌아갈 수 없다. 그러다 보니 혼란스러운 사회 분위기를 경험하거나 호되게 당한 금융가들이 손실을 만회하기 위해 이런 분위기를 타는 모습을 목도할지도 모른다. 더군다나 현행 부(사람들이 여전히 '부'라고 여기는 것)의 정치경제 안에서 납득할 수 없는 수준으로 조세 부담을 높이지 않은 채 정부가 어떻게 위기에서 벗어나고 경제라는 기계를 새롭게 가동하는지 이미 분명히 보지 않았는가. 모든 전면적인 개혁은 개인의 부를 갉아먹지 않고는, 다시 말해 아이슬란드 모델처럼 지급 불능이나 주로 높은 인플레이션으로 나타나는 통화가치 하락으로 개인의 부를 축내지 않고서는 이룰 수 없다. 올리비에 블랑샤르Olivier Blanchard 국제통화기금 수석 경제학자는 이전보다 자본 유출이 심해지는 등 자본의 자유로운 이동으로 심각한 문제가 발생했으니 이제 평균 인플레이션율 목표를 4퍼센트로 상향 조정해야 한다고 주장했다. 통화가치 절하를 감수하며 통화를 발행하지 않고서도 이렇게 행동할 수 있을지 모르겠다.

다시 말하자면 세 가지 문제가 있다. 첫째, 녹색산업이라는 완전히 새로운 기반에서 경제를, 그것도 지금보다 훨씬 인지적인 경제를 부흥하는 일은 사회에서 경제의 기능을 재평가하겠다는 의미다. 이는 대대적인 변화와 좀 더 사회적이고 연대적인 경제를 전제로 한다. 둘째, 기존 물질경제의 붕괴를 현재로서는 경제적으로 다룰 수 없기 때문에 사회적으로 다뤄야 한다. 셋째, 이 모든 일에 자금 조달을 해내야 한다. 녹색산업 투기 거품의 도움을 받아, 그러니까 녹색산업 거품을 조장하면서 개인 투자자금을 이끌어내 이런 일을 실행할 수 있을까? 개인 투자자들은 신뢰로 돈을 투자하니까 고수익을 보장해야 한다. 문제는 환경 분야가 고수익을 낼 수 있는지 확신할 수 없다는 점이다. 환경은 작지만 장기적으로 확실한 수익이 있는 분야에 가깝고, 그것만으로도 대단하다. 녹색산업에 우대 대출 금리를 제공하고 환경 오염을 유발하거나 환경보호에 보탬이 되지 않는 산업에 대한 투자에 높은 세금을 부과하는 선별적인 방식의 공공지원을 통해 개입하는 방법을 고려해볼 수 있다. 하지만 그러려면 국가 연합(유럽, 일본, 미국, 중국, 인도, 브라질, 멕시코, 나이지리아, 남아공) 단위의 밀접한 협조가 필요하다.

파국이나 전쟁으로 위협받는 느린 변화라는 첫 번째 시나리오와 궁핍의 시대에 필요한 막대한 자원을 투입하는 급진적인 변화라는 두 번째 시나리오가 있다. 기존 정치경제의 사고방식과 행동양식의 틀에 머무른다면, 사실상 우리에게 운신의 폭은 거의 없다. 절망스러운가? 오히려 반대로 낡은 경제가 제시하는 꽉 막힌 방법은 이 막다른 골목에서 벗어나자고 독려하는 최고의 응원이다. 환자를 돌보지 않겠다고 반발하며 온도계를 깨뜨리지는 않을 것이다. 열이 나는 원인과 적절한 치료법을 제대로 진단받지 못했다고 반박하는 편이 설득력이 있다.

터널의 끝일까?

현실에서는 부를 예컨대 조세나 자원과 재원 계획, 이것들을 따지는 새로운 방식, 기업과 부가가치를 평가하는 방식, 그러니까 상황을 완전히 새롭게 바꾸고 훨씬 과감한 투자와 자금 조달 가능성을 열어줄 조세제도를 정비하는 방식으로 바라보지 않는다. 부가 한편으로 꽃가루받이를 매개하고 생태계의 복잡성을 안정시키는 메커니즘을, 그리고 다른 한편으로 누스페어의 꽃가루받이를 강화한다고 생각한다면, 부를 다른 방식으로 평가해야 한다. 이 지점에서 위로부터 탈자본주의가 이뤄진다.

사실상 부를 18세기 중반에 기준으로 삼았던 것과 다른 것으로 여길 수도 있다. 유누스의 소액신용대출 사례를 다시 살펴보자. 소액신용대출은 투자된 자본의 투기적 관리(생산 주기가 끝나면 얻을 수 있는 금융 수익을 최대화)가 아니라 신중한 관리(자본을 잃지 않는 게 규범)가 특징인 사회적 기업이 발달한 덕분에 작동한다. 보유하고 있는 자본은 어찌 되었든 500년의 축적과 운용의 열매로 얼마나 많은 땀과 피와 눈물이 배어 있는지는 신만이 아실 테니 절대 낭비해서는, 그러니까 순수한 소득처럼 지출해서는 안 된다. 거대 장기 투자금으로 지극히 신중하게 관리하면서 최대 수익을 추구해 자본을 늘리는 데만 목적을 두지 않고 원금을 유지하고 수익을 늘려나가야 한다.

그렇지만 산업자본주의 시절에 사회 안정 단계에서 공제조합이나 협동조합이 맡은 역할을 수행할 체제가 작동하려면 자본의 역할을 전면 수정해야 하는데, 유누스는 이를 사회적 기업이라는 용어로 설명했다. 최대화해야 하는 변수는 더 이상 기능이나 이익이 아니라 사회적 목표다. 유누스는 사회적 기업의 동업자들에게, 특히 다논 그룹•과 논의할 때, 뭐라고 설명했을까? 투자자들은 자본금을 잃지 않을 것이고 기업은 잘 굴러갈 테지만(고전 경제의 목표기도 하다) 최우선시될 목표는 어린이들의 건강이다. 다논과 협업해 조율한 계획에 따르면 아이들이 살 수 있는 무척 저렴한 요거트를 출시했다고 한다. 하지만 이 요거트는 기존 요거트와 다른 제품인데 인도나 방글라데시에서 영양실조에 걸린 어린이들이 영양 균형을 되찾는 게 목표라서 비타민을 비롯해 고영양식이 될 만한 성분을 추가한 것이다. 영양 상태가 좋은 국가들에서 소비되는 일반적인 요거트는 대체로 저지방 제품이 유행이다.

동일한 방식으로 거시경제 차원에서 환경 목표를 생각해보자. 발전을 용인 가능한 수준으로 유지하면서 인류의 기대수명을 최대로 늘리고 생태계를 지속 가능한 상태로 보존하고 우리 자손의 안녕을 기원해야 한다고 주장할 수 있다. 이런 목표는 기능에 속해야

• Groupe Danone. 프랑스 파리에 본사를 둔 다국적 식음료기업으로 생수와 유제품 전문이다.

하고, 이익은 더 이상 기업이 운영되는 첫째 동력이어서는 안 된다. 그 순간 우리는 자본주의에서 벗어나는데, 기이하게도 시장을 반드시 배제하지 않는 체제를 유지함으로써 다시 자본주의로 돌아온다. 정부의 계획대로만 모든 일이 진행되지 않는다는 의미다.

외견상 자본주의는 전방위로 노력했다. 그렇다고 마지막 융통성까지 사라졌다는 뜻은 아니다. 자본주의가 제3의 길을 찾을 수도 있다. 산업자본주의가 상업자본주의를 무너뜨리고 그 재 속에서 부활했듯이 산업자본주의로 성장하는 체제 내에서 수익 원칙을 고집하고 지배적인 요소로 수익을 내려고 꾸준히 애쓰면서 자본주의는 소위 인지자본주의와 함께 제3의 길을 모색하기 시작했다. 이 가정도 배제할 수는 없다. 앞으로 다가올 전투의 쟁점이기 때문이다.

첫 번째 길은 기업의 기능에 새로운 목적을 추가하는 새로운 조절기, 구성 원칙을 강요하는 것이다. 이 과업에는 이윤 최대화가 목표가 아닌 막대한 자금이 필요하다. 복잡한 문제에 맞닥뜨렸을 때 우리는 이윤 최대화도 경영 최적화도 할 수 없기 때문이다. 새로운 규칙을 세우는 해법을 찾을 수 있다. 그러나 어쨌든 용인 가능한 수준의 발전과 양립할 수 있고 수익 원칙을 지표로 삼는 상업활동을 도입하는 것은 자본주의를 유지하는 길이다.

그렇지만 이 길은 어느 순간에도 수익성 문제에 부딪히지 않는다는 점에서 타협적이다. 현재로서 유동자산과 투자금은 이익을 낼 수 있다. 중국 시장? 끝내주지! 인도 시장? 더 끝내주지! 소비자 70억 명의 시장 앞에서 어떤 자본주의자가 군침을 흘리지 않겠는가? 다만 장기간에 걸쳐 대규모 투자를 해야 하는 용인 가능한 발전 프로젝트가 수익성이 형편없이 낮아 어느 순간 민간 자본가들이 "더는 안 되겠습니다. 투자 파업을 선언합니다. 더는 돈을 지원하지 않겠습니다"라고 말할 정도가 아니라면 그렇다. 사모펀드는 "다시 우리만의 상아탑이자 조세 천국으로, 케이맨제도로 돌아가겠습니다. 돈이 있으니 계속해서 수익이 최대한 나도록 투자할 겁니다. 게임을 즐기면서 돈도 벌 겁니다"라고 선포할 것이다. 경제위기가 한창일 때에도 하락장에 배팅해 이긴 금융가들도 있지 않았던가! 2009년 여름 JP모건사는 강력한 알고리즘과 막강한 정보통신기술 기기로 무장한 채 다른 사업자들보다 몇백분의 1초 앞서 거래를 하면서 수익을 냈다. 최근 그리스 국가부도 위기 상황에서 골드만삭스Goldman Sachs도 마찬가지로 행동했다.

권력과 행위자들의 존속 의지를 변수로 한 방정식은 권력과 권력이 대립하는 게임으로 귀결된다. 위기가 가속화하면 반작용이 거세지고 전쟁 가능성도 배제할 수 없어진다. 그러면 시급하게 친환경적 미래를 개척할 필요성을 무마시키려고 수십억이 넘는 목숨을 희생해 위기에서 벗어나고자 한다. 이는 맬서스주의적인 해법이다. 자연 재난이 전쟁으로 해결된다. 현 지위에서 절대로 쉽게 물러나지 않을 지배 계층의 관점일 수도 있다. 이는 역사의 교훈이다. 아니, 혁명의 역사가 준 교훈이다. 혁명은 연회가 아니라고 한 혁명가들의 말이 전적으로 틀리지는 않았다. 서로 어울리지 않는 사람들이 모였을 때는 특히 그렇다. 어떤 공격 기술, 심지어 민주적이지 않은 수까지 용인되는 순간이 오기 마련이다. 언제나 그렇듯이.

또 다른 길은 개혁의 길이다. 위에서 갑작스럽게 변화를 강요하지 않는다. 지속 가능한 발전의 길과 새로운 규범을 점진적이고 유화적이며 경험적인 방식으로 수용한다. 오바마 대통령이 미국은 친환경 자동차산업에 본격적으로 매진해야 한다고 선포한 것도 이런 맥락이다. "다른 사람들이 하면 나도 하겠다"라고 하며 기다리지 않았다. 물론 그는 일을 추진할 수단도 있었다. 2020년에 킬로미터당 배기가스 120마이크로그램(마이크로그램=100만분의 1그램)을 배출하고 100킬로미터당 휘발유 7리터를 소비하는 자동차가 더 이상 주행하지 않게 하겠다고 장담했는데, 이는 자동차 제조업계에게 소비에트 정권식 계획경제적 압박과 다름없다. 100퍼센트 외부 제약이다.

이는 새로운 기반에 자동차산업을 재건하는 방법이다. 중국은 2014년부터 대도시의 환경 오염 문제가 급증하는 것을 관리하기 위해 배기가스 배출 정도가 심한 자동차의 도심 내 주행을 금지하겠다고 발표했다. 인도 타타TATA 그룹은 환경을 심각하게 오염시킨다는 이유로 중국 영토에 들어오지 못할 것이라고 경고했다. 전 세계에서도 자유주의 무역이 활발하고 자본주의적이라고 손꼽히는 두 나라 '차이메리카'는 자동차업계에 스탈린주의에 가까운 계획경제적 지시를 내리는 데 합의했다. 순화해서 지시지 강제에 가까운 계획경제다!

그렇지만 이렇게 강력한 제약은 '신성불가침'한 자유무역협정의 원칙에 위배된다. 재화의 자유로운 유통에 친환경 규제를 도입하는 것은 처음이다. 마치 사회규범 준수라는 규칙을 도입하는 것과 비슷하다. 만약 유럽에서 이러한 환경 기준 도입을 발표했다면 자동차 제조업체 절반이 목을 죄는 규제라며 반발했을 것이다. 이미 변화는 시작했다. 단기간에 상당히 유연하고 친환경적으로 농산물을 생산할 수 있다고 밝혀진 생산방식의 특성보다는 시장 조직에서 비롯된 프랑스 농가의 문제를 해결하기 위해서 정부는 서둘러 환경 규제 완화를 요구했고, 그 대표적인 결과가 질산염이 유발한 녹조에 문자 그대로 오염된 브르타뉴 지역이다.

에너지 절약 면에서 유럽은 미국보다 잘하고 있지만, 친환경적인 관점에서 본다면 크게 특출나지 않다. 유럽 자동차산업이 세계 2위 수준이고 일본 자동차업계가 이미 부분적으로 그 노력을 시작했다는 점에 비춰볼 때 그렇다.

아무튼 환경보호를 위한 규제를 도입함으로써 점차 수익 기준이 후순위로 밀릴지 자문해보자. 그렇다고 한다면 무엇으로 대체될까? 언제나 좀 더 큰 수익을 좇는 게 아니라 자본을 잃지 않는 재정 관리라는 새로운 규칙일 것이다. 겉으로는 축적된 수익의 처분으로 보이지만 사실상 친환경적 혹은 인지적 회계를 할 때부터 축적되는 긍정적 외부효과의 결과인 사회적 수익을 구축하는 것이다. 외부효과를 고려하는 순간 경제적 수익률은 매우 미미하나 환경적이고 인지적 수익률이 꽤 높은 활동이 있고, 근본적으로는 파괴적인 활동이 있다는 점을 깨닫게 된다. 최근 30년간 중국은 9~10퍼센트대 성장률을 달성했다. 환경재무회계를 살펴보면 이로 인한 환경 파괴 총액은 국내총생산의 6퍼센트로 평가된다. 중국은 3~4퍼센트의 순성장세를 기록했으며 이 성적은 '중국의 기적'을 객관적으로 바라보게 하고 중국 당국으로 하여금 이미 시작된 환경 파괴의 속도를 계속 유지할 수는 없음을 알려주고 진정으로 천착해야 할 과제가 무엇인지 직시하도록 해준다. 국제 상황은 더욱 심각하다. 환경 발자국을 보면 우리는 지구가 재생 가능한 범위를 넘어서 소비하고 있다. 인간은 생태계(생물다양성, 열대우림, 경작 가능한 농지, 지하수층, 해양자원은 물론 우리가 제대로 알지 못하는 대양의 상태)를 파괴하고 재생하지 않는다. 가공할 만한 속도로 파괴를 일삼고 있다. 그러니 부의 회계, 경제적 부를 기본으로 한 회계에 환경이라는 기준을 도입해야 한다.

이 점에서 진전도 있었다. 이제 실질 국내총생산을 구할 때 자연 파괴로 인한 국내총생산 손실도 계산한다. 꽤 복잡한 두 가지 방법이 있다. 우선 창출된 부를 계상하지 않아서 국내총생산이 높게 나오는 방법과 국내총생산 재화분에 재화 거래로 창출한 부를 포함시켜 숫자를 부풀리는 방법이다. 예를 들어 내가 브르타뉴 지역의 양돈업자라고 가정하자. 1헥타르의 목장에 1000마리의 돼지를 키우는 대신 4000마리를 키운다면 감당하기 어려운 수준의 분뇨가 만들어질 것이다. 그런데 주위 모두가 이런 식으로 생산을 늘리라고 부추기며 부족한 수입을 보충하라고 한다. 대출은행은 기꺼이 추가로 융자해주려고 나서고, 정부도 마찬가지로 수출과 일자리는 물론 세수 증가까지도 꾀한다. 도미니크 부아네Dominique Voynet 환경장관이 발의한 오염자 부담 원칙의 수질관리법안에 따라 우리 목장에서 배출되는 폐수 처리시설을 갖춰야 하는데 이로써 밭에 널린 분뇨를 상당히 짙은 농도로 지하수층까지 퍼뜨리는 셈이다. 지하수층이 오염되면 지하수를 퍼올리는 베올리아Veolia Environnement

나 수에즈Suez 기업은 특수탈질산염 공정을 개발해야 한다. 실질적으로 내가 환경 오염을 유발할 때마다 국내총생산은 늘어난다. 이는 장기적인 해법이 아니다. 베올리아사의 기술적 대안도 터무니없는 게 인공적으로 물은 '탈질산화'하지만, 지하수층은 질산염으로 오염된 채다. 수질은 심지어 더 악화된다. 그런데 오염된 지하수층을 정화하려면 80년에서 100년이 소요된다. 지하수층이 어떻게 형성되는지 모르는 곳이 많다는 점에서 상황은 더욱 심각하다. 지하 하천도 마찬가지다. 지하수층에 스며든 화학물질은 가늠하기 어려울 정도로 장거리를 이동한다. 따라서 부차적으로 발생한 환경 오염도 자세하게 따져봐야 한다. 연간 돼지 판매량이 세 배로 늘어난 추가 수익은 지하수층을 원래 상태로 복원하는 비용을 반영한 실제 돼지 가격으로 수정해야 한다. 그러려면 계산이 복잡하다. 오염된 자연을 원상복구하는 산업은 오늘날 충분히 고도화돼서 오염 비용을 계산할 수 있다. 그러나 계산이 만병통치약은 아니다. 자연을 복원할 수 있는 것도 어느 선까지다. 가볍게 망가진 환경이 더 악화되는 일은 피할 수 있다. 완전히 무너진 환경을 회복시키는 데에 쏟아부어야 하는 비용은 천문학적일 것이다.

오늘날 긍정적 외부효과와 부정적 외부효과 사이에 전체 균형을 유지하는 일이 관건이다. 문제는 수면 아래 빙산에서 무슨 일이 벌어지느냐다. 상업경제가 표면을 변주하고 우리가 그곳에서 벌어지는 일부 현상을 가늠할 수 있다고 해도 저 아래에서 돌아가는 사정은 제대로 알지 못한다. 아니 정확하게 말하자면, 별반 달갑지 않은 일들이 벌어지고 있으며 긍정적 외부효과와 부정적 외부효과의 전체 균형이 걱정스러운 수준임은 짐작하고 있다. 극단적인 비관론에 빠지지 않기 위해서 예를 들어보자. 원시림에서 흡수하는 탄소량이 얼마나 감소했는지 계산해보자. 원시림은 연간 강수량이 수천 리터에 달하는 습한 열대우림을 말하는데 파괴되고 있다. 인도네시아와 브라질 등의 국가에서 매일 적도 부근 열대우림을 파괴한다. 탄소 포획량 감소가 무슨 뜻인지 가늠할 수 있다. 토양이 오염되고 홍토가 씻겨 나간다는 게 어떤 의미인지 파악할 수 있다. 가령 브라질이 마토그로소 고원을 파괴해가며 목축과 수출로 얻은 이익을 확인해볼 수 있다. 마토그로소 고원 파괴는 사탕수수와 커피 재배, 방목을 확대하려는 목적으로 리우데자네이루와 상파울루 내 대서양 삼림 파괴로 이어졌다. 무분별한 경제활동은 삼림을 조금씩 파괴해 덤불숲에서 사바나로, 결국에는 몽골과 같은 거대 스텝지대로 전락시킨다. 중국 북부의 다른 지역과 마찬가지로 몽골도 자연스러운 사막화보다 인간 활동으로 인해 망가졌다. 치명적인 외부효과의 현실이다. 그러나 이농 물결이 거세지면서 상황이 변했다. 중앙아메리카 국가에서 유독 두드러지는데, 커피나 카카오를 재배할 작은 밭을 만드느라 나무를 베어내면서 삼림을 황폐화시킨 사람들이 수입이 별 볼 일 없자 도시로 몰려들기 시작한 것이다. 그러자 30년 만에 수림이 급속도로 회복했다. 물론 이전과 동일한 숲은 아니다. 자연 그대로의 원시림이 아니고 다양성도 훨씬 줄었지만 나무가 다시 자랐다. 야생 동물 서식지가 다시 조성됐다. 불타지 않았더라면 오스트레일리아처럼 수천 헥타르를 태워 펄프 생산용 유칼립투스를 대량으로 심은 그 끔찍한 평원이 아니라 금세 다양한 수종의 삼림으로 거듭났겠지만 말이다.

독일과 미국 생태학자들은 매년 인류가 지구 자본을 재생산하는 대신 잃기 시작하는 시점이 점점 빨라지고 있다고 경고했다. 매해 4월이나 5월이면 자연을 순수하게 파괴하는 시기로 접어드는데, 이는 결국 재생되지 않는 재고를 당겨쓰는 셈이다. 회계가 매우 거칠게 진행됐다는 점에서 손실은 더 분명한데도, 남반구 국가 국민은 이런 문제에 신경 쓰지 않는다. 인구 밀도가 낮은 국가도 이 문제에 심드렁하다! 친환경 문제는 도시나 인구 밀도가 높은 지역에서 두드러지는데 이곳에서는 환경 오염에 대처하지 않으면 발병률이 급속도로 높아지기 때문이다. 네덜란드와 독일이 프랑스보다 환경의식이 발달한 이유는 화학물질로 인한 토양 오염이 더 심각해서기도 하지만 프랑스 농민들이 땅은 충분히 있다고 생각하며 오염 문제에 무뎌서기도 하다. 환경운동가 얀 아르튀스-베르트랑Yann Arthus-Bertrand이 하늘에서 내려다보며 촬영한 사진은 플라스틱 폐기물을 아름답게 담아내면서 인간의 폐해를 여실히 드러낸다. 압력이 지나치게 높지 않다면 역설적으로 밀집 지역에서의 농사가 가장 자연 파괴가 작다.

에스파냐 남부에서 벌어지는 땅의 과도한 개발은 매우 심각한 사례다. 지금 전 세계에서 경작 가능한 토지 관리가 종자회사들이 선전하는 유전자변형 농산물 품종을 대거 도입한 경작지의 작물 생산력보다 더 큰 문제로 여겨진다. 대단히 위험한 상황이다. 덴마크 경제학자 에스더 보저럽Esther Boserup이 입증했듯이 경작 방식을 바꿀 만큼 심각한 인구 변화에 맞닥뜨리면 토양의 친환경적 관리가 쉽지 않음을 인정해야 한다. 몸을 덥혀야 하는 사람들 수가 늘어나는데 친환경 토지 이용 정책을 펼치기는 어렵다. 제3세계에는 가스나 중유는커녕 전기 난방시설도 없고 몸을 데우고 거처를 만들려고 나무를 벤다. 삼림 파괴와 과밀 방목, 경작지 황폐화는 우리가 진지하게 고려해야 할 심각한 문제다. 기후 변화처럼 이제 이 모든 요소를 자연자본 회계 결산에 반영해야 할 때다. 만만치 않은 일이다. 그렇지만 그래야 구원의 빛을 찾을 수 있다. 정복자 인간이 우주와 지구 생태계의 중심이라는 헛소리를 계속해봐야 소용없다.

모든 금융 거래에 세금을 부과하자

경제적 혹은 환경경제적 기능 전반의 정확하고 합리적인 재현은 부, 그러니까 가치(역방향 관계는 성립하지 않는데, 최소한 더 이상은 그렇다), 생산, 결국 재분배의 개념을 완전히 재조정하는 일이기도 하다. 꽃가루받이 경제 시대에 고전적인 정치경제 체계를 유지하는 것은 어불성설이다. 그러니까 시대에 크게 뒤처진 수입을 재분배하는 방법에 그쳐서는 안 되는데, 이 수입은 위험할 정도로 고평가된 동시에 실현 가능성을 훨씬 밑돌기 때문이다. 근본적으로 변화하는 현대의 복잡한 경제 상황에 적합한 세금과 재분배 정책이 필요하다. 세금은 광범위한 과세 표준에서 고통 없이 징수돼야 한다. 사회보장분담금, 재산세, 소득세 등 현행 세금 형태는 부의 생산에 직접 부과되는데, 현대 사회에서 이런 부는 투기나 자본주의적 탐욕으로 생산한 부이지만 생태적인 친환경 부와 새로운 지식을 발명해서 부를 창출하는 꽃가루받이보다 부차적이다. 비물질적인 부에 세금을 어떻게 부과할까? 금전적 수익에 부과해야 할까? 비물질적인 부 중 상당 부분이 기존 국내총생산에서 드러나지 않기에 어리석은 생각이다. 그렇다면 남은 방법은 거래가 발생하는 순간을 포착하는 것뿐이다. 다시 말해 꿀벌의 부를 생산된 꿀이 아니라, 양봉업자의 수확물, 꿀벌의 활동량, 밭과 벌통 사이 왕복 빈도 등으로 파악하는 것이다. 요즘에는 벌에 무선인식RFID(Radio Frequency IDentification) 센서를 심어 2000마리 군집이 어떻게 활동하는지 상세히 파악할 수 있다. 이에 비해 경제활동에서 인간의 꽃가루받이는 사람들의 거래 수로 확인되고, 다양한 금전 거래는 이미 소비와 교역, 여행 등 인간 꽃가루받이 활동의 일면을 보여준다.

모든 경제활동이 신용카드나 계좌 이체 등으로 은행을 통한다. 그러니 언제라도 모든 거래에 (누진 적용되지 않는 대략 0.5~1퍼센트의 저율) 비례세를 부과하기가 한결 수월할 것이다. 매일 증권시장 거래액이 평균 70억 유로다. 금융 거래에 과세하면 실시간 징세가 가능할뿐더러, 현재 정부 예산과 국가 사회복지 예산에 상응하는 금액의 행정 처리 업무도 현격히 감소할 것이다. 이런 체제에서는 모든 이가, 평범한 소비자인 시민은 물론 IC칩만 있는 무기명 블랙카드로 25만 유로의 자동차나 진주 목걸이를 구입하는 소수의 부자도 세금을 납부하게 된다.

모든 금융 거래에 대한 과세는 금융 자금의 모든 흐름을 관리하는 엄청난 장점이 있다. 현찰도 예외가 아니다. 사람들이 현금을 현금자동입출금기에서 찾아 쓰기 때문이다.

재분배 효과가 있는 직·간접누진세에 관한 논거를 뒤로하고 이런 체제를 정당화할 수 있는 근거는 실질적으로 우리 사회가 진정한 부의 근간이 꿀 생산이나 상품이 아닌 경제로 접어들었다는 점이다. 이제 부는 친환경적이고 지식을 바탕으로 한 인간의 꽃가루받이로 창출된다. 진짜 부에 대해 고통 없는 방식으로 징세가 가능해질 것이다. 정치경제의 관심사를 부의 새로운 특성(꽃가루받이, 산호초 형성, 네트워크 형성)으로 이전하고 양적 관점에서 한계가 있는 일차원적 부에 관심을 끊는 순간, 개인이나 상품에 대한 과세를 중단할 수 있다. 그리고 다양한 유형의 경제 주체 사이에서 발생하는 모든 거래에 과세할 수 있을 것이다. 이로 인한 장점은 세수를 신속하게 확보하는 동시에 은행을 감독할 수 있다는 것이다. 비밀거래를 은닉할 수 있는 순잔액이 아니라 모든 돈의 움직임에 세금을 부과해야 하기 때문에 금융 체계 전반이 추적 가능해진다.

이런 조세제도를 어떻게 제대로 정착시킬까?

유럽에서 이 금융거래세 도입을 검토해볼 수 있다. 그렇다면 가령 첫 연방세가 되는 셈이다. 게다가 연방세라는 착상은 유럽연합에서 싹텄다. 유럽연합 총생산의 1퍼센트라는 미미한 예산 상한선 때문에 새로운 세원을 찾던 유럽연합 집행위원회는 이미 1991년에 역내 전체 휴대전화 사용 건당 수 센트를 과세하면 세율에 따라 유럽연합 예산[10]을 세 배에서 열 배로 늘릴 수 있다는 계산을 한 적이 있다. 한편 국제연합 교육과학문화기구UNESCO 필리프 케오

Philippe Quéau 정보부 부장은 인터넷서비스 공급업자들에게 1유로센트씩만 과세해도 순식간에 제3세계 지원금 총액을 모을 수 있다고 추산했다.

2007~2009년 금융 위기로 유럽 국가의 자금 수요는 크게 늘었다. 미국 펜실베이니아주 피츠버그시에서 G20 정상회담이 열리기 두 주 전인 2009년 9월 12일, 조세 당국에 대한 넘치는 애정을 의심할 바 없는 『파이낸셜타임스』는 우파에 가까운 독일 사회민주당 대연정 정부 재무장관 페어 슈타인브뤼크Peer Steinbrück의 제안에 착안해 1면 기사 제목을 '모든 금융 거래에 0.005퍼센트 과세'로 붙였다. 같은 해 9월 20일자 『주르날 뒤 디망슈』Journal du dimanche에서 프랑스 재무장관 크리스틴 라가르드Christine Lagarde는 토빈세•가 "좋은 아이디어"라고 추켜세웠고, 외무장관 베르나르 쿠슈네르Bernard Kouchner도 같은 취지의 발언을 했다. 독일 재무장관의 제안은 은행과 보험회사, 투자펀드의 금융 거래 전체를 대상으로 했는데, 선거를 앞둔 메르켈 총리는 곧바로 이 제안을 배제했다. 슈타인브뤼크는 이 금융거래세만이 '증권시장의 널뛰기'를 종식시킬 유일한 수단으로 여겼고, 위기로 인한 비용은 평범한 납세자들만으로 치르기 어려울 것이라고 판단했다.

미국 경제학자의 이름에서 유래한 토빈세는 전 세계적으로 발생하는 모든 국제금융 거래에 0.05~1퍼센트로 저율 과세하는 제도

• Tobin tax. 외환 거래에 부과되는 저율의 거래세로 노벨경제학상 수상자인 제임스 토빈James Tobin이 1972년 주장했다. 현재는 국제투기자본이 외환시장을 흔드는 것을 방지하기 위해 단기 외환 거래에 부과하는 금융거래세를 의미한다.

다. 이 조치는 시장의 급변동성을 막는 것이 목적이다(아마 일부 근거는 의문의 여지가 있다). 프랑스는 원칙적으로 이 제도를 채택했고 브라질은 어영부영 실행하는 것처럼 보였고 유럽의회에서는 여섯 표 차이로 도입되지 못했다. 이 제도가 세원이라는 점은 아무도 전혀 반박하지 못했다. 2008년 6월 미국 경제정책연구센터Center for Economic and Policy Research(CEPR) 공동설립자이자 거시경제학자인 딘 베이커Dean Baker는 금융체제의 근본적 개혁에 크게 회의적인 태도를 보이며, "금융 거래에 얼마 안 되는 세금을 부과하면 국내총생산의 1퍼센트, 즉 1500억 달러 거두는 정도는 쉬울 것"이라고 블로그에 적었다. 그가 말한 '얼마 안 되는 세금'은 금융활동에 영향은 없고 순전히 투기 거래만 억제하려는 것으로 증권시장 거래량의 0.25퍼센트, 스와프 계약 불이행 대비 보험의 0.02퍼센트다. 그는 독일 재무장관과 마찬가지로 토빈세를 국내 금융 거래로 확대 적용하려고 했다.[11]

최근 한 유럽의회 의원은 국제금융과세연대ATTAC에서 이미 발표했던 대로 토빈세보다 폭넓게 국제금융 거래에 과세하는 방안을 검토해달라고 집행위원회에 요청했다.[12]

이런 유형의 과세는 미미해 보여도 가시적인 결과를 낳을 수 있다. 공화당 의원들은 소득세를 폐지하고 모든 자금 거래에 비례세를 엄격하게 적용하자는 제안에 큰 충격을 받았고 이를 지독히 자유주의적인 발상이라고 폄하했다. 그러나 모든 일은 우리가 어떻게 생각하느냐에 따라 다르게 해석된다. 경제를 매미와 개미에 빗대 생각한다면, 먹을 거라고는 1코펙(100분의 1루블)도 없는 매미에게 과세하지 않고 개미를 찾아가 저축량을 살피고 세금을 매길 것이 분명하다. 가진 게 아무것도 없는 이, 혹은 거의 없는 이에게 세금을 물리지 않는 편이 합리적일 것이다. 게다가 부자들에게 비례세를 부과하면 상황이 이상하게 된다. 소득세를 면제받은 이들이 무책임하게 보이고, 부자들이 이중으로 책임을 떠안는 것으로 여겨진다. 시민권을 차등 적용하는 셈이다. 게다가 제도 내에서 벌충은 해야 하니 가난한 사람에게 소비세를 물리는데, 이는 부당하고 소득재분배 기능에 어긋난다.

프랑스 일반사회보장분담금은 어설프게 설계되지 않았는데, 자산 거래와 밀접하게 연관된 소득에 부과되기 때문이다.* 하지만 진정한 꽃가루받이 경제가 구축된다면 이 조세제도가 온당할까? 우리가 개미나 꿀벌이라면 (가령 노동을 지속하면 환경을 오염시키거나 보건 및 교육 분야에서 부정적 외부효과를 발생시킨다고 할 때) 환경 원칙을 적용하지 않고 비례세로 얻는 이득은 무엇일까?

금융 거래에 따라 과세할 때 거래 횟수에 따라 누진 과세되는 이점이 있다. 또한 사치품 소비 억제라는 친환경적 요건도 완벽히 충족한다. 누구나 돈을 유통할 때마다 얼마를 내는 동일한 비례세율의 세금 납부를 부자들이 받아들인다고 해도 그렇다. 지속적인 발전을 위한 절대적인 규칙이 지켜지고 지구라는 벌통의 생존에 필요한 수단을 재분배할 금융 기술을 공권력이 갖춘 시점부터 가난하거나 부유하거나 관계없이 모두가 수용할 수 있을 과세 기준

* 일반사회보장분담금은 근로소득, 실업급여, 상병급여, 퇴직연금 및 장애연금, 재산소득 및 이자소득, 게임 등의 사행소득에 대해 부과된다.

이다.

여기에 세금 자체에 부자로부터 빈자로 부를 재분배하는 원칙이 반영되지 않았다고 우파적 발상이라고 할 것인가? 그러나 이런 조세 방식이 금융 당국에 더 많은 세수를 가져오고 징세 비용을 줄여줄 것이다. 특히 경제활동이 부진해질 경우 정확하게 제대로 할당될지 알지 못한 채로 지출 예산을 표결에 부치는 대신 실시간으로 정부에 세원을 확보해줄 수 있어서 가난한 사람들을 위해 훨씬 실질적인 재분배 정책을 펼 수 있을 것이다.

단 하나 중대한 결함은 금처럼 금속화폐로 현금을 축적하여 세금을 포탈할 수 있다는 점이다. 그러나 더 이상 자금세탁원은 존재하지 않는다. 오늘날 불환지폐•로 돈을 보관하고 어떤 방식으로든 회전시키지 않는다면 그 가치는 필연적으로 하락한다. 은행 계좌에 보관된 자금의 경우 납부할 세금은 없을 것이다. 하지만 그 자금은 영원히 잠들 수 없고 거래가 일어나면 세금을 내야 한다.

불법 자금 거래도 결국 현금자동입출금기나 은행에서 발생한다. 결국 현금으로만 거래하면서 돈을 적게 쓰는 것이 과세되지 않는 유일한 방법이다. 검소함을 미덕으로 삼는 친환경 정책의 취지에도 부합한다.

외부 투기 거래만 겨냥하는 토빈세와 달리 모든 내외부 금융거래에 대한 과세라는 발상은 1930년대에 나왔다.

• 不換紙幣(inconvertible paper money). 정화(금·은 등 본위화폐)와 태환이 불가능한 화폐다. 금본위제 시대에 은행권은 모두 태환지폐였으나 금본위제를 폐지한 현대 정부 및 중앙은행이 발행하는 화폐는 모두 불환지폐라고 할 수 있다.

지금은 세상을 떠난 르네 몽그라니에[•]는 2000년 이런 계산 방식을 제안했다. 프랑스 예산 중 수입은 부가가치세 7510억 유로, 소득세 3500억, 법인세 2860억, 유류세 1660억, 등록세 1410억, 세수 1910억으로 총 1조 8850억 유로다. 총지출은 2조 10억 유로로, 1160억 유로 적자다. (개략적으로) 은행 간 입·출금 거래 3559만 4356유로×2, 우편대체연금계좌ccp 저축액 101억 2400만, 동 계좌의 출금액 90억 6000만, (현재는 아니지만 충분히 수치화될 수 있는) 여타 인허가 금융기관, 우편환, 저축은행, 상호조합, 보험사 등에서 이뤄지는 자금 거래 등 모든 자금 이동에 1퍼센트 세금을 자동 부과할 수 있을 것이다. 국내외 자금 이동과 투입에 0.25퍼센트 과세로 5조 1165억 100만 유로, 금융상품 변동과 보유 관리를 담당하는 회사(특히 정산소)에도 같은 세율을 부과해 6조 5900억 100만 유로를 거둘 수 있다. 이 정도면 직·간접세 일체를 폐지하고 정부 예산과 국가 사회복지 예산을 적자 없이 운용할 수 있는 비용을 모두 합산한 3조 8490억 유로는 가뿐히 넘는다.

당연히 어떤 거래도 면제될 수 없다. 현금 결제는 예외지만, 이는 극히 일부에 불과하다. 그리고 승수 효과가 발생한다.[••] 다시 말해 하루에 유통되는 금액에 매개 요소가 많아질수록 같은 금액이

• René Montgranier(1912~2005). 본명은 르네 투랑René Tourenq. 고전문학 교수를 지냈고 레지스탕스로 활동했고 말년에는 조세 전문가로 '자금 이동 과세' 도입에 힘썼다.

•• 하나의 경제변수가 다른 경제변수의 변화에 따라 바뀔 때 그 변화가 단번에 그치지 않고 연달아 일어나 총 변화량이 최초의 변화량의 몇 배에 달하는 경우에 승수 효과가 발생했다고 한다.

라도 더 많은 세수를 거둬들인다. 개개인이 아니라 네트워크의 밀도, 그러니까 관계의 밀도와 흐름에 세금을 물리는 것이다. 부가가치세와 정반대로, 매개 요소와 네트워크의 생산물에 과세한다는 의미인데 부를 축적하는 대상이 바로 네트워크기 때문이다. 네트워크가 부를 축적하고 생산하는 주체기 때문에 네트워크에 세금을 부과하는 것이다.

어떻게 보면 이런 과세 형태는 기업으로 하여금 자회사와의 관계에서, 또 무용하지만 어떤 식으로든 과세되는 이익을 외주화하는 회계 장난에서 다시 내재화하도록 독려할 수 있다.

이 세금이 도입되면, 증권시장과 순전히 투기성 거래의 경우에 얼마간 둔화세를 보이고 일일 거래 광풍을 잠재울 것이다.

네트워크에 과세함으로써 개인에게 징세하지 않는 셈이다. 완벽히 공평하게 세금을 부과하는 방법인데 누구나 하루에 실행한 모든 거래의 1퍼센트를 공동체에 납세했다고 말할 수 있기 때문이다. 다시 말해 누구나 동일한 방식으로 공공시설에 자금을 지원하고 시민은 동등하다는 느낌을 받는다. 시민들은 하루에 1000유로든, 100유로든, 10유로든 지출하는 대로 각자 공공선에 기여한 바에 대해 공동체와 적절한 균형 관계를 찾게 된다. 현행 시스템에서는 모든 사람이 납부하지만 빈곤층에게 유독 부담스러운 부가가치세를 제외하면 절반의 사람들이 소득세를 면제받는다. 세원을 찾으려고 소득세 제도를 고안했는데 결과적으로 시민들을 1구간, 2구간으로 구분하는 불평등하고 꽤 까다로운 과세 구간만 남았다. 과세 구간이라는 기준은 부를 대하는 새로운 관점과 양립하기 어렵다. 세금을 가장 많이 부담하는 1구간 시민들이 공공투자에 단호하게 반기를 들 것이다. 그리고 손꼽히는 부자들은 증세를 완강히 거부할 것이다. 반면 부의 원천, 그러니까 자금 유통에 과세하는 제도가 도입되면 이들은 세금을 납부하는지도 깨닫지 못할 것이다.

지금보다 한결 단순하고 정의로운 과세 방법이다. 그리고 공화국의 평등이라는 가치를 앞세우며 끔찍한 좌절을 퍼트리고 조세회피를 조장하는 복잡한 문제를 만들지도 않는다.

기본소득제를 도입하자

과세의 원칙을 언급했으니 부의 재분배에 대해서도 논해야겠다. 부는 꿀벌의 꽃가루받이로 생산되는데, 꽃가루받이는 실제로 꿀벌에 빗댄 인간의 활동이니 인간이 논의하고 사회적 관계를 맺는 활동이 부를 창출하는 셈이다. 따라서 이 활동은 재분배 대상이 되어야 한다고 생각할 수 있다. 이런 연유로 인간 활동에 대해 최소소득, 기본소득을 지급해야 한다. 꿀벌이 꽃가루받이를 하려면 건강해야 한다. 그러므로 기본소득으로 부를 재분배하는 것은 꿀벌이 꼭 꿀을 생산해서가 아니라 꽃가루받이를 통해 직접적으로 부를 생산함을 감안한 결정이다. 그리고 모든 이들에게 기본소득을 나눠준다고 해도 남들보다 좀 더 일하는 이들, 워커홀릭이 있을 것이다. 자연에는 다양한 취향이 존재하기 마련이다. 꽃가루받이를 방해하는 행위와 꽃가루받이하는 행위로 구분하는 것이 좀 더 확실하겠다. 매미형이나 개미형인 사람들이 있을 텐데 일한 만큼 이득을 더 얻는 것을 막을 명목은 없다. 세금을 더 부과하는 것도 딱히 의미가 없는데, 필요한 세금은 이미 다 징수했기 때문이다. 가령 '개미형' 꿀벌은 더 많이 움직였고 오디세우스가 아닌 아킬레우스의 삶을 선택했으니 실업수당이나 연금 점수를 추가로 받으면 된다. 교정계수를 적용하면 사르코지 대통령이 말했듯 돈을 더 벌기 위해서 일에 매진하는 시간이 길어질수록 실제로 연금을 받는 기간은 상대적으로 줄어든다. 그러나 임원이든, 중소기업 사장이든, 수공업 장인이든, 자영업자든, 직장인이든 열심히 일한 사람에게 "다른 사람들을 도와야 하니까 당신이 벌어들인 돈 중에 일정 선을 넘는 금액에 대해 80퍼센트 과세하겠습니다"라고 통보할 수는 없다. 비논리적인 이야기다. 공화국의 평등주의 기조에 따른 누진세는 과거, 즉 다른 시대에 속하는 제도다. 사실상 인간의 경제활동에서 평등의 요소는 꿀 생산이라는 의미에서 노동보다는 기여분을 살피는 편이 보다 온당하다. 모든 사람이 실질적으로 사회에 기여한다고 할 수 있다. 그 대신 꽃가루받이가 더 활발하거나 덜 활발한 활동을 구분해볼 필요는 있다.

위기에서 벗어나자

녹색경제는 나노입자, 화학제품, 병해충 방제 제품, 환경 오염, 재활용 문제 등을 해결하면서, 다시 말해 설계에서부터 핵을 개발하면서 만들어낸 유해물질의 재활용까지 천 년을 내다보는 장기적인 안목으로 경제 전반을 재편하면서 산업을 재건할 것이다. 그 과정에서 우선 일자리가 급증할 것이고, 곧이어 사람들은 생태경제가 얼마나 복잡다단한지 깨달을 것이다.

그러나 세금, 부, 국내총생산 평가, 기존 목표 등 낡은 원칙을 유지하고, '이렇게 두면 안 되겠어, 금융가들이 자금을 지나치게 풀었어, 유동성을 감소해야겠어'라는 식으로 대출로 인한 도덕적 해이를 우려하면서 모든 거래를 막아버린다면 정부는 새로운 협상가격의 위기에 봉착해 최악을 경험하게 될 것이다.

이 점을 바탕으로 위기 탈출 시나리오는 복잡하다는 점을 이해해야 한다. 특히 측정 수단과 척도, 시선이 자본주의 기간 5세기와 기존 회계 방식 기간 20년에 길들여진 시선을 유지한다면 더욱 그럴 것이다. 내 눈에는 명백하고 예상 가능하고 거세지고 당연해 보이는 도덕적 반란이 일어나도 상황은 달라지지 않을 것이다. 격분한다고 새로운 측정 수단이 만들어지지 않기 때문이다. 특히 헝가리 파견은 월 450유로, 튀니지는 월 150유로라는 식으로 근무지 재배치안과 새로운 임금을 제안하며 급여생활자들을 자극한다고 일이 쉬워지지 않는다. 이런 도발은 공공질서에 반하는 일이다.

사전에 관심을 가지기보다는 지금 눈요깃거리를 만들어 흥미를 끌려는 언론을 통해 전해지는 독일 타이어업체 콘티넨탈의 프랑스 우아즈 공장 노동자들이 벌이는 폭력 시위처럼 사회적 분쟁이 일어날지 모른다. 하지만 주의해야 할 점은, '이성을 잃은' 사람이 한 명이면 정신분석의 대상이지만, 200명이 함께 분노한다면 이는 사회심리학적으로 통제 불가능한 폭동이 된다는 것이다. 만약 이 200명이 사장을 교수형에 처하거나 1792년 프랑스혁명 9월

대학살 때 처형된 랑발 공작부인의 사례처럼 목을 베어 곡괭이에 꿰어 다닌다면 혁명이 시작되는 것이다. 믿기지 않는 불평등이나 부패가 드러나면 폭동이 일어나는 오랜 전통이 있는 중국에서는 이미 그런 일이 벌어졌다. 2009년 간단히 수백 명의 대량 해고를 발표한 기업 대표가 맞아 죽었다.• 프랑스에도 오랜 혁명의 전통과 '농민 자쿠오'•• 문화가 있다.

인식의 이론적 도구와 주류적 부의 재현 방식이 바뀌지 않는 한, 자본주의에 대한 모든 비난, 실험적으로나마 출구를 열어보려는 모든 가능성은 실현될 수 없다. 생태 혁명을 도구로 고려하지 않는다면, 모든 시도는 결국 좌절당할 기대를 부추기는 경향만 만들 것이다. 그래서 말뿐에 불과한 새로운 뉴딜은 새로운 무엇, 안정적인 체제로 이어지지 못한 채 모순만 심화시키고 유럽에서 이미 고개를 내밀기 시작한 포퓰리즘으로 귀결될 것이다.

사적 자본주의의 발전을 막으려고 사유재산제를 폐지하자는 정통적 마르크스주의자 방식이든 소비를 멈추고 생활습관의 전면적인 변화를 선언하는 급진적 생태주의자 방식이든 이전과 단절을 주창하는 이들이 있으니, 과격한 개선책도 면밀하게 살펴보는 편이 좋을 것이다. 이 해법은 인지자본주의가 표상하는 바를 활용해 체제라는 톱니바퀴에 걸쇠가 되어 퇴보를 막아줄 것이다. 가령 인지자본주의가 위기 대응적인 규제와 함께 발달했을 때 급여생활자

• 2009년 7월 지린성 통화시의 통화철강 노동자 2만여 명은 회사의 인수 합병 계획에 반대해 대규모 시위를 벌였고 공장 책임자가 구타당해 사망했다.

•• 부르봉 왕정복고 시대를 배경으로 젊은 농민 자쿠오가 사악한 귀족을 상대로 반란을 일으키는 소설로 2007년 영화로도 제작되었다.

들에게 무엇을 제공할 수 있겠는가? 결국 지속적으로 꽃가루받이에 의존해야 하는 상황이기 때문에 기본소득의 가능성조차 제시하지 못하지 않을까?

이 점이 결정적이다. 기본소득을 부의 재분배를 위한 부수적인 수입으로 여긴다면 어떻게 할 것인가? "우리는 부를 충분히 생산하지 못했으니 기본소득을 받을 수 없어." 꽃가루받이가 부를 생산하고 현재 사용하는 지표가 꽃가루받이를 잘못 평가한다면, 기본소득은 하나의 존재로서 개인이나 그의 고유한 특성이 아니라 꽃가루받이나 사회화 능력에 따른 소득으로서 모든 사람에게 지급된다. 이는 케인스식 안정 장치보다 훨씬 더 강력한 수단이다. 동시에 기업이 번 이익의 재분배가 아니라 직접적인 꽃가루받이라는 생산활동의 수당으로, 재분배된 소득이나 불로소득일 수도 있고 또 그렇게 보일 수도 있지만 사실상 실제 생산으로 지급된 대가다. 노동자들에게 분배된 급여는 대체로 생산 수익, 임금과 수익을 나눈 것으로 간주되지만, 실제로는 기업이 부정적인 외부효과, 즉 생물권生物圈(biosphere)이나 누스페어에서 거둔 불로소득으로 비생산적이고 금리에서 나왔으며 기생적인 산물이다. 그러니 뒤집어서 해석해보자. 누군가 급여를 받는다고 그 사람이 생산적인 사람은 아니다. 임금노동자이고 1단계 경영에서 착취당한다고 해서 생산적인 것은 아니다. 생물권이나 누스페어에 해를 입힌다면 사실상 비생산적이다. 그렇지 않다면 사람을 잘 죽이는 군인에게 생산적이라고 하는 셈이다.

결국 필연적으로 이런 질문에 봉착하고 만다. 급진적 개혁주의란 무엇인가? 제도적 경관에서 영구히 자본주의를 벗어나려면 어떻게 해야 할까? 새로운 현상을 귀환 불가능 지점으로 공고히 하려면 어떻게 해야 할까? 물론 현재 실험 단계이기는 하지만, 생각보다는 현실에 가까운데 왜냐하면 대부분 이미 존재하는 것을 일반화하는 과정이기 때문이다. 가령 기본소득은 완전히 새롭게 등장한 개념이 아니고 실행하지 않았던 제도로, 마치 프랑스에서 주 35시간 근무제나 인민전선 정부의 유급휴가제의 시행처럼 느닷없이 공포하려는 것이다. 왜 그래야 할까? 현실에 이미 다른 형태로 존재해서다. 감면된 임금제도가 적용되는 공공 분야가 그 사례다. 민간 분야 고용주들이 특히 거부하는(왜인지 직접 생각해보자) 이 법은 직원의 보수를 개별적인 아웃풋이나 팀별 성과가 아니라, 경제 전체의 생산성에 대한 기여도에 따라 결정한다. 게다가 공무원들이 여전히 평생고용을 보장받는 공공 분야의 경제적 근거를 검토해보면 그 근거가 소위 내생적 성장이론임을 알 수 있다. 수준 높은 인력 양성(교육, 복지, 보건, 평생 학습, 물질적 및 비물질적 사회간접자본, 사회보장도, 안보, 정의)이 성장의 주동력이다.

문제는 인간은 생존하기 위해 스스로 만들어낸 생산품이 필요하다는 점이다. 그러려면 생물권과 누스페어의 생산물이 필요하다. 즉 먹을거리를 시작으로 상품을 생산하지 않고서는 인간으로부터 고품질 생산품을 기대할 수 없다. 또 누스페어를 통해 생산하지 않고는 인간의 고품질 생산품, 그러니까 문화, 두뇌 능력의 상호작용 및 협업을 도출할 수 없다. 그리고 두뇌활동이 벌어지는 장소, 즉 몸, 더 나아가 그 몸이 속한 생물권을 보살피지 않고서는 누스페어를 통해 생산할 수 없다. 오랫동안 생물권은 마르지 않는 샘이라서 새로이 생산하지 않아도 된다고 여겨졌다. 이제는 녹색산업으로 새로운 상품을 생산하지 않는다면 생물권을 직접적으로 위협하며 보존할 수 없음을 깨달았다. 여기서 새로운 상품이란 재화와 제조 공정은 물론 문화적 사고 과정, 협력과 사용자들의 지적인 소비를 유도하고 조직하는 장치를 두루 포함한다. 생산적인 모델이란 이런 식으로 확대된다. 생산성주의는 다만 형편없는 생산모델이었다. 없애자는 게 아니라 비중을 축소하고 반대로 생산이라 명명된 부분을 키우는 게 관건이다.

마찬가지로 생산계급을 재정의해야 하는데, 실질적으로 오늘날 비생산계급과 생산계급이 섞여 있기 때문이다. 진정한 생산계급이 (대개의 경우 보이지 않기에) 제대로 인정받지도 못하고 제대로 보수를 받지도 못한다. 그러나 새로운 의미의 생산계급의 면면은 이미 알려졌다. 구체적인 업무 내용이나 성과에 대비해 임금을 지급하는 규정을 완화하는 것도 생산계급을 제대로 대우하는 하나의 방법이 될 수 있다. 연구원이나 예술가들이 일하게 하려면 임금 지급 규정에서 벗어나는 게 가장 효과적이다. 프랑스 국립극단의 준단원이나 국민 30퍼센트가 평생직장을 보장받는 일본, 지방직이든 국가직이든 공무원들 등 전 세계적으로 이미 이런 형태의 소득 지급이 실험 단계를 넘어 운영되고 있다. 도처에서, 때로는 드러나지 않은 형태로 일자리 상실에 대비한 소득보장책을 갖추고 있다. 가령 프랑스 임시직 공무원법은 실현된 생산이 아니라, 이 생산이 가능하게 한 조건을 고려해 보수를 지급한다. 교수의 경우에 강의뿐만 아니라 수업 준비 시간도 고려한다.

이 모든 요인이 현재 마주한 문제를 설명하고 있다. 최대의 이윤 추구라는 제1규칙이 모든 것을 압도하는 자본주의 법칙에서 벗어난다면, 공동의 생산물이 아닌 단순히 중앙정부나 지자체의 생산물에 불과한 공적 생산이 사라진다면 어떤 일이 벌어질 것인가? 사회는 효율성이 떨어질까? 덜 행복해질까? 부당하고 불평등한 일이 줄어들까? 환경 문제에 시급하게 대처할 능력이 부족해지거나 대충 주먹구구식으로 대응하게 될까? 이런 질문에 대한 대답은 아마 각자의 물리적, 문화적 처지에 따라 달라질 것이다. 하지만 세련된 농담으로 치부하지 않고 이런 질문을 던질 수 있다는 사실은 꽤 많은 것을 의미하며 단순히 인지자본주의 수립 이상으로 긴 미래를 그려보게 한다.

물론 지금 농산업이라 불리는 산업의 영향으로 농업이 획기적으로 변화했듯이 모든 것이 완전히 변하지 않는다면, 우리는 계속해서 강철과 기계를 생산할 것이다.

프랑스 파리의 공공자전거 대여제도 벨리브처럼 공유자동차 대여 서비스가 운영되지 않는 도시에서 자동차는 거의 보기 힘들어질지도 모르지만, 반면 대도시가 아닌 지역에서 자동차는 여전히 운송 수단으로, 심지어 개인의 이동성을 확보하는 수단으로 남을 것이다. 그렇다면 어떤 자동차를 사용해야 할까? 휘발유가 아니라 대체 연료로 작동하는 친환경 자동차여야 하지 않을까? 그런데 친환경 자동차도 여전히 자동차일까? 아직 아무것도 모른다.

마찬가지로 누구도 물질적인 재화가 곧 사라질 것이라고 장담

할 수 없다. 점차 사람들이 추구하는 가치와 예산에서 이 재화가 차지하는 부분이 줄어들긴 할 것이다. 지금 일어나는 일이기도 하다. 물질적인 재화는 1800년 이래로 쥐고 있던 주도권을 내놓았다. 대신에 계속해서 중요한 자리를 차지하고 있는 물질적 재화는 초하이테크 재화다. 자동차가 초하이테크 재화라면, 한동안 하이테크 제품이라는 위치에 있을 것이다. 그러다가 가계 예산에서 차지하는 비중이 내려가거나 미미해지면, 그때부터 소비의 중심에서 밀려날 것이다.

따라서 인지자본주의는 생태학이나 녹색산업과 마찬가지로 물리적 상품의 종말을 의미하지 않는다. 단지 대대적인 변화를 뜻한다. 그리고 이들 상품은 얼마짜리 물건이 아니라 사용 과정의 일부가 되면서 가치가 하락할 것이다. 예를 들어 자동차나 비행기, 더 일반적인 교통수단으로 대여 서비스가 확대될 것이다. 환경 오염 최소화와 소요 시간 등을 고려해 최적의 교통수단을 선정해 대여하는 서비스를 제공하는 업체가 등장할 수도 있다. 정해진 규정 아래에서 최단 시간에 A지점에서 B지점까지 이동시켜주는 것이다. 그러려면 비행기나 배, 버스 혹은 특수한 자동차를 타야 할지도 모르지만, 세부사항에 일일이 신경 쓸 필요는 없다. 꽤 급진적인 변화이고, 이런 서비스는 꾸준히 발전하는 중이다. 필리프 페탱• 총사령관이 '거짓말을 하지 않는 땅'으로 회귀하자고 했듯이 산업으로 되돌아가리라는 반동적이고 헛된 예언은 빗나갈 것이다.

• Philippe Pétain(1856~1951). 프랑스 군인이자 정치가로 제1차 세계대전에서 무훈을 세웠으나, 제2차 세계대전 중 독일과 협력한 비시정권의 수반이 되었다.

땅은 물론 산업화도 더는 만병통치약이 아니다. 다시 산업화가 지칭하는 바가 무엇인지 이해해야 한다. 산업화를 자산 유지로 오인한다면 출발부터 잘못된 것이다. 프랑스의 IT산업이 부진한 현실은 사람들이 산업과 기계를 헷갈려함을 보여준다. 프랑스 위정자들이 〔콜베르주의(중상주의)와 의지주의적 자코뱅주의(중앙집권적 국가)를 덧입은〕 외관은 모던하지만, 1960년대의 대형 비행기, 기차, 폭탄을 연상시키는 물질주의적이고 자산 중심적인 경제에 닳은 낡은 소프트웨어만을 탑재하고 있으니 안타깝다. 한때 불Bull 기업을 중심으로 컴퓨터산업조성계획Plan Calcul을 추진했으나 참담한 실패로 끝났다. 1972년 최초의 상용 마이크로컴퓨터[13] 미크랄 N을 제작한 소기업 R2E(불 그룹이 인수) 소속 프랑수아 제르넬François Gernelle과 앙드레 트뤼옹 트롱 티André Truong Trong Thi는 계속 개발하는 대신 빌 게이츠와 폴 앨런Paul Allen이 MITS사 알테어 8800을 만들도록 영감을 주는 데에 그쳤다. 프랑스의 정보통신기술산업 실패는 어제오늘 일이 아니다. 프랑스의 고질병은 의외로 간단하다. 조직이 지나치게 위계적이라서 기업을 비롯해 정부와 고등대학 내부에서 MIT대학의 에릭 폰 히펠Eric von Hippel 경제학 교수가 중요성을 역설한 상향식 혁신이 부재하다. 꽃가루받이가 확대되고 분산된다면 훨씬 강력한 혁신과 창의력을 펼칠 수 있을 것이다.

에필로그

시장과 국가 너머

인간 사회가 단지 부의 무한 축적을 위해 움직이지 않는다고 받아들인다면 자본주의를 점차 무력화한다는 의미에서 자본주의 밖으로 나갈 수 있다. 자본주의의 종식은 자본주의가 전반적인 경영에 실패했기 때문인데, 지구 전체의 운영에 실패했고 기업 내 인간 사이의 관계를 견딜 수 없게 만들었다.

다른 문제는 당연히 시장의 소멸이다. 대체로 시장이 소멸되면 자본주의 종식을 예상하는데, 우리는 느닷없이 국가자본주의와 직면했다. 그러니 국가의 소멸도 관건이다. 사회 그리고 사회 조직 구성에서 국가의 역할은 무엇인가? 오로지 시장만 생각한다면 민간자본주의만이 우리의 적이지만, 착각해서는 안 되는 게 국가가 단연 가장 거대한 자본 축적의 주체라는 점이다. 그리고 국가는 이익뿐만 아니라 아니 오히려 더 권력을 위한 자본을 축적한다. 국가와 손잡은 초거대기업 내부에서처럼 국가 내에서는 이익을 위한 이익 축적에 대응한다는 명분으로 권력을 위한 권력 축적이 벌어지기 때문이다. 전자도 하나의 중요한 기능이다. 익히 알다시피 돈을 벌기 위해 돈을 모으는 사람이 있기 때문이다. 마르크스가 말한 엄밀한 의미의 자본가("축적하라. 축적하라. 그것이 율법이자 계시다")가 그들일 것이다. 그러나 이익 대신 권력을 축적하는 기관이 많다. 경제학자 윌리엄 보멀William Baumol이 관료주의를 분석한 바에 따르면, 소비에트연방이든 초국적기업이든 지도자들이 관료주의를 통해 확대하려는 것은 직접 시장이 아니다. 또 수많은 소규모 제조업자들이 공존하며 아무도 가격 영향력을 행사할 규모를 갖추지 못한, 레옹 발라스의 이상향도 아니다. 국가와 관련성을 떠나서 프랑스 CAC40 주가지수에 속한 거대 다국적기업 경영자들은 막대하고 터무니없어 보이는 봉급을 받으면서도 조직의 권력, 정확히 짚자면 개개인을 초월하는 자기 권력을 최대화하고자 한다. 그래서 권력을 위한 돈의 축적이나 권력이 가해지는 더 많은 사람들을 통제하려는 기계의 축적은 역사적 자본주의 체제의 기본적 톱니바퀴이기도 하다.

문제가 또 있다. 카를 비트포겔[1]이 아시아 전제국가를 수력 사회를 통해 완벽히 분석했던 대형 국가 프로젝트를 떠올려보면, 국가는 어느 시점에 반드시 공익의 목표가 아닌 대규모 공사를 진행한다. 예를 들어 소형 댐을 다수 설치해 민간에서 관리하게 한다면 국민에게 권력을 부여할 수 있기 때문에 그 대신 대형 공사를 선택하고 이 공사는 또 환경에 치명적인 영향을 준다. 그래서 무엇보다 국가를 비판하려는 목적으로 늘어놓는 자본주의에 대한 비난은 독재 사회주의로 귀착되어 지루하다. 국가는 전능한 조물주가 아니고, 무분별한 생태계와 지구의 개발로부터 국민을 보호하지도 못한다. 금융 위기로부터도 보호하지 못하고 오히려 위기를 조장한다. 세계 경제가 금융화되고 세계화가 금융을 중심으로 이뤄지는 세태의 일선에는 국가가 있다. 국가가 사태에 압도된 게 아니라 이 '화려한 혼란'을 대대적으로 야기했다.

따라서 국가에게 재앙은 레닌이 누차 언급했듯 통치하던 이들이 더 이상 통치하려고 하지 않고 지시하던 이들이 더는 지시하지 못하고 복종하던 이들이 더 이상 지배받기를 거부하는 단계로 접어드는 것이다. 레닌이 특징지은 바에 더해 공공 및 민간 연구소에서 과학적 연구 영역이 대폭 확대되면서 엘리트들이 끼리끼리 추천하고 발탁하며 양심을 사고파는 문화는 매일 설 자리를 잃고 있다.

요즘에는 국가도 통화 및 금융 위기를 회피한다. 위기가 재난으로 이어지리란 사실을 알기 때문이다. 그러나 국가는 혼란이 확대되는 속도보다 국민들의 움직임이 빠르면, 다시 말해 사회 운동이 거세지고 영향력이 커지며 폭력성이 증가하면, 더 이상 자본주의자들을 경계하지 않는다. 자본주의자들도 새로운 질서에 적응하면서 판돈을 회수하려는 이들과 자신들의 부를 늘려준 낡은 체제를 고스란히 간직하려는 이들로 갈린다. 이쯤 되면 사실상 민주주의라는 제도도 가뿐히 무시하게 될지 모른다. 독재 정권까지 수립하지 않아도 생산 수단의 국유화보다 심각하게 신성 불가침한 개인의 권리 침해에 가까운 일을 벌일 수 있다. 이는 충분히 있을 수 있는 일이고, 국가는 존속을 위해 이렇게 해야 한다면 전혀 망설이지 않을 것이다.

그런데 여전히 국가가 모든 것을 결정하는 정치체제다. 하지만 환경 문제나 인터넷 규제 등의 사안에서 국가의 현명한 판단을 기대하기는 어렵다. 환경보호 문제, 농업관련산업agribusiness 정책, 북반구와 남반구 국가 관계에 관심을 기울이는 비영리단체에 비해 국가의 의식은 크게 뒤처져 있다. 비정부기구NGO는 최전선에서 이런 현안에 집중하며 과거에 정당이 수행했던 역할을 담당한다. 프랑스에서 1만 5000킬로미터 떨어진 아프리카에서 벌어지는 문제에 목소리를 내는 것도 비정부기구다. 빈곤국의 사회 문제를 우리 사회에 일깨워주는 것도, 환경 오염에 기민하게 대처하는 것도 모두 비정부기구다.

그러니 새로운 질서를 정립할 규칙이 필요하다. 그 시점이 되면 지상의 권력을 누리는 전능한 기업은 힘이 약화되고, 자기만의 법칙을 세우고 증권시장에서 기업의 성과 외에는 안중에 없이 막강한 세력을 행사하는 자리에서 물러날 것이다. 기업이 급여를 지급한다는 명목으로 아무것이나 제작하면서 누군가에게 일자리를 제공하는 점 이외에 사회적 유용성이 무엇인지 자문하기 시작할 것이다. 부를 생산하고 고용을 창출하는 유일한 수단으로서 기업을 설명하는 것이 생산주의적 사고방식이기 때문이다. 부를 생산한 만큼 망가뜨리지 않는 것을 제외하고 기업에 무언가를 더 기대하기도 어렵다. 물론 모든 기업이 그렇다는 이야기는 아니다. 그러나 만들어진 일자리가 생태계를 파괴하거나 누스페어를 끔찍하게 위협한다면 기업은 쓸모가 없다. 이렇게 사고하면 전 분야에 적용하는 규범으로서 자본주의에서 벗어날 수 있다. 개인적으로 볼 때 이러한 생각이 낡은 사회주의를 바탕으로 한 떠들썩한 이념적 단절 선언보다 훨씬 현실적인 접근이다.

국유화는 아무런 문제도 해결하지 못했다. 환경을 오염시키고 다국적기업보다 한심하게 운영되는 국영 기업도 수두룩하다. 프랑스만 봐도 그렇다. 프랑스전력공사는 브라질에 댐을 건설했을 때나 베올리아 그룹으로부터 상수도망을 인수했을 때 미국 다국적기업보다 더 악랄하게 행동했다. 물론 여전히 다국적기업은 역겹다고 비난받을 만한데, 프랑스 정부가 투자한 다국적기업은 더 혐오스럽다.

이 점을 잊지 말아야 한다. 향후 어떤 시나리오가 가능할 것인가? 근근이 명맥을 잇고 땜질만 계속하며 겉치레용 개선과 약간의 환경보호와 미미한 인지활동에 그친다면 아무것도 바꿀 수 없다. 이는 불행한 결말을 맺거나 전쟁으로 이어질지 모르는 부정적인 시나리오다. 아니면 인지자본주의와 어떤 계약이나 합의안을 체결할 수 있다. 인지자본주의는 자본주의를 탈피해야 가능하다고 하니 말이다. 인지자본주의는 실험적이고 영리하며 합의에 기반하고 전 세계적으로 이뤄지는 출구를 향한 해법이다. 세계적인 협력이 필요한 이유는 스탈린과 마오쩌둥의 사례로 미뤄보건대 단 하나의 국가에서만 실험이 행해진다면 실현을 기대하기가 어려워서다. 가령 가장 자본주의적이라는 국가를 포함해 전 세계 모든 국가가 오만가지 유혹을 뿌리치고 남극에서 과학 연구 외에 다른 일은 불가하다고 결정했을 때, 우리는 자본주의에서, 전 지구적으로 횡행하는 자본주의적 착취에서 벗어났다. 이제 새로운 조직 원리의 시대로 접어들었다. 진정한 전환 사례를 찾는다면 특히 남반구 국가에서 유누스의 사회적 기업이 대표적이다. 정부가 통제하는 맨체스터학파식 무분별한 시장 개발의 길을 걷는 중국과는 다른 길이다. 유누스가 끝내 국가로부터 은행 역할을 위탁받기 위해 분투하지 않아도 됐다는 뜻은 아니다. 그에게 예금을 빼앗기기 싫은 다른 은행이 반대했기 때문에 국가의 개입 없이는 성공하지 않았을 것이며 우리는 국가가 중립을 지키고 있었으리라 생각할 만큼 순진하지도 않다. 그러나 적어도 국가가 경계심을 풀고 무장 해제하면서 우리가 바라는 방향으로 개입하도록 유도해야 한다. 경제적 계산에서 고려되는 생태적 합리성의 원칙은 완벽한 시스템의 출구 전략 중 하나다. 처음에는 국지적으로 단기 거품을 통해 이득을 올리는 투기가들이 있을 수 있지만, 전반적으로는 친환경 투자가 공동체를 위한 장기적 수익 전망을 보여주며 민주주의적 목표를 달성해 우리의 자손들과 지구상 거의 모든 국가에 유익할 것임을 우리가 알고 있기 때문이다. 그렇게 되면 단기 수익성 향상이라는 자본주의적 목표는 폐기된다. 대기업은 아무도 수익을 건드리지 못하게 자산 형태로 축적해 사유재산화했는데, 사유재산은 역사적으로 인간이 발명한 가장 기발한 소유 방식은 아니다.

통화 위기와 공공금융 위기와 함께 나타난 환경 문제는 여전히 우리 발밑에서 진행되고 있다. 그 심각성이 체제의 변화를 짐작하게 한다. 변화의 규모는 가난한 이들을 위한 자선행사가 시작되었음을 알려준다.

미주

프롤로그

1. 경제사상사에 대한 애증(학문의 과거에 대한 지식이 정교해질수록 삶의 굴곡에서 현재에 남은 환원불가능한 부분을 포착하는 능력이 커지기 때문이다)을 품은 사람들을 위한 환기다. 권리와 역사를 중시하는 독일 역사학파(프리드리히 리스트Friedrich List에서 베르너 좀바르트Werner Sombart까지)와 레옹 발라스Léon Walras나 윌리엄 스탠리 제번스William Stanley Jevons 등 한계효용설 지지자들이 극심하게 대립했던 방법론 논쟁에서 의외로 전자가 길게 보면 옳을 수도 있다. 후자는 경제학을 물리학이자 경성과학으로 이끌면서 수학을 적용하고 수학법칙으로 모형화하려고 했다. 실증주의적 과학만능주의가 팽배하던 한 세기가 지나자 '열띤 논쟁의 대상'이었던 역사학파가 말한 복잡성이 경제 현상이 물리계, 특히 수리계와 유사한 속성을 가졌다고 한 합리주의적 환원주의의 코를 납작하게 했다. 이런 순진함의 폐해를 확인할 수 있는 가장 최근의 사례는 2007년 시작된 경제 위기로 그 대가를 톡톡히 치렀다.
2. 경제 부문용 리히터(지진) 규모를 마련해야겠다. 로그곡선과 지수 성장곡선을 숭배하는 경제학이니 딱이다.
3. 2008년 노벨경제학상 수상자이며 『뉴욕타임스』 칼럼니스트.
4. 존 M. 케인스의 『설득의 경제학』Essays in Persuasion에 나온 표현이다. 1922년부터 1933년까지 경제 위기론을 설파해도 아무도 그의 말에 귀 기울이지 않았다.
5. 영국 은행들이 550억 달러 가까이 투자한 부동산 거품의 가장 '블링블링'한 면모(『르몽드』, 2009년 11월 28일)를 확인하고 싶다면 마이크 데이비스Mike Davis의 소책자 『두바이, 자본주의의 경기장』Le Stade Dubaï du capitalisme(Paris, Les Prairies ordinaires, 2008)을 참고.
6. 그리스 국가부채 위기, 에스파냐와 포르투갈 재정 위기 리스크에서 확인된다. 안정적인 투자처로서 금의 가격이 계속 상승하는 현상도 마찬가지다. 이후 페르시

아만 연안국에서 발행되는 영문 일간지 『인디펜던트』에 페르시아만 연안국이 달러화가 아닌 다른 통화바스켓으로 석유값을 받겠다고 합의했다는 소식이 실렸다.

7. 경제지 『알테르나티브 에코노미크』Alternatives économiques, 2009년 11월호(285호) 등 참조.
8. 니콜 엘 카루이Nicole El Karaoui, 「진정한 위기의 원인은 합리적 사고의 부재다」La vraie cause de la crise est la disparition du bon sens, 『라 트리뷴』La Tribune, 2009년 10월 20일.
9. 『리베라시옹』, 2007년 11월 13일.
10. 『르몽드』, 2009년 11월 17일.
11. 20세기 초 자본주의가 필연적으로 붕괴하느냐는 문제를 두고 노동운동을 펼치던 에두아르트 베른슈타인Eduard Bernstein과 카를 카우츠키Karl Kautsky가 논쟁했다. 베른슈타인이 전 세계적으로는 (자본주의가 19세기 말 경제 위기와 제2차 세계대전이라는 정치 위기를 이겨냈다는 점에서) 옳았지만, (1917년 러시아 혁명을 볼 때) 지역적으로는 틀렸다.
12. 1981~1982년부터 멕시코 금융 위기, 1998년 미국 헤지펀드 롱텀 캐피털 매니지먼트LTCM 파산 사태, 닷컴 버블 붕괴, 서브프라임 모기지 사태 등으로 경제 위기가 이어졌다.
13. 로버트 브레너, 「지구적 혼돈의 경제학」The Economics of Global Turbulence, 『뉴레프트리뷰』New Left Review I/229, 1998년 5~6월호.
14. 〈인터내셔널〉Internationale 가사 중에 '세계는 근본부터 바뀔 것이다'라는 구절이 있는데, 이 원칙에 따라 자본주의는 루키노 비스콘티의 영화 《레오파드》에서 그랬듯이 그 자신으로 살아남으려고 기본을 끊임없이 바꾸어왔다.
15. 경제학자 바실리 레온티예프Wassily Leontief가 개발해 일반화한 투입(인풋)/산출(아웃풋) 분석 모델에 따르면, 부의 생산은 자연에서 구한 일련의 요소(인력, 원자재, 에너지원)를 기술 장치(에너지를 소모해 작동하는 변환 기계)로 가공해 상품(혹은 아웃풋)을 만드는 방식으로 창출된다. 모든 것이 생산에 투입하는 돈으로 조직되는데(즉, 구입하고 실행하고 구현하고 가치를 부여하는데) 생산에 들고 수입이 아닌 이 돈을 '자본'이라고 한다. 그래서 경제의 각 부분을 통합해 사고한다면 모든 생산 요소가 매트릭스에 표현될 수 있다. 이 생산 매트릭스

에서 최종 제품(아웃풋)의 가치를 최대화하고 생산에 투입되는 요소(인풋)의 비용을 최소화한다는 경제의 황금률을 유추한다. 기업에 미시경제 이론을 적용해 보면, 기업가는 기업의 기술 수준이라는 단기적 제약에 따라 사용하는 자원(인력, 원자재, 기계 등 고정자산)에 드는 비용을 최소화하면서 생산물에서 최대의 수익을 내려고 한다. 장기적으로 기업가는 투자를 통해 기계를 바꾸거나 노동자들의 자격 수준을 조절할 수 있다. 이 모델은 두 가지를 고려하지 않았다. 우선 기업에서 사용하지만 비용을 지불하지 않는 천연자원을 회계에 반영하지 않았다. 보다 구체적으로 복잡한 생태계에서 '자원'을 채취하는 비용과 (유·무상 여부와 관계없이) 이 채취로 재생과 회복이 불가능한 자연이 입는 부수적 피해를 감안하지 않았다.

1장

1. 프랑스 제2제정 시대 경제 발전은 (비록 왕정복고 시대로 기원이 거슬러 올라가지만) 프랑스가 산업강국으로서 도약한 계기로 여겨지는데, 막대한 투자와 목표한 막대한 이득에 걸맞은 리스크를 감수해야 했다. 투자은행 등을 필두로 한 민간 금융회사는 백화점과 함께 발전했고 막강한 투자 지원의 주축이 됐다(정부의 개입도는 아직 낮았다). 그러나 가계 저축을 끌어모으는 능력은 여전히 제한적이었다(크레디리요네와 크레디아그리콜이 1867년 크레디모빌리에 사태 등 굵직한 기업의 파산 이후 구축한 네트워크가 아직 없었다). 크레디아그리콜(프랑스 농업협동조합)은 1900년 문을 연 세계 최초의 상업은행이다.
2. 페레르 형제는 프랑스 제2제정의 경제 개발, 특히 철도 건설과 보험업 자금 지원 및 오스만 시장의 파리 도시계획이 촉발한 부동산 개발에서 중추적 역할을 했다.
3. 디플레이션deflation은 수요가 정체된 반면 생산력은 과도해 가격이 하락하는 현상이다.
4. 프랑스 조절학파의 주요 이론가로는 미셸 아글리에타Michel Aglietta, 로베르 부아예Robert Boyer, 알랭 리피에츠Alain Lipietz, 파스칼 프티Pascal Petit, 뱅자맹 코리아Benjamin Coriat, 프레데리크 로르동Frédéric Lordon 등이 있다.
5. 칼 폴라니Karl Polanyi, 『거대한 전환』The Great Transformation, 1944. 1983년

에 프랑스어 번역본 『거대한 전환, 우리 시대의 정치·경제적 기원』La Grande Transformation, aux origines politiques et économiques de notre temps(Paris, Gallimard, collection 'Bibliothèque des Sciences humaines')이 출간됐다. 18세기부터 제1차 세계대전까지 자본주의 역사를 꼼꼼히 되짚는 책이다.

6. 뿌리가 다르긴 했지만 학생운동의 여세를 몰아 노동자들도 총파업을 일으켰는데, 물가 상승과 생산성 상승이 직종간 최저보장임금Smig에 포함되는 게 늦어졌기 때문이다. 그러한 연유로 1969년 샤를 드골 대통령이 물러난 뒤 자크 샤방-델마스 총리는 최저보장임금을 직종간 최저성장임금Smic으로 대체했다. 최저성장임금은 전반적인 경제 성장을 고려해 인상률을 정한다. 대형 공공기업의 임금협약은 유사한 체계를 채택했고, 민주노동연맹CFDT은 단순하게 보수나 개인 상여금은 물론 기업이나 산업 부문의 생산성 향상 격려금 등을 반영하지 않은 임금 구성 요소의 하나라고 비판했다.
7. 뱅자맹 코리아가 『뒤집어 사고하라: 일본 기업 내 노동과 조직』Penser à l'envers: travail et organisation dans l'entreprise japonaise(Paris, Christian Bourgois, 1991)에 상세한 표로 기술한 일본 모델을 참조.
8. 『르몽드』, 2009년 3월 17일.
9. 아돌프 오거스터스 벌 주니어Adolf Augustus Berle Jr·가디너 민스Gardiner Means, 『현대 기업과 사유 재산』The Modern Corporation and Private Property, New York, Macmillan, 1932.

2장

1. 현재는 컴퓨터가 고도로 발달해 매매 주문이 수천분의 1초 만에 자동으로 이뤄진다. 트레이더가 포지션을 취한 뒤에야 어떤 포지션을 취했는지 깨닫는 셈이다.

3장

1. 조지 A. 애컬로프George A. Akerlof·로버트 J. 실러Robert J. Shiller, 『야성적 충

동: 인간의 심리가 경제에 미치는 영향』Animal Spirits: How Human Psychology Drives the Economy, and Why It Matters for Global Capitalism, Princeton University Press, 2009.

2. 앨런 그린스펀의 2008년 10월 24일 미국 의회 청문회를 참조(http://www.nytimes.com/2008/10/24/business/economy/24panel.html).
3. 데카르트의 『정신 지도를 위한 규칙들』Règles pour la direction de l'esprit 중 여섯 번째 규칙에서 설명한 르네상스 시대와 데카르트 이래로 과학이 의미하는 바와 일맥상통한다.
4. 생명체가 복잡한 자연에서 생존하려면 인지활동이 필수적이다. 지각하고 정보를 포착하는 구성 자체도 표상이나 상징의 논리에 구애받지 않는 상황적 지식에 속한다.
5. 빌 왓슨Bill Watson, 「작업 현장에서 대항계획」Counter Planning in the shop floor, 『래디컬 아메리카』Radical America, 1971년 5~6월호(http://www.geocities.com/cordobakaf/counter.html).
6. 태평양과 인도양의 섬에서는 관광객들에게 육지의 재조림 사업처럼 산호 양식을 후원하라고 권하기도 한다.
7. 물론 개인 기업에 해당한다. 거시경제 관점에서는 반대로 제도권 (특히 법률적) 기관의 막대한 투자가 필요하다. 전 세계적으로 상장 기업 중에 지나치게 '민주적'이고, 사모펀드 투자자들의 공개매수에 지나치게 노출된 이 시장에서 철수하려는 움직임도 있다는 점이 대조적이다.
8. 카를 마르크스가 1857~1858년 경제 위기 중에 『헤럴드 트리뷴』Herald Tribune에 기고한 글을 참조. 당시 그는 『자본론』의 초안이 되는 『정치경제학 비판 요강』을 집필 중이었다.
9. 피에르-조제프 프루동Pierre-Joseph Proudhon, 『증권시장 투자자 입문서. 선집』Manuel du spéculateur à la Bourse. Une anthologie, Alfortville, éditions Ère, collection 'hercheurs d'ère', 2009.
10. 공정가치fair value란 정당한 가치이자 정확한 가격으로, 역사적 취득 원가를 회계 관습으로 평가한 가격과 달리 상거래에서 적용되는 가격을 말한다.
11. 국제회계기준IFRS(International Financial Reporting Standards)이란 지구상 어떤 기업이라도 증권시장에 상장할 수 있도록 전 세계적인 차원에서 조율된 회

계 규범을 말한다.

12. (출원하고 유지하는 데에 비용이 드는) 특허를 산업활동에 이용하고 특허권 사용료(로열티)를 받는다면, 이때 특허권은 기존 회계에 반영된다. 그러나 아직 눈에 보이지 않는 향후 수익 발생 가능성뿐이라면 주주와 증권시장의 평가가 곧 그 가치다.

13. 데이터 채굴Data mining은 디지털 데이터베이스와 인터넷 이용 자료에서 실시간으로 정보를 추출하는 정보통신기술이다.

14. 얀 물리에 부탕·앙투안 르비스쿨Antoine Rebiscoul, 「구글 경제가 가능할 것인가?」Peut-on faire l'économie de Google?를 참조[『뮐티튀드』Multitudes, 36호, 2009년 여름(http://multitudes.samizdat.net/-MAJEURE-Google-etau-delà)].

15. 2005년 미국에서 이미 시행한 조사 결과를 바탕으로 했다. 이 조사에 따르면 전문 양봉업자들(전체 양봉업자 중에서 극히 일부임)의 연간 판매 수익은 1억 달러로 추산된다. 판매가의 80퍼센트에 해당하는 과일과 채소 생산가는 228억 달러(285억 달러×0.8), 기타(곡식, 야생 식물 등 다종다양한 식물류)는 최소 122억 달러로, 비율로 따지면 1:350이다. 베르나르 뒤랑Bernard Duran은 『꿀벌과 지구와 시민, 꽃가루받이 매개자의 쇠퇴를 이해하고 생물다양성 보호에 나서자』Les Abeilles, la planète et le citoyen. Comprendre le déclin des pollinisateurs, agir pour la biodiversité(Éditions de l'Échiquier, 2010)에서 가장 최근 연구 결과를 종합, 편집해 전 세계 농산물의 3분의 1이 꿀벌에 의존하며, 2009년 이 시장가치는 7920억 달러라고 지적했다(18~19쪽). 장-미셸 살Jean-Michel Salles과 베르나르 베시에르Bernard Vaissière는 꽃가루받이의 직접가치가 연간 1530억 달러라고 평가했다(http://www.banquedumiel.org/article-monde.html). 이는 여전히 1년간 과일과 채소, 채유용 종자 및 과실의 감소량만을 반영해 산출한 수로, 매년 누적되는 환경 오염이나 대자연의 생물다양성 감소는 간과하고 있다. 꿀 생산(야생 꿀벌, 취미로 하는 양봉) 중 꽤 많은 양이 판매되지 않는다. 농업 생산물 전체 가치에서 꽃가루받이가 차지하는 비중은 상당하고(대략 3분의 1이고 장기간에 걸쳐서는 더 높아진다), 특히 꿀의 생산가치에 대한 꽃가루받이의 가치는 단위 자체가 커져야 하는 수준이다(1에서 100배가량).

16. 앙드레 브르통André Breton의 흑인미술 소장품은 최근 경매를 통해 여기저기로 흩어졌다. 이에 어떤 이들은 브르통의 소장품이 여러 수집가들이 소유한 개별 작

품으로 의미가 축소됐다고 애석해하며, 자기 수집품 자체는 물론 그 독특한 조합에 애착을 가졌던 브르통만의 소장품이라는 고유한 가치를 영원히 상실했다고 여겼다. 비슷한 생각을 한 콘스탄틴 브랑쿠시Constantin Brancusi는 자기 작업실의 조각품이 만들어진 환경에서 벗어나서는 안 된다고 요구했고 퐁피두센터는 이를 수용했다. 문화유산만 해도 물건의 집합이나 제작된 벽 이상으로 섬세하게 다가오는 비물질적인 무언가가 있다.

17. 노나카 이쿠지로Nonaka Ikujiro·다케우치 히로타카Takeuchi Hirotaka·마크 잉엄Marc Ingham, 『창조적 지식, 배우는 기업의 역동성』La Connaissance créatrice, la dynamique de l'entreprise apprenante, Bruxelles, De Boeck, 1997.
18. 파트리스 보보Patrice Baubeau·샹탈 코살테르Chantal Cossalter·카트린 옴네스Catherine Omnès, 『은행 직원들: 사회적이고 실질적인 경영 현안』Le Salariat bancaire: enjeux sociaux et pratiques de gestion(Presses de l'université Paris Ouest-Nanterre, 2009, 193~224쪽) 중 올리비에 고드쇼·폴 라뇨-이모네Paul Lagneau-Ymonet, 「타인에게 이로운 노사 관계에 대하여. 증권시장의 전문가들 1970~2000년」D'un rapport salarial favorable à un autre. Les professionnels de la Bourse 1970-2000.
19. 파리정치대학교에서 르노 생솔리외Renaud Sainsaulieu가 이끄는 '고용정책과 기업의 사회적 발전' 석사과정을 오랜 기간 지도했기에 제네비에브 다앙-셀처Geneviève Dahan-Seltzer, 제라르 갈리엔Gérard Gallienne, 베르나르 에메Bernard Eme, 장-프랑수아 샹라Jean-François Chanlat를 통해 이 분야 사내 컨설턴트들의 역할에 대해 잘 알 수 있었다. 이들에게 감사의 마음을 전한다. 더불어 광고 분야의 분석을 도맡다시피 한 앙투안 르비스쿨에게도 고맙다.
20. 더 자세한 내용은 이 분야에 관한 필리프 자리피앙Philippe Zarifian의 저서 『역량과 기업의 전략. 대기업 전략에 맞서는 역량 개발론』Compétences et stratégies d'entreprise. Les démarches compétences à l'épreuve de la stratégie de grandes entreprises(Paris, Liaisons, 2005)과 『노동과 역량: 권한과 감독 사이에서』Le Travail et la compétence: entre puissance et contrôle(Paris, PUF, collection 'Le travail humain', 2009)를 참조.
21. 뤽 볼탕스키Luc Boltanski와 에브 시아펠로Ève Chiapello가 『자본주의의 새로운 정신』Le Nouvel Esprit du capitalisme(Paris, Gallimard, 1999)에서 깊이 발전시

킨 생각이다.

22. 졸저 『노예제에서 임금제로』De l'esclavage au salariat(Paris, PUF, 1998) 참조.
23. 크리스토프 드주르Christophe Dejours, 『프랑스 사회의 고통: 사회적 불평등의 일반화』Souffrance en France: la banalisation de l'injustice sociale, Paris, Points-Essais, 2009.
24. 베르나르 스티글러Bernard Stiegler가 다룬 과도 소비를 비롯해 꽤 흥미로운 개념인 프롤레타리아화(지식 있는 자들을 배척하고 개인에게서 능력을 박탈하며 진행되는 프롤레타리아화가 지식 경제에서 확대 중이다)와 철학자 질베르 시몽동Gilbert Simondon이 중시한 개념으로 개인을 부분적이고 독립적인 수행 결과가 아니라 보유한 지식으로 미루어 판단하는 경향도 참조. 베르나르 스티글러, 『정치경제학에 대한 새로운 비판을 위해』Pour une nouvelle critique de l'économie politique, Paris, Galilée, 2009.
25. http://singularityu.org/를 참조.
26. 『제한된 합리성 모델: 행동경제학과 사업 조직』Models of bounded rationality: Behavioral Economics and Business Organization(vol. 1~2), Boston, The MIT Press, 1982.
27. 이 발상은 미국 경제학자 J. 브래드퍼드 들롱Bradford Delong과 A. 마이클 프룸킨Michael Froomkin[「내일의 경제를 위한 투기적 미시경제학」Speculative microeconomics for Tomorrow's Economy, 『퍼스트 먼데이』, 5권 2호, 2000년 2월(http://131.193.153.231/www/issues/issue5_2/delong/)], 필리프 에그랭Philippe Aigrain[『공동의 대의, 공공재와 사유재의 경계에 선 정보』Cause commune, l'information entre bien commun et propriété, Paris, Fayard, 2005]에서 발전시킨 바 있다.
28. 이 파생상품은 앞서 살펴본 금융 분야 파생상품과 무관하다. 지식재산권 측면에서 이 파생상품은 저작인접권으로 보호받으며 수익을 낼 수 있는 다양한 활동을 가능하게 한다. 축구 클럽은 운영에 필요한 자금을 이제는 경기장 입장권 판매가 아니라 경기 재송출권이나 서포터스에게 판매한 유니폼 로열티로 보전한다. 《스타워즈》Star Wars는 영화표보다 피규어 판매로 더 많은 돈을 벌었다. 폭스사가 《클레오파트라》Cleopatra를 공개하며 이런 생각을 했다면 천문학적인 비용을 들인 영화로 파산 위기를 맞지는 않았을 텐데 말이다. 그렇지만 새로운 경제 모

델이 점점 더 저작물 활용에 의해 좌우된다는 점에서 이런 파생상품은 상호작용과 상호의존 관계의 중요성을 반증한다.

29. “자본주의에서 벗어나는 일이 이렇게 중대한 문제가 되었던 적은 없다. 급진적이고 새로운 언어의 옷을 입고 시급한 현안으로 부상했다. 자본주의는 자체적으로 발전하기에도 도저히 뛰어넘을 수 없는 내외부적 한계에 다다랐고, 노동과 가치, 자본 등 근간을 구성하는 부문의 위기를 핑계로 생존한 체제가 되었다.” 앙드레 고즈가 전문지 『에코레브』Ecorev에 기고한 글(2007). (http://ecorev.org/spip.php?article641).

4장

1. 소액신용대출의 균형 잡힌 결산표를 확인하려면 에스테르 뒤플로Esther Duflo의 최신 저작 『빈곤과 투쟁하다』Lutter contre la pauvreté 연작 제1권 『인간적인 발전』Le développement humain과 제2권 『경제의 정치학』La politique de l'économie(Paris, Le Seuil/Collège de France, collection 'La République des idées', 2010)을 참조.
2. 프랑수아 파르탕François Partant, 『발전의 종말』La Fin du développement, Paris, Maspero/La Découverte, 1982.
3. 세르주 라투슈Serge Latouche, 『탈성장의 도박』Le Pari de la décroissance, Paris, Fayard, 2006.
4. 간단한 리스크 계산으로 충분할 일에 사전예방 원칙을 적용하고는 그런 번거로움이 부질없었음을 보여준 바 있다[신종인플루엔자A(H1N1) 대유행의 경우로 치명적인 감염병 확산 가능성을 가늠하려고 이 원칙을 화려하게 적용했다]. 이 사례를 근거로 들면서 사전예방 원칙을 헌법에 명문화하는 것은 돈 되는 일이라면 무조건 달려드는 별반 바람직하지 않은 로비업자들이 부추긴 지적인 부정직함이라고 반박했었다.
5. http://www.lemonde.fr/economie/article/2009/10/17/benoit-mandelbrot-il-etait-inevitable-que-des-choses-tres-graves-seproduisent_1255238_3234.html
6. 요즘 시대의 하루스펙스haruspex(고대 로마에서 제물의 내장으로 미래를 점치

던 예언가)가 스스로가 진지하게 여기지 못하는 예측 비결을 밝혀보자. 모델이 재현하기 전에 나와야 할 값이 주어지고 이 값을 역추적해 어떤 값을 넣어야 적합한지 다시 추산한다. 다시금 말하자면 알고리즘에서 거창하게 코드화한 지식 이외에 언론 기사부터 조지 소로스 같은 전문가들의 귀띔이나 내부자 거래에 해당하는 정보 등 암묵적 지식이 매매 주문을 넣는 속도만큼이나 차이를 만드는 중요한 요소가 된다. 수학의 임금님은 벌거벗고 있다. 아니, 몽테뉴처럼 말하자면, "세상에서 가장 높은 옥좌에서 우리는 절대 자기 엉덩이보다 높은 곳에 앉을 수 없다."

7. 앙투안 르비스쿨이 지적했듯, 장부에 기록된 내용을 살피는 회계사와 미래가치를 평가하려는 금융인 사이의 직업상 차이가 있다.
8. 단순한 구조에서 유용성 기준을 수립하기는 쉽다. 복잡한 체제에서 어떤 행동이나 주체의 유용성이나 유해성을 판단하려면 그 전에 총체적 분석이 가능해야 한다. 세계화된 시장에서 이뤄지는 교역은 복잡하다. 그러니 유용성(투기 만세!)이나 유해성(금융 타도!) 측면에서 하는 사고는 점차 정확도가 떨어질 수밖에 없다.
9. 도미니크 레스텔Dominique Lestel, 『동물성: 인간의 지위에 관한 소고』L'Animalité : essai sur le statut de l'humain(Paris, Hatier, 1996)와 『문화의 동물적 기원』Les Origines animales de la culture(Paris, Flammarion, 2001).
10. 유럽의회 대중운동연합UMP 소속 정치인 알랭 라마수르Alain Lamassoure는 유럽연합에서 발송되는 문자 1건당 0.5센트, 전자메일 1건당 0.00001센트를 세금으로 부과하자는 제안을 했다. 그는 가볍게 넘길 수 없는 돈주머니라면서 12월 31일 유럽연합 내에서 전송된 문자만 10억 건이라고 지적했다. 당시 프랑스의 문자 요금은 15상팀이었다. 새로운 세대에 걸맞은 세제를 도입해 문자 1건당 0.5센트를 부과한다면 유럽에서만 500만 유로가 세수로 걷히는 것이다(http://www.infos-du-net.com/actualite/7069-taxe-sms-e-mail.html 기사 참조).
11. 토빈세에 반대하며 부의 흐름 총액이 아니라 순이익에 과세해야 한다고 꾸준히 주장하는 견해가 있다. 프랑스 경제분석위원회의 자크 델플라Jacques Delpla의 기고문 「토빈세를 도입할 것인가 하지 않을 것인가」Tobin or not Tobin(http://www.lesechos.fr/info/analyses/020145704587-tobin-or-not-tobin--.htm)와 온라인에서 이어진 토론(http://www.les-cercles.fr/economie/economie-societe/politique-economique/1248-la-taxe-sur-lestransactions-financieres-s-

appelle-la-ttf)을 참조.

12. 현재 여러 발의안 중에 토빈세보다 광범위한 대상, 즉 관할하는 모든 국제금융 거래(파생상품 시장 등 포함)에 두루 초저율(가령 0.05퍼센트) 세금을 적용하자는 안이 가장 우세하다. G20은 도입 가능성을 확인하려고 존 립스키John Lipsky 국제통화기금 총재에게 연구 보고서를 의뢰했고, 이 보고서는 4월 발표될 예정이다. 그 연장선상에서 집행위원회의 많은 위원(호아킨 알무니아Joaquín Almunia 신임 공정거래정책위원도 포함)이 공개적으로 이런 유형의 조세에 찬성한다는 입장을 발표했다. 그렇지만 집행위원회는 관련 분야의 어떠한 특별 연구서도 공표하지 않았다. 유럽의회, '의회 질의안', 2009년 12월 15일, E-6292/09. 라몬 하우레기 아톤도Ramón Jáuregui Atondo(사회민주당)가 위원회에 질의한 내용 정리를 참조(http://www.europarl.europa.eu/sides/getDoc.do?pubRef=-//EP/TEXT+WQ+E-2009-6292+0+DOC+XML+V0//FR).
13. 앙리 릴랑Henri Lilen, 『마이크로컴퓨터 이야기. 프랑스의 발명품』La Saga du micro-ordinateur. Une invention française, Paris, Vuibert, 2003.

에필로그

1. 카를 아우구스트 비트포겔Karl August Wittfogel(1957), 『동양적 전제주의: 전제 권력의 비교 연구』Le Despotisme asiatique: une étude comparative du pouvoir total, Paris, Minuit, 1977.

해제

거대한 전환이 도래한다

전병권 (독립연구자)

이 책의 출발은 2007년 서브프라임 모기지 사태 이후 자본주의가 어떻게 변할 것인가에 대한 토론의 쟁점을 다음과 같이 엮은 것이다. 첫째, 각종 금융 규제책들이 부상했음에도 시장금융은 다시 활개를 쳤다. 월가의 국제금융 지배에 맞선 중국이 글로벌 유동성을 확보하기 위해 적극적으로 시장금융을 활용했기 때문이다. 둘째, 공공부채를 해결할 새로운 세금 징수 자원을 찾을 동안, 자본주의는 산업자본주의에서 인지자본주의로 넘어갔다. 인지자본주의에서 시장금융의 역할은 산업자본주의와는 다를 것이다.

그렇다면 과연 부채의 문제는 정치적 위기의 문제로 확장될 것인가? 공공부채보다 '삶의 부채', 즉 부모와 자식 세대 간의 사회적 의무로서 오염되지 않은 생태계를 물려줄 의무가 더 긴급한 문제라고 한다면, 환경을 파괴하는 무분별한 자본 축적이 과연 정당한가를 질문하는 시대에 우리는 와 있다.

생태계의 건강성의 바로미터로 꿀벌의 개체 수가 중요하게 여겨진다. 경제학자들은 '꿀벌의 우화'를 통해 투입/산출 사이의 경제성을 논하기도 하고, 원예업자와 양봉업자 사이의 긍정적 외부성을 설명하기도 했다. 이 책은 꿀벌의 가치를 꿀의 채집이 아닌 꽃가루받이로 평가한다. 만일 시장금융의 역할이 꿀 채집이 아니라 꽃가루받이라고 한다면, 자본주의는 더 이상 지금의 자본주의가 아닌 것으로 거대한 전환을 맞이할 것이다.

금융은 어떻게 자본주의의 왕좌에 올랐는가

페르낭 브로델에 따르면, 자본주의의 핵심은 금융이다. 금융조직은 은행 기능과 정보망을 구축하여 성장하였다. 어음 발행은 화폐 유통의 감독을 회피하기 위한 수단으로 이용되었다. 이로 인해 영국은 대륙으로부터 나폴레옹과의 전쟁 비용을 조달할 수 있었고, 금융은 나폴레옹의 패배에 일조하였다. 금융은 실물의 유통 없이도 특정 정보에 대한 신뢰를 보증하고 회계적으로 평가한다. 이것이 산업의 발전을 증폭시켰다. 19세기 초반 영국의 산업 발전과 무역 흑자는 대량의 금을 유입시켰다. 이로 인해 인플레이션이 나타났고, 이는 은행학파가 주장하듯 은행권 발행을 통해 조정을 할 수 있었다. 하지만 1857년 신용의 남발에 따른 통화 위기는 통화학파의 주장대로 금융이 경기 흐름에 대응하지 못해서 확산된 것이었다.

1929년 대공황기의 금융은 예금은행의 개인저축을 활용하여 대량소비를 유발시킴으로써 경기에 대응하는 적응력을 길렀다. 특히 포드자동차를 할부로 구매하도록 하여 대량소비를 촉진시켰다.

증권시장이 발달하고 대중화되면서 금융기관들은 예금은행으로부터 유동성 자금을 확보할 수 있었다. 1930년대 금융이 붕괴할 때 신용대출과 금융자산의 가치에 비금융경제의 비중이 얼마만큼 차지하는지를 몰랐기에 정부의 대응은 무능했다. 디플레이션 시기에는 산업자본에 투자한 금융기관이 먼저 위기에 직면하고, 이후 기업의 파산으로 다시금 금융기관의 사정이 악화되었다. 이러한 상황에서 금융기관들이 위기 이후를 수습할 수 있는가가 관건이었다. 각국 정부는 경기후퇴시에는 재정지출을 확대하고, 경기활황기에는 다소간의 긴축재정을 도입하여 조절 기능을 해야 함을 깨달았다. 경기대응책이 금융에 새로운 기능을 부가한 것이다. 장기적 유동성의 안정적인 확보를 위한 금융 시스템의 구축이 무엇보다 부각되었다. 뉴딜 정책은 정부가 경기후퇴기에 재정 적자를 발생시켜야 한다는 사회적 타협이었다. 미국은 경기부양책과 전쟁에 힘입어 공황에서 벗어났고, 보편적 복지제도의 여건이 조성됐다. 하지만 미국의 국민건강보험제도는 민간의 고용 정책에 밀려 마련되지 않았다. 반면에 유럽에서는 복지제도의 도입이 가장 시급하게 제기되어 구축되었다. 드골의 프랑스는 소비에트식 계획경제를 표방했고, 독일은 노조가 공동경영에 참여하는 사회적 시장경제를 추구했다. 전후戰後 영광의 30년 시기에 선진국은 좌우 협력 속에서 산업을 중시하고 생산성 향상과 소비 진작을 이루었지만, 제3세계는 원자재 가격의 지속적인 하락으로 인해 외채가 쌓이고, 저발전 상태가 심화되었다. 그리하여 제3세계 이주노동자들이 서구로 지속적으로 유입되었으나, 1974년 제1차 석유파동 이후에는 이주노동자의 유출입이 줄어들었다.

포드주의의 성공(원자재, 인건비, 운송비 3저 시대)이 끝나자, 거대 공장을 포기하고 적시생산방식으로 전환하는, 소위 도요타 시스템이라는 자본주의적 해법이 고안되었다. 이는 완전고용의 호시절이 끝나고 만성적 실업시대의 도래를 알리는 것이었다. 이와 더불어 공장의 대규모 해외 이전에 따른 상호의존적인 세계화 경제로 전환됨을 의미하는 것이었다. 그리고 국가 경제가 본격적으로 무한경쟁시대로 진입했다. 이 시기는 영국의 대처와 미국의 레이건 집권기였다. 영국의 베버리지 모델은 기업연금을 의무화했는데, 임시직 확대와 대량 실업으로 인해 이 모델은 흔들리게 되었다. 자영업자가 되든지, 저축을 금융상품에 투자하든지, 급여에만 의존하지 말고 포트폴리오를 만들어야 돈이 된다는 게 새로운 사회적 신뢰가 되었다. 복지 재원의 국민부담률도 상승했다. 북유럽의 경우 국내총생산GDP의 50퍼센트에 가까워졌고, 영국과 미국의 경우에는 30퍼센트에서 35퍼센트로 상승했다. 당시 복지 재원은 국공채 발행으로 만들어졌다.

1971년 미국 달러화의 금 태환 중단 이후에도 석유 결제대금으로 달러화가 유지되자 변동환율제로 인해 산유국의 실질소득이 하락했다. 국제수지 적자로 전락한 미국은 국제자본시장에서 자금을 빌려야 했다. 자본의 자유로운 이동을 위한 규제 완화와 시장 개방이 요구되었다. 정보통신산업의 발달로 금융의 세계화는 더욱 촉진되었다. 국제금융시장에 참여한 국가는 기업에 필요한 자금을 은행과 증권시장, 그리고 국제금융시장으로부터 조달했다. 국제금융시장의 재원은 산유국의 잉여자금이었다. 미국은 산유국의 달러를 유입하기 위해 해외자본의 미국 부동산 소유를 허용했다. 이로 인해 선진국에서 부동산붐이 일었다. 금융화는 석유 달러를 활용하는 최고의 수단이었다. 자본 이동을 자유롭게 하는 금융화는 리보LIBOR(London inter-bank offered rates) 금리 5퍼센트, 인플레이션율 2.5퍼센트, 기업의 수익률 6퍼센트, 수수료 1퍼센트를 제외해야 하므로 자본수익률은 15퍼센트를 유지해야 했다. 이것은 금융의 요구에 경영자의 경영권이 제약됨을 의미했다. 1930년대 대공황의 여파로 경영자들이 자본소유자의 의사결정권을 빼앗아갔다면, 1970년대에는 금융업자들이 의사결정권을 빼앗아갔고, 그 이후 기업 거버넌스가 중요한 문제로 부각되었다. 가령, 기업의 법적 소유 구조가 기업 경영에 어떻게 반영되는지, 기관투자자들인 지배 주주는 어떻게 지배권을 행사하는지와 같은 문제가 대두되었다.

이제 금융계는 이익을 낼 수 있는 영업권goodwill을 고려한 기업의 미래가치에 관심을 가졌다. 기업의 핵심 사업은 특허지식을 비롯한 지적 재산권을 확보하는 것이기에, 무형자산이 기업의 핵심가치가 되었다. 재무관리자의 입장에서는 기업의 생산 기반과 노동자들의 지식보다는 법률서비스와 금융시장에 관한 지식과 더불어 기업의 환율 변동 리스크를 관리하는 것이 무엇보다 중요하게 여겨졌다.

부동산 거품이 부른 경제 위기

1970년대 이후 신자유주의는 원자재 가격 상승에 따른 인플레이션 효과를 방어하기 위해 대처주의와 레이건주의로 나타났다. 이제 임금인상 투쟁은 사라졌고, 금융 포트폴리오의 보유를 통해 실질임금의 상실분을 금융소득으로 보전받으려 했다. 신자유주의는 소액자산가들이 주식을 보유하고 신용대출을 받을 수 있는 '공화국'을 구현했다.

2007년 경제 위기는 미국인 가구 80퍼센트를 주택소유자로 만들겠다는 계획에서 비롯되었다. 당시 금융상품은 부동산 가격이 지속적으로 상승해야 상환 리스크 없이 대출할 수 있는 경제에서나 가능한 신용체제였다. 이 상품은 부동산 담보 대출자의 전체 채무를 유가증권으로 만들고, 리스크 정도에 따라 변동금리 대출을 기피하는 초우량고객(시니어), 상환 능력이 있는 우량고객(프라임), 변제 능력이 의심되는 비우량고객(서브프라임)으로 등급을 나누었다. 그리고 변제 능력이 불확실한 사람에게도 대출 문을 열어주기 위한 혁신적 금융상품이 고안되었다. 이는 합성채권을 만들어 금융기관의 리스크를 시스템적으로 분산시키는 것이었고, 이 금융상품은 모기지 시장에서 거래되었다. 시니어와 프라임의 경우 리스크가 적어 증권수익률이 낮았고, 리스크가 큰 서브프라임을 훨씬 더 많이 합성한 금융상품이 수익률이 높았다. 이 금융상품의 단점은 신규 대출자가 있어야만 작동하는 시스템이라는 점이었다. 만일 모기지론mortgage loan이 부동산 가격의 변제 능력보다 크다면, 은행은 순식간에 수많은 서브프라임 담보 주택과 지불 능력이 없는 가구를 떠안아야 했다. 그리고 금융기관에 압류된 주택을 매물로 내놓으면 부동산 가격이 폭락하여 시스템이 더 부실하게 되는 구조였다. 증권시장도 이와 맞물려 폭락했다. 비우량 등급의 400만 가구가 파산했고, 우량 등급은 비우량 등급으로 신용 등급이 하락했다. 그 결과 1200만 가구가 타격을 입었다.

2007년 경제 위기의 뿌리는 사실 가상의 돈에 관한 것이었다. 가상은 현재 속에 미래가 존재하는 방식이며, 현재에 영향을 미친다. 가상적인 것이 현재에 개입한다. 먼저 은행은 통화를 창출하여 경제에 즉각적으로 영향력을 발휘한다. 금융기관은 각종 통화나 가격지표의 재정 거래로 수익을 노린다. 은행은 각종 채권을 결합시켜 리스크별 수익률을 보장하는 금융상품을 만들고 판매한다. 파생금융상품은 가격변동 위험을 제거하는 헤지hedge 기능과 가격 차이에 따른 재정 수익을 얻기 위한 투기적 기능이 있다. 정부는 공공지출을 줄이지 못할 경우 국공채를 발행하여 유동성을 확보하며, 은행 및 금융기관이 이를 떠맡는다. 금융기관은 자산 운용 규모가 클수록 국가의 각종 채권을 보유하여 영향력을 행사하기 때문에 대마불사의 신화를 만들게 된다.

꽃가루받이 경제와 인지자본주의의 부상

얀 물리에 부탕은 '생산과 교환의 경제'가 어떻게 '꽃가루받이pollination와 기여경제'로 전환되는지 설명한다. 꿀벌의 꽃가루받이가 집단적 특성을 갖는다는 점을 염두하고 인간의 노동과정에서 꽃가루받이와 같은 성격을 찾아보자. 이는 "개별적인 특성이 아닌 집단적 특성에서 파생된 부수적인 산물"이므로, 비물질적인 집단적 협력을 찾아야 하는 일이다. 우선적으로 생각할 수 있는 것은 산업자본주의 속에서 출현했던 노동자들의 파업투쟁이다. 노동자의 집단적 저항이 새로운 기계의 발명을 낳았기 때문에 이것도 일종의 꽃가루받이라고 할 수 있다. 인지자본주의 속에서는 그런 게 뭐가 있을까? 굳이 지적 노동과 지식 생산 영역에서 찾아보면, "주위 환경을 이해하는 능력"이 여기에 해당될 것이다. 특히 "네트워크를 형성하여 서로 토론하면서 인지력을 고양시켜 문제를 해결하는 리좀적 활동"과 더불어 "지식과 생명의 생산에 기여"하기 위해 사회적 연대를 형성하는 "집단적 두뇌의 협력"이 가장 대표적인 꽃가루받이다.

그러나 시장금융은 특히 "부의 생산이 아니라 채집에만 의미"를 두고, 신뢰에 기반한 금융상품의 유통에만 전념하는 특징을 보인다. 그 결과 부의 생산은 간과되었고 심지어는 그것을 파괴하는 등 자기실현적 위기를 노출시키게 되었다. 1990년대 말 아시아의 외환 위기에서는 자기실현적 위기가 집단적 전염을 야기하는 등 사회의 불안정성을 지속적으로 노출시켰다. 이는 인지자본주의에서도 여전히 마찬가지다. 금융의 불안정성은 자본주의의 구조적 특징이기보다는 자본주의가 꽃가루받이 기능을 제대로 수행하지 못해서 그런 것이 아닐까? 만일 그렇다면, 인지자본주의의 구조적 불안정성은 무엇일까? 인지자본주의의 구조적 불안정성은 대략 세 가지 정도로 말할 수 있다. 첫째, 인지자본주의에서는 디지털 혁명으로 인해 비물질적인 것들을 코드화할 수 있었지만, "지속적으로 지식을 학습하고 정보를 반영해야만" 비물질적인 것의 코드화가 상품화로 실현될 수 있기 때문에 구조적으로 불안정할 수밖에 없다. 둘째, 현행 임금제도에서는 지식을 가진 인적 자원을 지속적으로 기업에 매어두기 어렵다. 가령 소프트웨어 개발자들의 자기 소유권 주장을 수용하면 인지적 프롤레타리아트cognitariat도 지분 참여자로 인정해야 하겠지만 현실적으로 그렇지 못하기 때문이다. 셋째, 정보재의 가치를 어떻게 설정할 것인가의 문제도 불안정성을 낳는다. 만일 정보재가 공공재로 인정되면 가치는 제로에 가까워지겠지만, 그 제작비가 크다면 엄청난 고가가 될 수 있다.

새로운 임금 규범 혹은 새로운 임금 체제가 등장해야 인지자본주의의 불안정성 위기가 해결될 것이고, 이로부터 우리는 새로운 틀에서 사회적 자본의 축적 체제를 상상할 수 있을 것이다.

국가와 자본, 또다시 새로운 모순에 부딪히다

또다시 자본주의의 새로운 모순이 출현하고 있다. 정치사회적 합의 부재는 말할 것도 없고, 심각한 환경 위기와 코로나 바이러스 보건 위기가 전 지구를 휩쓸고 있다. 자본주의는 새로운 역사적 기로에 서 있다. 자본주의를 타파하자는 급진적 생태주의자의 관점은 자본주의적 지성의 벽에 부딪혔고, 반대로 자본주의는 스스로 미래의 활로를 열지 못하는 지성의 벽에 부딪혔다. 이를 대변하기라도 하듯이 시장금융은 여전히 자신의 반사회적 특성을 드러낸다. 여기서 우리는 시장 논리의 소멸이 국가자본주의 괴물로 전환되었던 비극을 생각하지 않을 수 없다. 권력을 위한, 권력을 향한 자본 축적이 국가주의와 국가자본주의의 관건이기 때문이다. 여전히 우리는 국가가 모든 것을 결정하는 정치체제에 살고 있다. 국가는 전능한 조물주가 아닌데도 말이다. 그리고 기업도 집단지성의 가상 공간인 누스페어noosphere를 파괴하고 생태계를 지금처럼 계속 위협한다면, 일자리 창출과 지역사회 발전이라는 존재 이유가 퇴색될 것이다. 부의 무한 축적을 위해 움직이는 경제활동의 정당성도 흔들릴 것이다. 우리가 아무리 돈이 많아도 몸이 성치 않으면 소용없듯이 자본주의를 착근시킨 생태계가 파괴되고 있는데, 자본주의가 무슨 소용 있겠는가? 이와 같은 방식으로 생각을 해야 새로운 대안을 상상할 수 있다.

가상세계에 속지 않고 진짜 삶을 복원할 수 있을까

『꽃가루받이 경제학』은 자본주의의 두 얼굴, 미래의 자본주의와 과거의 자본주의에 대한 단상이다. 이 단상의 이면에 자리하고 있는 문제의식은 당대 자본주의의 거대한 전환을 지속적으로 추동하는 '비물질성'을 드러내고자 하는 것이다. 부탕은 글로벌 금융 위기 이후 '시장금융'이 어떻게 변모할까를 질문한다. 꿀의 채집에만 관심을 갖는 시장금융은 반사회적이다. 이미 인지자본주의로 전환된 자본주의에서는 그것이 더 심하게 부각된다. 부탕은 "가상적인 것"이란 말을 통해 "현재 속에 미래가 존재하는 방식"을 읽고자 했다. 이것은 개인의 욕망이 화폐에 대한 신뢰로 전화되는 과정에서 재현된다. 말하자면 자기 가치를 사회적 가치로 실현하는 과정을 매개한다. 나와 사회 사이의 반反사실적 관계가 사실적 관계로 전화되는 것, 혹은 주관적인 관계가 객관적인 관계로 드러나는 것을 말한다. 금융은 미래에 대한 낙관적인 믿음으로부터 움직이지만, 그 낙관적인 믿음이 현재의 행동에 인과법칙처럼 영향을 주지 못한다. 왜냐하면 금융으로부터 생긴 미래에 대한 신뢰란 구겨진 종이가 바닥에 맞닿은 정점들처럼 임의적이기 때문이다. 대중으로부터 추인받지 못한 신뢰는 사실적인 것이 아니라 오히려 반反사실적인 것, 즉 주관적인 것에 가깝다. 주관적인 어떤 신뢰는 자신에게 외재적인 것으로 여겨지는 공통의 신뢰, 말하자면 '자기초월성'을 만들어내야만, 사람들이 믿는 것만 예언하는 예언가의 예언처럼, 가상적인 것을 펼쳐낼 수 있다.

산업자본주의 단계에서 노조의 임금인상 투쟁과 총파업에 따른 사회적 재분배 투쟁이 역사적 시효 종말로 질주하는 까닭은 금융에서 유포된 함정, 즉 자본의 유토피아에 포박되었기 때문이다. 가상의 세계, 자본의 세계에 갇히면, 노동계급은 더 이상 자신의 계급적 당파성을 갖기 어려워질 수 있다. 금융자산을 소유한 노동자

° '시장'과 '금융'의 단어 조합에 따른 뉘앙스 차이를 놓치지 말자. 시장은 상품의 등가원리에 따른 수요와 공급의 논리로 작동하고, 금융은 화폐의 운동에서 파생된 것으로 위계적인 사회 권력관계가 투영된다. 사람들이 유동성을 욕망하는 까닭은 화폐가 유일하게 부채를 청산할 수 있는 공공재라고 여기기 때문이다. 서로의 위상이 다른 것이 '시장금융'이란 말 속에 있다. 한편으로는 자유와 다른 한편으로는 권력이 혼재되어 있는 것이다.

는 노동계급의 정체성에 혼란을 겪을 수 있다. 주식을 가진 노동자는 자본가처럼 주식의 배당금을 받게 되고, 부동산을 소유한 노동자는 지주처럼 지대를 받기 때문이다. 그래서 노동계급이란 용어는 실재론적으로 여기지 말고 유명론적으로 이해해야 한다. 문재인 정부의 소득주도 성장도 이와 비슷하게 모호하다. 임금소득 주도 성장이냐, 금융자산소득 주도 성장이냐, 자영업자의 매출이익 주도 성장이냐, 기업의 영업이익 주도 성장이냐에 따라 그 계급적 이해관계가 차이를 보이기 때문이다. 그럼에도 불구하고 인지자본주의 시대에 소득주도 성장이 유효성을 발휘하려면 기본소득을 도입해야 시대정신과 부합할 것이다.

오늘날 한국에서 거론되는 기본소득론은 기본소득을 위한 재원 조달 차원에 집중되는 경향을 보인다. 기본소득론은 시대에 부합하는 새로운 임금 규범에 대한 논의로부터 출발해야 한다. 산업자본주의의 임금 규범의 문제점을 수술할 수 있는 방향에서 기본소득 도입을 제안해야 한다. 정규직/비정규직 사이의 극단적인 불평등, 시장 규범에 매몰된 직업별·업종별 임금 체계의 형평성 문제 등이 우선적으로 제기되어야 한다. 그리고 시장 규범이 아닌 새로운 연대적·사회적 가치 체계를 수립해야 한다. 시장 규범적 가치 체계와 사회적 연대의 가치 체계라는 이원적 가치 체계를 수립하는 것이 무엇보다 중요하다. 그런데 대의민주주의가 그것을 만드는 데는 한계가 있다. 절차적이고 실질적이지 못한 다수결의 함정에 빠져서 공정한 사회의 재분배를 너무나 오랫동안 누락시켜 왔다.

『꽃가루받이 경제학』은 출구 없는 당대 자본주의에 대한 대안적 상상력을 제시한다는 점에서 한국 사회에 경종을 울린다. 자본주의의 삿된 욕망은 죽음의 충동이다. 자본의 영원성을 외치는 가상세계는 삶의 생태계를 파괴함으로써 자신의 유한성을 드러낸다.

이제 우리의 삶을 복원하기 위해 진짜 '부채'를 소환하자. 삶의 무게를 생각하는 것은 욕망의 세계에 갇힌 우리 자신을 차마 '죽이지는' 못할지라도 그것으로부터 도망칠 수 있는 최소한의 길을 예시할 것이다.